明代注释律学研究

马韶青 ◎ 著

中国社会科学出版社

图书在版编目（CIP）数据

明代注释律学研究/马韶青著. —北京：中国社会科学出版社，2019.12
ISBN 978 - 7 - 5203 - 5777 - 7

Ⅰ.①明… Ⅱ.①马… Ⅲ.①明律—注释—研究 Ⅳ.①D929.48

中国版本图书馆 CIP 数据核字（2019）第 287929 号

出 版 人	赵剑英
责任编辑	范晨星
责任校对	周 昊
责任印制	王 超

出 版	中国社会科学出版社
社 址	北京鼓楼西大街甲 158 号
邮 编	100720
网 址	http://www.csspw.cn
发 行 部	010 - 84083685
门 市 部	010 - 84029450
经 销	新华书店及其他书店

印 刷	北京明恒达印务有限公司
装 订	廊坊市广阳区广增装订厂
版 次	2019 年 12 月第 1 版
印 次	2019 年 12 月第 1 次印刷

开 本	710×1000 1/16
印 张	14.5
插 页	2
字 数	202 千字
定 价	88.00 元

目　　录

绪　　论

　　律学在中国古代法文化中一枝独秀，其发展形态及所取得的成就，是衡量中国古代法制文明的重要尺度。商鞅改法为律，为律学的萌芽提供了条件。睡虎地出土的秦简中的《法律答问》，是现存最早的法律注释文献。《法律答问》对秦律的一些条文、术语和律意做出了明确的解析。两汉时期，律学继续发展。魏晋南北朝时期，律学初步从经学中分离出来。传世经典《唐律疏议》的问世，标志着注释律学已趋于成熟。宋代以降，律学进一步发展。明清两代律学文献大量问世，律学各分支学科逐渐形成，律学出现了新的繁荣。清代末期，面对列强入侵的局势，"变法图强"的呼声不断高涨，在法制的变革和法的学说方面，诸家争论，各有新说。这是两千多年来，继春秋战国之后中国历史上出现的第二次真正的"百家争鸣"，古代律学开始逐渐向现代法学转型。在中国律学史上，明代是古代律学的重要发展时期，具有承上启下的作用，尤其是明代的注释律学，与前代及清代律学有着密切的传承关系。可以说，不研究明代注释律学，就很难正确阐述中国律学发展史；没有明代注释律学的繁荣，也不会有清代律学的发展。因此，全面、正确地阐述明代注释律学的面貌及其历史地位，是中国古代律学和传统法律文化研究的重要课题。

一　中国古代律学之内涵

　　在中国古代，律学最早指音律学，后来延伸到法律领域，成为

"刑法之学"。长期以来，学界对"律学"内涵的界定并不非常明确。检阅史籍，律学一词最早出现在魏晋南北朝时期。《晋书·石勒载记》："勒伪称赵王……参军续咸、庚景为律学祭酒。"自此以后直到唐代，律学均与博士联系在一起，指"以律令为专业"的一种官职。① 到了宋代，作为表述一门学问的"律学"才被广泛使用。《宋史·选举志》载："帝尝言：'近世士大夫，多补习法。'吴充曰：'汉陈宠以法律授徒，常数百人。律学在六学之一。后来缙绅，多耻此学。旧明法科徒诵其文，罕通其意，近补官必聚而试之，有以见恤刑之意。'"② 自宋代至明清，人们通常把有关律和律典的学说称为"律学"，如清代学者张鹏一所著《两汉律学考》。我国学界以现代法学的观点研究古代律学，始于清末。自沈家本先生《法学盛衰说》③问世以后，学者们对律学的内涵发表了不同的看法，仁者见仁，智者见智，他们的观点大体可以分为以下三种。

第一种观点认为，中国古代律学就是古代的法学。许多研究中国古代律学的学者认为，"律学实际上就是中国古代的法学"。怀效锋在《中国传统律学述要》一文中说："律学实际上就是中国古代的法学。……律学对法的本质、法与其他社会现象的关系等法哲学问题都有过较为深刻的阐述。具体而言，律学探讨了律例之间的关系，条文与法意的内在联系，以及立法与用法、定罪与量刑、司法与社会、法律与道德、释法与尊儒、制法与吏治、法源与演变等各个方面。"④《中国大百科全书》把"中国古代律学"界定为："依据儒家学说对以律为主的成文法进行讲习、注释的法学。它不仅从文字上、逻辑上对律文进行解释，也阐述某些法理，如关于礼和法的关系，对刑罚的宽与严，肉刑的存与废，'律''令''例'等的运用，刑名的变迁以

---

① 《唐六典》载："国子监，律学博士一人，从八品下。助教一人，从九品上。律学博士掌教文武官八品以下及庶人子之为生者，以律令为专业，格、式、法、例亦兼习之。"
② 《宋史》卷一五五《选举志一》。
③ 沈家本：《历代刑法考·寄簃文存》卷三，中华书局1985年版，第2142—2144页。
④ 怀效锋：《中国传统律学述要》，《华东政法学院学报》1998年第1期。

及听讼、理狱等。"① 从已发表的一些论文看，持这种观点者不乏其人。

　　这种把"法学"等同于"律学"的观点值得商榷。现代"法学"是源于西方并在近代法制改革中从日本传入中国的一个概念，而"律学"则是中国古代所独有的概念，二者虽同为研究法律的学说，"却不但渊源不同、源流各异，其内在精神、品格亦大异其趣"②。古代"律学"是在中国古代自然经济和宗法社会的基础上产生的，现代"法学"则是西方商品经济和法治社会长期发展的成果。二者的区别主要体现在两个方面。第一，二者的内容和研究对象不同。古代律学是关于律和律典的制定、注释、应用以及律和其他法律形式之间关系的学说，其主要研究对象为各种刑事法律；而在现代"法学"中，刑事法学只是其中的一个组成部分，除此之外还包括法理学、宪法学、民商法学、经济学、行政法学等诸多法学基础学科。即使是法律解释学，除包括对刑法的解释外，还包括对宪法、民法、行政法等其他法律的解释。第二，二者的法律理念和价值取向不同。古代"律学"以维护君主制度、社会经济生活秩序为主要任务，缺乏民主、自由、平等、权利的法律意识，注重阐述刑名和罪名的合理性；而现代"法学"是"关于正义和非正义的科学"③，围绕正义观念，它主要探讨法的本质，法的价值，法与自由、平等、权利、民主、政治的关系，以及法在社会中的地位与作用等问题。同时，古代法律文献中并没有"法学"一词，也不存在"法学"这一概念。因此，鉴于现代法学与古代律学二者在内涵、外延上所存在的较大差异，以"法学"一词表述中国古代的律学是不科学的。

　　第二种观点认为，中国古代只有律学，不存在法学。钱剑夫认为，"中国在封建社会里，只有'律家'，没有'法家'；只有'律

---

　　① 张友渔、潘念之主编：《中国大百科全书·法学》之"总序"，中国大百科全书出版社 1984 年版。
　　② 梁治平：《法学盛衰说》，《比较法研究》1983 年第 1 期。
　　③ ［罗马］查士丁尼：《法学总论》，张企泰译，商务印书馆 1989 年版，第 5 页。

学'，没有'法学'；只有'律治'，没有'法治'"①。梁治平认为，"中国古代虽有过律学的兴盛，却自始不曾产生何种法学"②。这种把中国古代有关法律的学说都归于"律学"的观点也失之偏颇。在现见的律学文献的序、跋中，古人明确指出："律，刑之法也。"古代律学文献的编纂范围均严格限制在律典和刑事法律的范围之内。古代中国除律和律典外，还存在着大量的行政、经济、民事、军事等方面的法律，也有大量论述律和律典之外的其他形式的法律的著述。因此，不能把古代有关法律的学说都表述为"律学"。

用现代法学观点研究和阐述古代法律及其学说，所使用的概念应该尊重历史，应当与所表述对象的内涵、外延完全一致。在古籍中，古人通常把古代的法律学说称为"法律之学"。如明代的倪谦在为张楷所撰《律条疏议》作的序中指出："四明张楷式之入官宪台，于法律之学精究讲明，深所练习，乃于听政之隙特加论释。"③ 因此，如果需要用一个统一的概念来表述古代法律学说的话，似应以"法律学"一词表述较为妥当。

第三种观点认为，中国古代的律学就是注释律学。注释律学在中国古代律学中占据重要的地位。有的学者指出，中国古代的律学就是注释律学。张晋藩指出："中国古代的律学是以注释国家的刑法典为目的的一门学问，既是中国古代法学的表现形式，也是刑法学与司法学的主要成就。"④ 罗昶在博士论文《明代律学研究》中提出："中国古代律学是通过注释以律为主的国家成文法，研究法律规范和法律适用问题的专门之学。其主要方法有钩沉、考据、辨析、比较、辑注等。其作用在于通过对法律条文的全面注释，详明律意，指导司法官

---

① 钱剑夫：《中国封建社会只有律家律学律治而无法家法学法治说》，《学术月刊》1979 年第 2 期。
② 梁治平：《寻求自然秩序中的和谐——中国传统法律文化研究》，上海人民出版社1991 年版，第 286 页。
③ 张楷：《律条疏议·倪谦序》，载杨一凡编《中国律学文献》第一辑第二册，黑龙江人民出版社 2004 年版。
④ 张晋藩：《中国古代司法文明与当代意义》，《法制与社会发展》2014 年第 2 期。

吏正确适用法律，以达到统一、准确地适用法律的目的。"① 于利在
《魏晋律学研究》一文中认为："律学是中国古代特有的一门学问，
是对我国古代法律理论科学的高度概括，是官方或个人按照一定的指
导思想对法的形式（主要是成文法）和法的内容进行注释、诠解为
主而形成的一个学术研究领域。"② 沈岚也指出："律学是以制定的法
律为依据，以准确统一适用法律为目的，经考证、分析、注解等方
式，注释律文、阐发律意的学术活动。它是历代统治阶级为了使制定
法得到贯彻实施而对其进行注解、诠释，进而形成的一个学术研究领
域。"③ 张中秋认为："传统中国的法律学术从汉代开始，转变成为一
种依据儒家经典对制定法进行讲习、注释的学问，历史上称之为'律
学'。'律学'主要是从文字、逻辑和技术上对法律条文进行详细解
释，关注的中心问题是刑罚的宽与严，肉刑的存与废，律、令等法条
的具体运用，以及礼与刑的关系等。"④

　　这种观点充分意识到了注释律学在中国古代律学中的重要地位，
却缩小了律学的外延。古代律学除包括注释律学外，还包括律学理
论、比较律学、应用律学、律史学、古律的辑佚与考证等多个领域，
包括有关律与律典的立法思想、司法原则以及律与其他法律形式关系
的理论，等等。注释律学只是中国古代律学的一个重要领域，认为
"古代律学就是注释律学"的看法，其失误之处在于以偏概全，因此
是不能成立的。

　　第四种观点认为，古代律学是古代法律学说的一个组成部分，是
有关律和律典的学说。《中国法律思想史纲》指出："中国的律学，
是随着西汉经学的发展而兴起并在东汉时期至于大盛的。它的主要内
容是引据儒家经义，注解法律条文……这种律学，内容比较单一，自

---

　　① 罗昶：《明代律学研究》，博士学位论文，北京大学，1997 年。
　　② 于利：《魏晋律学研究》，硕士学位论文，中国政法大学，2005 年。
　　③ 沈岚：《中国古代律学浅议》，《兰州学刊》2005 年第 1 期。
　　④ 张中秋：《论传统中国的律学——兼论传统中国法学的难生》，《河南省政法管理干
部学院学报》2007 年第 1 期。

不完全同于内涵更为广泛的法学。但正如西欧 12 世纪以后的法学中之有以传播、注解和宣扬罗马法为特点的注释法学派一样：它是法学的一个部分，却是毋庸置疑的。"① 何勤华认为："律学是中国古代特有的一门学问，是秦汉时期随着成文法典的出现，统治阶级为了使法典（因当时法典尚未定型，故也包括单行的律、令）得以贯彻实施而对其进行注释、诠解因而形成的一个学术研究领域，它是中国古代法学的一个重要组成部分，但两者并不是一回事。它不包括中国古代法哲学（法律思想），不包括法史学（如历代刑法志等）和法医学，也不包括以律注经等学术活动。"② 这些学者虽然在表述古代法律的学说时使用了现代"法学"的概念，但对于律学的界定是正确的。

近年来，围绕着律学概念的界定、律学的研究对象等问题，一些学者发表了自己的见解。杨一凡提出："在中国古代法律体系中，律作为主要的法律形式，被赋予'常经'的地位。从秦汉至明清，历朝都进行了大量的制律、修律活动。围绕律和律典的制定、诠释、实施及如何处理律与其他法律形式的关系等，形成了以博大精深的中华文化为基础、注重实用、与古代社会法律制度发展进程相适应的律学。"③ 武树臣提出："律学又称'刑名之学''刑学'，是研究具体的法律原则、名词术语之概念、特征及量上的规定性的学问。"④ 刘笃才指出："产生于汉代的律学，因其研究对象是律而得名。如果说当时由于统一的刑法典尚未完成，它所研究的汉律还包括较广泛的内容，那么到了魏晋时期及其以后，朝廷颁布的刑法典便是它唯一的研究对象了。"⑤ 这些学者表述律学概念的文字虽然不尽一致，但其观点较为准确地概括了"律学"的内涵与外延。

① 张国华、饶鑫贤主编：《中国法律思想史纲》（上），甘肃人民出版社 1984 年版，第 20 页。
② 何勤华：《秦汉律学考》，载何勤华编《律学考》，商务印书馆 2004 年版，第 37 页。
③ 杨一凡：《中国律学文献·序》，黑龙江人民出版社 2004 年版。
④ 武树臣：《中国古代的法学、律学、吏学和谳学》，《中央政法管理干部学院学报》1996 年第 5 期。
⑤ 刘笃才：《论张斐的法律思想》，《法学研究》1996 年第 6 期。

本书基本赞成第四种观点。研究中国古代的法律问题，要在中国传统历史文化的语境中进行具体的分析，"过分脱离中国历史文化的语境，一味地以现代法律的分类标准来衡量我国古代法律体系的性质；或者一味地使古代法律适应于现代法律的分类标准及学术话语，结果难免削足适履"①。根据大量的史籍记载和现存的数百种律学文献的内容，笔者认为，对中国古代律学的概念可作以下表述：古代律学是关于律和律典的制定、诠释、实施以及律与其他法律形式关系的学说。律学以刑名学为主要研究对象，以司法实用为主要目的，它包括律学理论、注释律学、应用律学、比较律学、律史学、古律的辑佚与考证等多个领域。

二　中国古代律学之盛衰

长期以来，围绕着律学的形成、发展以及"盛衰"等问题，学界发表了多种见解，看法不尽相同。要正确地阐述律学的内容及其发展进程，就有必要对一些有争议的问题作一评析。

（一）中国古代律学的缘起时间

关于律学的缘起时间，学术界存在五种不同的看法。

第一种观点认为发端于先秦。陈顾远指出："中国之律学，似以所谓法家者流，承其正统，实则概言之耳。"② 高恒也认为，律学是春秋战国时期伴随着法家"以法治国"理论而出现的，"有人说，律学是'从汉代起，依据儒家学说对以律为主的成文法进行讲习、注释的法学。'这样理解'律学'，过于狭窄了，显然不合历史实际。春秋战国之际，随着先秦法家'以法治国'理论的出现，也就出现了关于律的学说"③。杨一凡认为，"云梦睡虎地秦墓竹简中的《法律答

---

① 徐忠明：《法学与文学之间》，中国政法大学出版社 2000 年版，第 269 页。
② 陈顾远：《中国法制史》，商务印书馆 1935 年再版，第 41 页。
③ 高恒：《秦汉法制论考》，厦门大学出版社 1994 年版，第 1 页。

问》，对秦律的一些条文、术语和律意作了明确解析，是现见我国较早的、比较完整的法律解释学作品"①。怀效锋认为，律学发轫于商鞅变法，"商鞅改法为律，为律学的产生和发展提供了载体"②。武树臣指出："春秋战国时期是成文法产生和定型的时期。郑子产'铸刑书'，郑邓析'作竹刑'，晋赵鞅'铸刑鼎'，终于掀起成文立法的大潮。与此同时，以讲求'成文法条之所谓'为内容的律学也应运而生了。"③ 李俊认为："中国古代律学自商鞅'改法为律'始即启其端绪，历经二千余年。"④

第二种观点认为律学始于秦。师棠认为："律学滥觞于秦，发展于两汉，昌盛于魏晋，至唐以后便趋向衰微。"⑤ 张中秋也认为律学始于秦："中国的传统律学滥觞于秦，这恐怕是很多人都不能同意的，但事实却是如此。"⑥ 他在探讨秦汉律学区别时进一步提出："秦代注律和汉以后的律学，除了在依据的思想和注律者的身份上不同外，别无其他更大差别。甚至，因为法家思想之故，秦代法律学术所表现出的重'术'轻'学'的特点，比汉以后的律学更为显著。史书上所说的'汉承秦制'实际不仅仅指法律制度，还应该包括法律学术。"⑦

第三种观点认为律学形成于汉。《中国大百科全书·法学》序文中，将"律学"界定为"汉代开始的依据儒家学说对以律为主的成文法进行讲习、注释的法学"⑧。《中国法律思想史纲》指出："中国

---

① 杨一凡：《中国律学文献·序》，黑龙江人民出版社 2004 年版。
② 怀效锋：《中国传统律学述要》，《华东政法学院学报》1998 年第 1 期。
③ 武树臣：《中国古代的法学、律学、吏学和谳学》，《中央政法管理干部学院学报》1996 年第 5 期。
④ 李俊：《论沈家本对传统律学的继承与发展》，《政法论坛》1998 年第 6 期。
⑤ 师棠：《律学衰因及其传统评价》，《法学》1990 年第 5 期。
⑥ 张中秋：《中西法律文化比较研究》，南京大学出版社 1999 年版，第 238 页。
⑦ 张中秋：《论传统中国的律学——兼论传统中国法学的难生》，《河南省政法管理干部学院学报》2007 年第 1 期。
⑧ 张友渔、潘念之主编：《中国大百科全书·法学》之"总序"，中国大百科全书出版社 1984 年版。

的律学，是随着西汉经学的发展而兴起并在东汉时期至于大盛的。"①
刘笃才也认为："产生于汉代的律学，因其研究对象是律而得名。"②

第四种观点是第二、第三种观点的折中，认为律学形成于秦汉。何勤华认为："作为特定的以注释、阐述现行法为对象的中国古代律学，诞生于秦汉时期对法律的注释活动，其标志为秦代法律注释书《法律答问》的出现，西汉董仲舒等人以经释律（决狱），东汉马融、郑玄等人以经注律活动的展开。"③"律学是中国古代特有的，是秦汉时期随着成文法典的出现，统治阶级为了贯彻实施法典而对其进行注释诠解而形成的一门系统学问，它是中国古代法学的一个重要组成部分。"④

第五种观点认为律学开始于晋。龙大轩认为，中国古代律学形成于晋，"晋以后，始有律学之名，自此延及明清，才称得上是名正言顺的'律学'"⑤。

要正确地揭示律学的形成时间，必须对出土文物和各类史籍有关律学的记载以及律学文献进行全面的综合考察，才能得出科学的结论。律学作为以研究"刑名"为主要内容的学说，它的形成与刑律的出现是同步的。律未出现之前，不可能存在所谓的"律学"。商鞅改法为律后，为律学的萌芽提供了条件。睡虎地出土的秦简中的《法律答问》，是现见的较为完整的法律注释文献。《法律答问》对秦律的一些条文、术语和律意做出了明确的解析。这说明，律学至迟在战国时期已经出现。把律学的缘起时间界定为战国时期较为合适。

---

①　张国华、饶鑫贤主编：《中国法律思想史纲》（上），甘肃人民出版社1984年版，第20页。

②　刘笃才：《论张斐的法律思想》，《法学研究》1996年第6期。

③　何勤华：《秦汉律学考》，载何勤华编《律学考》，商务印书馆2004年版，第37页。

④　何勤华：《中华法系之法律学术考——以古代中国的律学与日本的明法道为中心》，《中外法学》2018年第1期。

⑤　龙大轩：《汉代律章句学考论》，博士学位论文，西南政法大学，2006年。

（二）宋元以后律学的发展状况

关于宋元以后律学的发展状况，目前学术界存在两种不同的看法。

一种看法认为，古代律学在唐以后衰微，明清亦属"律学衰世"。程树德提出："余尝谓有清一代经学词章远轶前轨，独律学阙焉不讲。纪文达编纂四库全书，政书类法令之属仅收二部，存目仅收五部，其按语则谓'刑为盛世所不能废，而亦盛世所不尚，所录略存梗概，不求备也'。此论一创，律学益微。"① 师棠指出："律学滥觞于秦，发展于两汉，昌盛于魏晋，至唐以后便趋向衰微。"② 日本学者滋贺秀三在考察中国法文化时认为："在中国法律的学问叫'律学'，是为通称。'律'字的含义就是阶梯，意味着音乐中的音阶。而法律拥有刑罚的轻重上下这种阶梯性结构。律学在帝制中国的前半期受到相当重视而颇有力量，成为产生出唐律那样优秀的刑法典的原动力，但是至此以后就不再活跃，也没有再取得进展。"③

另一种观点认为，宋元时期律学进一步发展，并于明清达到繁荣。吴建璠在研究清代律学时指出，古代律学在清代达到了繁荣，"清代学者在继承明代律学遗产的基础上，根据自己时代的特点和需要，对律学进行了多方面的研究，把我国律学向前推进了一大步，特别是在律学的若干分支学科，如应用律学、律史学、比较律学以及古律的辑佚和考证等方面，做出了超越前人的贡献"④。张晋藩也认为，"清代律学是传统律学之集大成，是中国历史上私家注律的鼎盛阶段"⑤。武树臣指出："如果说汉代律学兼有融合儒学与法家法律之间

---

① 程树德：《九朝律考·汉律考序》，中华书局1988年版。
② 师棠：《律学衰因及其传统评价》，《法学》1990年第5期。
③ ［日］滋贺秀三：《中国法文化的考察——以诉讼的形态为素材》，《知识分子》文丛之一，辽宁人民出版社1989年版，第61页。
④ 吴建璠：《清代律学及其终结》，载何勤华编《律学考》，法律出版社2004年版，第398页。
⑤ 张晋藩：《清代律学及其转型》，《中国法学》1995年第3期。

裂痕的作用的话，那么明清律学便顺着自己本身的规律达到登峰造极的地步。"① 陈锐提出："我国古代律学的发展轨迹并不是抛物线，而是波浪式上升的曲线，它经历了两个上升期：自战国至北宋是律学发展的第一个上升期，南宋至元代律学水平稍有下降；到了明代，中国传统律学又开始复兴，进入第二个上升期。并且，第二个上升期的律学成就比第一个上升期更高。因此，中国古代律学发展的顶点并不在唐代，而在清代。"②

本书赞成第二种观点。大量的史实证明，古代律学萌芽于先秦，发展于两汉，魏晋南北朝时期初步从经学中分离出来。传世经典《唐律疏议》的问世，标志着注释律学在唐代时已趋于成熟。宋代以降，律学进一步发展，明清两代律学文献大量问世，律学各分支学科逐渐形成，律学出现了新的繁荣。清代末期，面临着列强入侵和"变法图强"呼声的高涨，在法制的变革和法的学说方面，诸家争论，各有新说。这是两千多年来，继春秋战国之后中国历史上出现的第二次真正的"百家争鸣"，促进了古代律学逐渐向现代法学转型。中国古代律学的发展与古代法制文明的进步是一致的，那种"认为唐以后律学'停滞''衰败'的观点，缺乏充分的依据，似有失偏颇"③。

我国学界长期流传的"唐以后律学衰败"的观点，究其来龙去脉，大多源于对沈家本《法学盛衰说》的引申。为了解决这一问题，有必要对《法学盛衰说》作一简要评析。第一，该文论证的是以儒家"仁学"价值观为依托的整个法学，而不是作为"刑法之学"的律学。第二，沈氏的基本观点是学术与政治环境有着密切的联系，并把法学是自在之学还是官府垄断之学作为评判"法学盛衰"的标准。显然，他是以现代法学的理念论证古代"法学"的。基于这一理念，秦、明、清三代君主专制空前强化，被官府高度垄断的"法学"缺

① 武树臣：《中国古代的法学、律学、吏学和谳学》，《中央政法管理干部学院学报》1996年第5期。
② 陈锐：《中国传统律学新论》，《政法论坛》2018年第6期。
③ 杨一凡编：《中国律学文献·序》，黑龙江人民出版社2004年版。

乏自由发展的空间，因此，这三代自然均属"法学衰世"。这里应当指出，沈家本的这一思想有其合理性，他的论证也做到了自圆其说。但是，该观点也有不周到之处：一是忽视了现代法学与古代"法学"二者的理念、内容、范围不尽相同；二是忽视了自西汉中叶汉武帝"罢黜百家，独尊儒术"之后，古代"法学"实际上都属于官方垄断之学，尽管各朝对思想、文化控制的松紧程度有所差异，然而，各代思想家、政治家对包括律学在内的整个法律学说的阐述，只能是在封建正统思想体系的范围内进行；三是忽视了在长达数千年的中国法律发展史上，随着法制的变革和完善，各种法律学说也在逐步发展。因此，我们在研究"古代律学盛衰"这一命题时，不能曲解沈家本观点的原意，把其所论述的"法学"概念随意地引申为律学。也不能把一百多年前前人撰写的某一论述，不加分析地作为评判历史事实的根据。只有坚持实事求是的治学原则，全面认真地研究现存的大量的律学文献，才能对历史上律学的盛衰做出比较客观的评价。

三　明代律学的整体状况①

在中国律典编纂史上，从第一部成文法《法经》始，几乎历朝都制定有自己的律典，然完整保存至今的只有《唐律疏议》《宋刑统》《大明律》和《大清律》等几部律典。《宋刑统》大体沿袭唐律，大清律基本照抄明律，实际上，只有《唐律疏议》和《大明律》具有真正独立的价值。历史上任何一部律典的完善都是以当时的律学理论为指导的，都是以律学理论的创新为前提的。明代律典及辅律而行的刑事条例的编纂之所以取得了重大成就，成为唐代以后刑律发展的重要时期，与明代律学的发展和繁荣有着重要的关系。

①　此部分内容已发表，见马韶青《明代律学的成就》，《安庆师范学院学报》（社会科学版）2012 年第 3 期；《明代律学文献及研究综述》，载赵九燕主编《中外法律文献研究》第二卷，北京大学出版社 2008 年版。

如果说先秦至隋唐时期古代律学的发展主要是在注释律学领域取得了重大成就的话，那么，律学文献的极大丰富、律例关系理论的确立、"明刑弼教"理论的改造和深化、律学各分支学科的形成和发展、律学理论与应用律学的融合，以及注释律学对罪名、刑名的新的阐释，则是明代律学较前代律学进一步发展的主要标志。下面仅从律学文献的丰富、律学理论的创新、各律学分支学科的形成和发展、注释律学与应用律学的融合、注释律学对律条和刑例的新阐释五个方面对明代律学的发展作些简述。

（一）律学文献极大丰富

关于明代的律学文献，据《明史·艺文志》记载，有"何广《律解辩疑》三十卷，卢雍《祥刑集览》二卷，陈廷瓒《大明律分类条目》四卷，刘惟谦《唐律疏议》十二卷，张楷《大明律解》十二卷，应槚《大明律释义》三十卷，高举《大明律集解附例》三十卷，范永銮《大明律例》三十卷，陈璋《比部招拟》二卷，段正《柏台公案》八卷，应廷育《读律管窥》十二卷，雷梦麟《读律琐言》三十卷，孙存《大明律读法书》三十卷，王樵《读律私笺》二十四卷，林兆珂注《大明律例》二十卷，王之垣《律解附例》八卷，舒化《问刑条例》七卷、《刑书会据》三十卷，王肯堂《律例笺解》* 三十卷，欧阳东凤《阐律》一卷，熊鸣歧《昭代王章》十五卷，吴讷《祥刑要览》二卷"。上面的文献中大部分现在还可以看到（下面专门介绍目前可见的文献），但有一些，如应廷育《读律管窥》十二卷，则无法考证。张伟仁在《中国法制史书目》中辑录了 37 种明代律学文献，[1] 何勤华在《中国法学史》中认为，"已知明代的律学著作共有一百零一部"[2]。

---

* 应为《律例笺释》。

[1]　张伟仁主编：《中国法制史书目》，台湾"中研院"历史语言研究所 1976 年版，第 13—29 页。

[2]　何勤华：《中国法学史》第二卷，法律出版社 2000 年版，第 198—202 页。

目前可以看到的明代律学文献有：杨一凡编的《中国律学文献》第一辑和第二辑中收录了张楷撰《律条疏议》、佚名撰《大明律讲解》、陈永辑《法家衷集》、唐枢撰《法缀》、佚名撰《新纂四六合律判语》、应槚撰《大明律释义》、丘濬撰《大学衍义补》之《定律令之制》、王肯堂撰《王仪部先生笺释》；① 杨一凡、田涛主编的《中国珍稀法律典籍续编》第四册收录了何广撰《律解辩疑》；② 怀效锋点校了《大明律》，③ 并在其主编的《中国律学丛刊》收录了雷梦麟撰《读律琐言》；④ 杨一凡、刘海年主编的《中国珍稀法律典籍集成》收录了戴金撰《皇明条法事类纂》⑤。另外，国家图书馆藏有苏茂相辑《新刻官版律例临民宝镜》、萧少衢刻《鼎镌钦颁辨疑律例昭代王章》、舒化等撰《大明律附例》、胡琼撰《大明律集解》、周近泉刻《御制新颁大明律例注释招拟折狱指南》、高举发刻《大明律集解附例》、彭应弼撰《鼎镌大明律例法司增补刑书据会》，吴讷撰《祥刑要览》《大明律例附解》《大明刑书金鉴》刻《大明律例齐世金科》等。

由此可见，明代的律学文献极为丰富，不仅有对律文直接解释的注释律学文献，还有理论探讨、案例分析、历史钩沉、歌诀图表等方面的律学文献。

（二）律学理论的创新⑥

明代律学理论的创新，主要体现在"重典治国"理论、"明刑弼

---

① 杨一凡编：《中国律学文献》第一、二辑，黑龙江人民出版社 2004 年版。

② 杨一凡、田涛主编：《中国珍稀法律典籍续编》，黑龙江人民出版社 2002 年版。

③ 《大明律》，怀效锋点校，辽沈书社 1990 年版。

④ 怀效锋主编：《中国律学丛刊》，法律出版社 2000 年版。

⑤ 杨一凡、刘海年主编：《中国珍稀法律典籍集成》，科学出版社 1994 年版。

⑥ 关于明代律学理论的创新，杨一凡在《〈明大诰〉研究》（江苏人民出版社 1988 版）和《明代三部代表性法律文献与统治集团的立法思想》（载韩延龙主编《法律史论集》第 2 卷，法律出版社 1999 年版）等文中，已作了较为充分的论述。本书利用了有关成果。

教"学说、律例关系理论、慎刑学说、赎刑思想等领域都比前代有所发展。其中，具有重大理论变革性质，并对明代乃至清代的立法和司法实践产生深远影响的是律例关系理论和"明刑弼教"学说。

　　律例关系理论是明代律学理论、法律思想的重大发展。"例"在南北朝时期开始成为法律用语。在唐代作为补充法在行政领域得到广泛使用，作为判例在刑事法律领域开始使用。自唐到宋元，例作为法律形式在多个法律领域混合使用，尚未形成明确的律例关系理论。明代注重编例，例成为与律并行、具有同等法律地位的法律形式。明代律例关系理论的形成，经历了两个重要发展时期。明朝建立之初，朱元璋提出了"律为常经，例为权宜措置"的律例关系思想，为其实行"用重典以惩一时，酌中制以垂后世"的双轨法制提供了理论依据。在这一理论的指导下，明初于律典之外，制定了大量用刑苛刻的禁例和条例，并推行重典之治。洪武三十年（公元 1397 年）《大明律》颁行后，朱元璋死前留下遗训，"已成之法，一字不可改易"①，"群臣稍议更改，即坐以变乱祖制之罪"②。然"律不变而情有变"，随着时间的推移，律文难以完全适应司法审判和治国需要，在谁也不愿意承担"变乱祖制"罪名的情况下，后嗣君主只能以例的形式对大明律进行补充，或对一些不适应的条款进行间接修正，从而导致了"因事起例"，"驯致条例浩瀚"，"得失混杂"，③ 乃至"以例破律"、刑罚轻重失宜的局面。自永乐初到弘治的近百年间，明代君臣经过长期的实践和探索，到弘治《问刑条例》制定时，终于形成了一套完整的律例关系理论。这一理论关于律与刑例关系的基本观点：一是依律以定例，制例必符合律意；二是立例以辅律、立例以补律；三是律例并重、律例并行。明代律例关系理论的确立，不仅对明代中后期三部《问刑条例》和其他刑例的修订发挥了重要的指导作用，而且成

① 《皇明祖训·序》。
② 《明史·刑法志》。
③ 《皇明条法事类纂》卷四八。

为明清两代制例所遵循的基本原则。

"明刑弼教"学说的改造和深化是明代律学理论的又一重大创新。在魏晋时期,"明刑弼教"思想已经萌芽。但由于汉代以后,"德主刑辅"被奉为立法和司法的指导思想,因此,"明刑弼教"的运用,严格限制在刑法宣传和教育方面,在司法实践中,遵循的仍是"先教后刑"的原则。南宋时,朱熹对"明刑弼教"思想进行了新的阐发,他认为,在维护"三纲五常"这个"治道之本"的前提下,"先教后刑"还是"先刑后教"都应是允许的,但朱熹同时强调实行"明刑弼教"必须贯彻"依法""重人""慎刑"的原则,反对重刑和酷刑。明朝建立之初,朱元璋出于"治乱世"的需要,在《明大诰》中进一步阐发了"明刑弼教"思想,对其内容进行了重大改造。朱元璋"明刑弼教"思想的核心是:把臣民分为"良善"与"奸顽之徒",认为"奸顽之徒""终化不省",主张"先刑后教";主张在"乱世"情况下,采用"重刑"和苛刑,以刑辅教,使人"知所警惧";主张对于"情犯深重,灼然无疑者",可"法外加刑"。朱元璋对"明刑弼教"思想进行了多方面的论证,认为"先教后刑""刑用重典"并不违背"圣贤之道",从而把"律外用刑"合理化。经过朱元璋的阐发,表面上,"明刑弼教"意思是"以刑辅教",似乎它与"德主刑辅"这一传统的立法和司法原则并无多少区别,实际上,它对封建法律的实施方法、发展方向和发挥的社会作用诸方面所产生的影响是巨大的。在中国古代刑法史上,一般来说,倡导"德主刑辅"本意是注重教化,限制苛刑,所以它往往是与轻刑主张相联系的。而经过朱元璋阐发、风行于明代的"明刑弼教"思想,其立意是重道德而不轻刑罚,还明确地包含和体现了"刑罚立而后教化行"的思想,这就为统治者借助于"弼教"无节制地使用刑罚、推行"重典"政策提供了思想武器,因而它往往同重刑主张联系在一起。明初的"重典之治"、明代法律中一些重刑条款的设立以及一些诛戮甚重的大案、文字狱案的发生,就是受这一思想的影响而产生的。

（三）律学各分支学科的形成

明代律学成为一门系统的学问，包括律学理论、注释律学、律史学、应用律学等众多律学分支学科。律史学注重从历史的角度介绍刑律的制定、发展过程以及律学文献的编纂情况，代表作品有丘濬撰《定律令之制》①和唐枢撰《法缀》②，前者分析了从先秦到明朝历代律和律典、刑名和罪名的制定情况，较为清楚地钩沉了明代以前刑律的发展演变过程；后者则记录了明代前期、中期主要的律令典章制度和代表性的律学文献，有助于我们了解明代前期和中期律与律学的发展状况。由于司法实践的需要，明代更加注重律学的实用性，《新纂四六合律判语》③就是典型的应用律学作品，该书记载了许多判语的例文，有助于司法官吏了解各种司法文书的格式。在《刑台法律》《刑书据会》《临民宝镜》以及一些判例判牍中，记录了明代大量司法案例的判语、判词，也属于应用律学的范围，这些针对具体案例而做出的阐发与诠释，有助于司法官吏在司法审判中具体参考适用。明代注释律学极为繁荣，注律文献极大丰富，形成了众多有代表性的作品，如何广撰《律解辩疑》、张楷撰《律条疏议》、胡琼撰《大明律解附例》、陆柬之撰《读律管见》、雷梦麟《读律琐言》、高举发刻《明律集解附例》、王肯堂撰《律例笺释》等。同时，明代注律家将律、例关系作为研究的重点，对古代社会许多重要的罪名、刑名作出了新的阐释。

（四）注释律学与应用律学的融合

注重实用是中国古代律学的一个显著特征。自西汉以后，"德主

①　（明）丘濬：《大学衍义补》之《定律令之制》，载杨一凡编《中国律学文献》第二辑第二册，黑龙江人民出版社 2005 年版。

②　（明）唐枢：《法缀》，载杨一凡编《中国律学文献》第一辑第四册，黑龙江人民出版社 2004 年版。

③　（明）佚名：《新纂四六合律判语》，载杨一凡编《中国律学文献》第一辑第四册，黑龙江人民出版社 2004 年版。

刑辅""一准乎礼,礼法结合""情法适中""慎刑恤刑"一直被历代王朝作为刑事立法和司法的指导原则,被奉为神圣不可侵犯的正统思想。历代君主的诏、敕和政治家、思想家撰写的各类著述,对上述指导原则进行了多方面的、反复的阐述。在这种情况下,律学担负的任务主要是阐明律意,对刑名和罪名的适用做出准确的诠释,以保证法律在司法实践中的统一适用。这就决定了古代律学文献偏重于律条的注释和应用,而缺乏鲜明的理论特色。明代以前的律学著述大多失传,但检阅各类史籍的记载,不难发现包括汉、唐在内的律学著作,基本上属于注释律学的范围。

明代律学较之前代律学的一个重大发展,就是注重律学理论与司法实践、注释律学与应用律学的结合,从而把律学的实用性向前大大推进了一步。这一时期的不少律学文献,往往把案例、律学理论、注释结合起来,如《明大诰》中的判例类篇目、洪武永乐榜文和明人撰写的有关刑事奏疏、判牍等,就多是采用以案说法、以理说刑的方法。这些文献具有明法和教育的双重功能,目的是让法律易于知晓。还有不少律学文献,采取在注释中对案例作具体分析的形式来注释律和各种刑例,如《刑台法律》《刑书据会》《临民宝镜》等,这些文献不但对律、例文作出了详尽的解释,而且在解释中附有相关的审语、参语、判语、断语等,增强了注律作品的综合性与应用性,体现了注释律学与应用律学的共同发展,为司法官吏更好地运用法律提供了广阔的参考空间和选择余地。

(五)注释律学对律条和刑例的新阐释

明代注释律学对刑名、罪名所做的新的阐释,主要体现在用新的制律理论对新增加或修订的律条作出新的诠释和遵循律例关系理论对刑例进行的新阐发两个方面。

其一,用新的制律理论对新增加或修订的律条作出了新的诠释。《大明律》较之《唐律疏议》和《宋刑统》,律条有所减少,但内容有所创新,根据时局和治国实际的需要,设置了一些新的律条,并对许多律条的内容因时损益，刑罚的轻重有所改变。明律较之前代法律的一个重大变化，就是在"明礼以导民，制律以绳顽"和"刑罚世轻世重"的指导思想下，按照"重其重罪，轻其轻罪"的制律原则，对"贼盗及有关帑项钱粮等事"的刑罚有所加重，而对于典礼及风俗教化之事，刑罚较唐代有所减轻。明代注律者根据上述制律理论和"符合律意"的基本精神，对《大明律》的新增条款、内容有所损益的条款以及刑罚有所改变的条款，逐一进行注释，并进行了具体的阐发。例如，明律规定对"谋反大逆""谋杀祖父母、父母""妻杀夫"等犯罪适用凌迟刑，注律家从儒家的伦理学说和"家国一体"观点作出解释，认为这些犯罪破坏了"五伦"之道，危及国家的统治基础，造成了严重的社会后果，故应加重。关于"帑项钱粮"诸事，唐代注重田土，明代注重税赋，注律家按照"当适时宜"的制律理论，从赋税制度变化的角度，对有关罪名刑罚加重的原因作出了解释。从明代风俗礼仪变化的角度，对和奸、重婚、亲属相盗等罪为何减轻处罚也进行了诠释。注律家对诸多律条所进行的大量注释，是以明代统治者的制律理论为指导，并结合法律的具体规定和社会背景所作出的具体阐发，这种阐发把原有的制律理论进一步具体和深化，反过来又丰富和发展了制律思想。

其二，遵循律例关系理论对刑例进行了新的阐发。明代注释律学较之前代的一个重大发展，就是既释律，又注例。《问刑条例》是明代中后期最重要的刑事立法，其中弘治《问刑条例》279 条、嘉靖《问刑条例》376 条、万历《问刑条例》382 条。这些条例除了对明律内容作出修订和补充外，大多属于新的刑事立法。从内容上看，《问刑条例》对明律的增补主要表现在：一是对宗藩权力的限制；二是增加了禁止贩卖官私盐引和盗掘矿产，以及加强对边地沿海贸易管理方面的立法；三是以重典治理流民；四是扩大了赎刑和充军刑的适用范围。[①] 经过长期的

---

① 赵姗黎：《〈问刑条例〉考》，载杨一凡编《中国法制史考证》甲编第六卷《明代法制考》，中国社会科学出版社 2003 年版，第 161—187 页。

实践和探索，到弘治《问刑条例》制定时，明代终于形成了一套完整的律例关系理论。这一理论关于律与刑例关系的基本观点包括三个方面：一是依律以定例；二是立例以辅律、立例以补律；三是律例并重、律例并行。明代律例关系理论的确立，不仅对明代中后期三部《问刑条例》和其他刑例的修订发挥了重要的指导作用，而且成为明清两代制例所遵循的基本原则。注律家按照这一律例关系理论和"情法适中"的思想，着重从符合律意的角度，对刑例的内容以及刑例对律文的变通适用等进行了诠释。例如，王肯堂在《律例笺释》中对充军条例以及各种赎罪条例作出了详尽的阐释。再如，《大明律》"收粮违限"条规定，"若违限一年之上不足者，人户、里长杖一百，迁徙。提调部粮官、吏典处绞"，而《问刑条例》对此条作出变通适用，减轻了该罪的量刑标准。众多注律家都对该变通适用进行了解释，如雷梦麟认为："迁徙处绞，国初时庶务草创，征输为急，故其法特重。今承平日久，藏富于民，惇厚博大，不为迫促之政，凡有违限，止照例拟断，不复用此律。"①

四　本书的结构

本书分为六个部分，从不同角度对明代注释律学进行探讨，试图揭示注释律学前后发展相继的过程，从而证明古代律学发展与法制文明进步的一致性。

第一章是文献综述。学者们的研究主要集中在古代律学的总体性研究、律学文献的考证与介绍、律学的断代研究、律注内容、律学家、律学教育等六个方面。在对律学的总体性研究中，重点介绍学者们在律学的特征、律学发展的原因、律学的研究方法以及古代律学和现代注释法学的区别方面的具体研究。在对律学文献的研究中，学者

---

① （明）雷梦麟：《读律琐言》，怀效锋、李俊点校，法律出版社2000年版，第164页。

们的研究重点集中于宋代和明清时期的律学文献。在对律学的断代研究中，学者们主要集中于秦汉、魏晋南北朝、唐、明清时期的律学。在对具体的律注内容的研究中，学者们主要集中于张斐对 20 个法律名词的解释、"例分八字"的注释，以及"六杀""七杀"等罪名的解释。在对律学家的研究中，学者们主要集中于律学家的兴起与传承、律学家的地位和作用以及代表性律学家的成就三个方面。在对古代律学教育的研究中，学者们关注的重点在于律学教育的地位、明法科制度以及律学教育的作用三个方面。

第二章主要钩沉明代及其前代注释律学发展的基本进程，并揭示了明代注释律学繁荣的原因。注释律学形成于先秦，两汉时期进一步发展，出现了"引经注律"和"律章句学"。魏晋时期，注释律学初步从经学中分离出来。隋唐时期，注释律学趋向成熟，形成了著名的官方律注作品《唐律疏议》。宋元时期，注释律学继续发展，开歌诀注律和音韵训诂的先河。在继承前代律注成果的基础上，明代注释律学又有了进一步的发展。本书认为，明代注释律学得以繁荣的原因主要是：随着社会经济发展、社会矛盾多样化及刑事案件大量增多，司法审判活动的实际需要为注释律学的发展提供了广阔的舞台；律例体系的确立和律例关系理论的形成，拓宽了明代注释律学的领域；统治者注重讲读律令和普及法律教育，使私家注律和律书编纂活动更加活跃。

第三章通过对现见的明代注释律学文献版本的考察，论证了明代注释律学编纂的成就。根据明代注释律学文献撰写和刊刻的时间，对明代各个历史时期的代表性成果进行了评析。其中，明代前期有周桢撰《律令直解》、何广撰《律解辩疑》。明代中期有张楷撰《律条疏议》、胡琼撰《大明律解附例》。明代后期有王樵撰《读律私笺》、应槚撰《大明律释义》、雷梦麟撰《读律琐言》、陈永辑《法家袠集》、高举发刻《明律集解附例》、王肯堂撰《律例笺释》、姚思仁撰《大明律附例注解》等。本书对代表性文献的作者、版本、内容、特色逐一进行考察，证明明代注释律学较之前代有了新的重大发展。

　　第四章在论述明代律家关于《大明律》体例和《例分八字之义》注释的基础上，着重探讨了明代注释律学在阐发罪名方面的发展。《大明律》革新体例，以六篇分目，使延续千年的律典编纂结构为之一变，这是明律较之前代律典的重大发展。该章就注律家注释明律体例的演变和读律关键字眼方面的成果进行了阐述。在罪名方面，则从适用范围、量刑标准和处罚原则等方面分析了明代律家对"奸党""六赃""七杀"等罪名所做的新的诠释。"奸党"罪主要适用于三种情形："奸邪进谗言、左使杀人""暗邀人心"者，"交结朋党"，"听从上司主使故出入人罪"。犯"奸党"罪，采用重刑原则，"会赦不原"，且不适用赎刑。明"六赃"不同于唐"六赃"，包括监守自盗赃、常人盗赃、枉法赃、不枉法赃、窃盗赃、坐赃。根据处罚的轻重分为四等，从重到轻依次为：监守盗、枉法与常人盗、不枉法与窃盗、坐赃，充分体系了"重典治吏"的指导原则。为了强调"情罪相当"的刑罚原则，明代律家将几种杀、伤害犯罪系统地概括为"七杀"，进一步细化了各罪的犯罪构成和转化形态。

　　第五章从五刑、闰刑、赎刑、刑具等四个方面探讨了明代注释律学在阐发刑名方面的发展。明代较之前代在刑罚制度方面的发展，以充军刑和赎刑的设置及广泛适用最具特色。该章着重对明代律学家有关充军刑和赎刑的诠释进行了分析。充军刑替代流刑成为降死一等的重罪，防止了军伍的流失，弥补了传统刑制的漏洞，体现了恤刑的精神。该刑可适用于军民诸色人等的犯罪，根据时间的长短和距离的远近可以做出不同的分类。明代赎刑适用于真犯死罪以外的一切犯罪，不但体现了恤刑的原则，而且所纳财物成为财政收入的一个重要来源。根据所依据法律的不同，分为律赎和例赎，前者属于律的内容，较稳定，用来赎余罪；后者属于例的规定，因时权宜，可赎全部罪行。赎罪方式多样化，根据罪犯经济实力的不同可选择"纳赎"与"罚役"两种不同的形式。另外，明代的注律家还对与刑名有关的各种刑具进行了详细的注释。

　　第六章论证了明代注释律学的历史地位。该章分析了明代注释律学对前代注释律学的继承情况，并从私家注律成果增多、注释体例和注释方法的进步、用新的制律理论阐释明律新增和修订条款、注重对新增刑例的诠释四个方面，论证了明代注释律学的发展。本书简要地阐述了明代注释律学对清代律学的影响，认为这种影响是全方位的。清代律学虽然在成果数量、律学分支学科完善方面，较明代有所发展，但就注释律学而言，基本上是沿袭了明代。

第一章　文献综述

　　20 世纪七八十年代学者们开始针对"律学"进行专门的研究。如钱剑夫提出，中国封建社会只有律家、律学、律治，而无法家、法学、法治；① 刘富起探讨了中国古代的律学家；② 陈淑珍研究了张斐的律学思想；③ 罗新本考察了律学博士的创置年代；④ 华志石详细介绍了当时学者们挖掘出的珍稀的法律史料及进一步开展的律学研究。⑤ 此后，学者们对律学的研究逐渐增多。在中国知网输入"律学"一词，排除音律、佛教上的含义，从法律角度进行研究的有 200 余篇，涉及秦汉、魏晋南北朝、唐、宋元、明清等多个时期的律学。学者们的研究主要集中在古代律学的总体性研究、律学文献的考证与介绍、律学的断代研究、律注内容、律学家、律学教育等六个方面。

一　对律学的总体性研究

　　在对律学的总体性研究中，学者们主要集中于中国古代律学的内涵、律学的盛衰、律学的特征、律学发展的原因、律学的研究方法以

---

① 钱剑夫：《中国封建社会只有律家律学律治而无法家法学法治说》，《学术月刊》1979 年第 1 期。

② 刘富起：《论中国古代律学家》，《吉林大学社会科学学报》1984 年第 6 期。

③ 陈淑珍：《张斐的律学思想》，《河北法学》1985 年第 6 期。

④ 罗新本：《律学博士创置年代考》，《现代法学》1987 年第 2 期。

⑤ 华志石：《挖掘和研究珍稀法律史料的重大收获——首届中国法律史国际学术讨论会综述》，《法学研究》1989 年第 4 期。

及古代律学和现代注释法学的区别等方面。由于在绪论中已经讨论了古代律学的内涵和盛衰，这里不做赘述，重点介绍学者们在律学的特征、律学发展的原因、律学的研究方法以及古代律学和现代注释法学的区别方面的具体研究。

（一）律学的特征

1. 律学是官学，私家注律只是官方注律的补充

张晋藩认为，律学基本上是官学，私家注律只是国家注律的补充。从汉晋隋唐以来，律学一直是官学，即以官府注释为基本形式。明清时期国家对适用法律的要求更为迫切，对律学的期望值也日益提高，因此鼓励私家注律以补充官府注律的不足。他们注律时总结了从事刑名工作的经验，抒发了研究律学的体会，形式上是自由的，但不得逾越国家宏观控制的限度，不得违背传统的法律意识和礼的基本规范，不得别立异端思想，否则其所注之律不仅无效而且要受到惩治，因此私家注律是寓自由于不自由之中的。[1] 武树臣指出，律学的第二个特点是官方色彩，即由国家统一支配法律解释工作，如《睡虎地秦墓竹简·法律答问》就是其代表。[2] 周少元指出，传统律学是中国自然经济土壤中生成的特有法学，反映了农业文明的封闭性；传统律学基本上是官学，私家注律只是国家注律的补充。[3] 沈岚则进一步分析认为：中国传统律学基本上是官学，私家注律只是官方注律的补充，律学从其产生到隋唐时期，一直都以官方注释为基本形式；明清时，统治者开始鼓励官吏和刑名幕友私家注律，目的只是利用他们丰富的实践经验和集思广益来弥补官方注律的狭隘和不足，私家注律大多只能在肯定当朝法律合理的前提下进行一些完善性注释工作，不得违背

---

[1]　张晋藩：《清代律学及其转型》（上），《中国法学》1995 年第 3 期。

[2]　武树臣：《中国古代的法学、律学、吏学和谳学》，载何勤华编《律学考》，商务印书馆 2004 年版，第 13 页。

[3]　周少元：《传统律学的回眸与探析——张晋藩先生传统律学论著读后》，《现代法学》2001 年第 1 期。

统治阶级意志和传统道德观念。①

也有学者提出了不同观点，如何勤华认为，古代律学的特征在于官方律学与私家注律相辅相成，明清时期，私家注律基本上成为律学的主要部分，明清时期一批高水平的律学著作，都是私家注律的成果。② 吴艳红指出，纵观中国古代律学的发展过程，唐以前基本以官方注律为特征，宋元以后，私家注律兴起。明代统治者不仅强调官吏通晓律意，而且注重法律的宣传与普及，推动了私家注律的快速发展；同时，由于国家在律学知识的控制方面缺乏明确的政策，也为大量私家律注的出现提供了条件。③

2. 注重司法实践

武树臣指出，中国古代律学的第三个特点是注重司法实践，许多地方官在总结司法审判经验和教训的基础上，撰写私人性的律学著作。④ 张晋藩也分析了这一特点。律学是适应司法实践的要求而发展起来的，是注律者从事刑名断狱的经验的积累和总结，因而以经验主义的特色著称，缺乏抽象思辨的内涵。综括律学之书，凡问题的提出无不源于经验，注释的根据与心得亦不外于经验，律学的最高成就就是综合新经验并使其条文化，成为国家修律的新内容。⑤ 胡旭晟、罗昶认为古代律学在总体风格上重实用、轻理论，历代律学家们几乎均以取得立法的预期效果、指导法律的实际操作为宗旨；律学研究都是在"经世致用"的价值取向下，以基本肯定现行律典的合理性为前提，着重研究法律术语如何界定、法律条文如何理解和适用，以期为用法者提供直接而有效的指导，或者使用法者不致因法律语言的古朴

① 沈岚：《中国古代律学浅议》，《兰州学刊》2005 年第 1 期。
② 何勤华：《中华法系之法律学术考——以古代中国的律学与日本的明法道为中心》，《中外法学》2018 年第 1 期。
③ 吴艳红：《国家政策与明代的律注实践》，《史学月刊》2013 年第 1 期。
④ 武树臣：《中国古代的法学、律学、吏学和谳学》，载何勤华编《律学考》，商务印书馆 2004 年版，第 13 页。
⑤ 张晋藩：《清代律学及其转型》（上），《中国法学》1995 年第 3 期。

深奥和语义多层而不知所措。^① 沈岚从注律者身份的角度分析了律学注重实践的特点：中国传统律学着眼于适用法律，为执法服务；律学是适应司法实践要求而发展起来的；注律者多为法曹官僚或刑名幕友，他们长期从事司法实践，经验丰富，因而作品往往以经验主义特色著称，可谓源于实践又运用于实践的典型。^② 曾坚则分析了律学注释目的的实用性：律学在注释目的上是以致用为主的，为一种形而下的状态，即使在律学最为发达的盛唐时期，对法律的注释都没能跳出实用性的窠臼，几乎没有涉及对法律精神和法学理论的阐析。^③

3. 重刑轻民

张晋藩认为，律学显示了重刑轻民的倾向。在二千多年的封建专制统治下，国家刑律以惩治危害国家的犯罪行为为首要任务，而对民间的财产则视为细故，不仅在立法上缺乏应有的比重，在司法上也较为漠视，或听任调处和息，或一审了结。律学既然以律文作为研究对象，因此它的主要内容也只能是刑法，以及与之密切相关的刑事诉讼法学。^④ 胡旭晟、罗昶从古代律学以"律"为主要研究对象的角度，指出其重刑事、轻民事的特点。历代统治者都注重在颁布律典的同时，强调对律文进行解释以指导司法官吏正确适用，这就使得中国传统律学基本上围绕着律典的制定与适用而发展。以"律"为主要研究对象和学术载体，多数律学成果都是以对各朝律典条文逐条解释的形式而存在。古代律学家们不仅对现实中大量存在的民事法律关系和民事习惯法漠不关心，而且在研究和注释国家法律时，也是只重视"刑律""断狱"门内各条，而轻视"户律""杂律"等涉及民事婚姻、田土钱债之类"细故"的条文。^⑤ 周少元也认为，传统律学反映了统治者对

① 胡旭晟、罗昶：《试论中国律学传统》，《浙江社会科学》2000年第4期。
② 沈岚：《中国古代律学浅议》，《兰州学刊》2005年第1期。
③ 曾坚：《中国古代法律注释与当代法律解释学的差异》，《贵州社会科学》2008年第12期。
④ 张晋藩：《清代律学及其转型》（上），《中国法学》1995年第3期。
⑤ 胡旭晟、罗昶：《试论中国律学传统》，《浙江社会科学》2000年第4期。

法律作用的认识，显示了重刑轻民的倾向，以研究注释律文为对象的律学所涉及的内容主要是刑法及相关的刑事诉讼法，传统律学的成果几乎不涉及刑事法认外的其他法律内容。① 沈岚指出，律学显示着重刑轻民倾向，封建统治者们对刑事法律极为重视，每一个朝代法律重头戏都是刑法典，中国古代法律发展水平也主要由刑法体现，律学以制定法为研究对象，因此主要内容也只能是刑名法学以及与之密切相关的刑事诉讼法学。② 曾坚认为古代律学的注释对象主要是刑事法规，如刑罚的适用方法、宽严尺度、刑与礼的关系等，而对其他的部门法极少涉及。这一状况在客观上与古代社会诸法合体、以刑为主的法律特征相关联，它事实上限制中国古代法律注释的体系化发展。③

4. 以儒家思想为指导思想

古代律学体现了礼法结合的儒家思想。从汉代说经解律到明清注释律学，一直贯穿了礼法结合、任法与任礼并举的精神。律学家在释律中要奉礼不违礼，违礼的解释是无效的，律学与礼治如同律学与法制一样不可分割。④ 胡旭晟、罗昶认为，自汉以降，历代律学无不以儒家学说为主旨，特别是两汉，律学几乎成为儒家经学的分支和附庸；自魏晋以后，律学虽然渐渐具有自己的独立性，但儒家纲常始终是其信守的教条，礼法结合、任法与任礼并举也一直是其一以贯之的精神。⑤ 周少元指出，传统律学体现了儒家的礼法结合的精神，律学形成发展的过程就是封建法律伦理化，封建伦理法律化的过程，法律与道德的趋同，构成了传统法律发展演变的主线，而这主线的描绘者正是历代律学家。⑥ 沈

① 周少元：《传统律学的回眸与探析——张晋藩先生传统律学论著读后》，《现代法学》2001 年第 1 期。
② 沈岚：《中国古代律学浅议》，《兰州学刊》2005 年第 1 期。
③ 曾坚：《中国古代法律注释与当代法律解释学的差异》，《贵州社会科学》2008 年第 12 期。
④ 张晋藩：《清代律学及其转型》（上），《中国法学》1995 年第 3 期。
⑤ 胡旭晟、罗昶：《试论中国律学传统》，《浙江社会科学》2000 年第 4 期。
⑥ 周少元：《传统律学的回眸与探析——张晋藩先生传统律学论著读后》，《现代法学》2001 年第 1 期。

岚分析了律学发展与儒家思想发展的密切关系：法律儒家化过程中，律学扮演了重要角色，儒士们通过以经诀狱、以经注律和以经立法活动，将儒家的纲常名教、礼治思想逐步融入封建法律精神之中，从而实现了礼法结合，任礼与任法并举；律学发展中基本贯穿着儒家精神，"礼尊于法""德主刑辅"是历代律学共同理论基础。①

5. 律学研究的精细化和律学成果的严谨性

古代律学研究的精细化主要体现为注释内容的周密严谨和表现形式的丰富多样。何勤华认为，在注释内容的周密严谨方面，《唐律疏议》已经体现得极为充分；经过之后各代律学家的努力，至明清两代，律学在技术层面上已经极为精致，到了几近完美的境界；《唐律疏议》《宋刑统》、雷梦麟的《读律琐言》、王肯堂的《律例笺释》、薛允升的《读例存疑》以及王明德的《读律佩觿》等作品，注释周密严谨而又精致；这批律学作品就是通过这样逐层推进、细致入微的阐述，使中国古代律学的解释学水平达到了一个非常高的境界。② 武树臣指出，古代律学的特点之一是律学成果在内容上、逻辑上的严谨性。③ 同时，律学的表现形式丰富多样。何勤华认为隋唐以后律学表现形式走向多元化，包括综合性的法典化的律例注释书，用音义解读法律条文和名词的著作，体系性的律例注释书，歌赋类的律例解释书，图解类的律学作品，专题论文集性质的著作，幕府读律、用律和律学教育的作品，监狱管理的著作，解读判例的作品，普法读物类作品。④

6. 律学者未能形成独立的职业阶层

律学者多为行政官员，其身份的特殊性，决定了古代中国未能形成独立的律学职业阶层。曾坚认为，在研究者身份上，由于缺乏明确

---

① 沈岚：《中国古代律学浅议》，《兰州学刊》2005 年第 1 期。

② 何勤华：《中华法系之法律学术考——以古代中国的律学与日本的明法道为中心》，《中外法学》2018 年第 1 期。

③ 武树臣：《中国古代的法学、律学、吏学和谳学》，载何勤华编《律学考》，商务印书馆 2004 年版，第 13 页。

④ 何勤华：《中华法系之法律学术考——以古代中国的律学与日本的明法道为中心》，《中外法学》2018 年第 1 期。

的职业和专业的划分，中国古代没有纯粹意义上的律学家（只有张斐一个例外），从事律学研究的人员身份极为复杂，其中多是行政官吏，甚至有的本身就是立法的参与者，如陈宠、应劭、长孙无忌、张居正等；还有的是以其在认识自然、改造自然中作出突出贡献而留名的人士，如刘勰、郦道元、沈括等；再有的是因诗赋创作而传世的文学家，如陈子昂、白居易、刘禹锡、苏洵等；当然也不乏以研究法律为主的学问家，有的甚至是法律世家出身，如陈宠等。① 武树臣认为，中国古代律学的第一个特点是立法者参与律学研究，律学研究与立法活动同步进行，比如唐长孙无忌等人的《唐律疏议》，晋张斐所著的《律序》等。②

另外，学者们探讨中国古代律学特征的视角还有：律学者实行特殊的法律教育机制、律学成果直接影响法律实践；③ 律学研究者的批判精神；④ 律学反映了专制主义的政治与文化政策，是在一个封闭型的国家里发展起来的特有的法学。⑤

（二）律学发展的原因

律学发展的原因主要在于立法的进步、司法的发展、律学研究的日益精细、玄学和佛教律学的兴起以及学术分科的要求五个方面。

其一，立法的进步，为律学的成熟提供了客观基础。何勤华指出，到汉代，法律数量已经很多，并出现许多的单行律和令、科、比等。在这种情况下，统治者一方面要让立法更加简约、凝练、方便、

---

① 曾坚：《中国古代法律注释与当代法律解释学的差异》，《贵州社会科学》2008 年第 12 期。

② 武树臣：《中国古代的法学、律学、吏学和谳学》，载何勤华编《律学考》，商务印书馆 2004 年版，第 13 页。

③ 胡旭晟、罗昶：《试论中国律学传统》，《浙江社会科学》2000 年第 4 期。

④ 武树臣：《中国古代的法学、律学、吏学和谳学》，载何勤华编《律学考》，商务印书馆 2004 年版，第 13 页。

⑤ 张晋藩：《清代律学及其转型》（上），《中国法学》1995 年第 3 期；周少元：《传统律学的回眸与探析——张晋藩先生传统律学论著读后》，《现代法学》2001 年第 1 期。

实用，魏的新律，晋的泰始律，以及北周、北齐的立法，都在这方面做出了努力，并取得了非常好的效果，从而至隋唐律文甚至精简至500余条的程度；另一方面，立法的这种进步，也推动了法律学术的进步，为律学的精细、深入发展提出了需求，也提供了条件。① 何敏认为，高度抽象的法条客观上促进了注释律学的产生，为保证法律的统一和正确适用，避免司法官因法条的语义概括、文字抽象而产生理解上的错误和歧义，以致扭曲立法者的意图，引起适用法律的混乱，就要对法律进行精确的注释，使含义不明的每一条文更加明确、具体；用法者得以援此为据，准确地定罪量刑，被法者心悦诚服，就是传统注释律学的一个首要任务，也是注释律学得以生存和发展的根本条件。②

其二，司法的发展为律学的成熟提供了实践基础。随着秦帝国的建立，在统一的国家治理模式之下，司法审判也获得了发展。两汉出现的"引经决狱"和决事比，就是试图提升司法审判的正义性（道德性）的努力。至晋代，明法掾张斐在总结历代司法审判之经验的基础上，进一步推动了审判理论的发展。这些成果无疑促进了隋唐时期对司法审判事务的研究，也催生了中国古代律学中的第一本判例研究作品，即唐代张鷟的《龙筋凤髓判》的面世。③

其三，晋代以后律学研究的日益精致，为律学的发展繁荣积累了学术基础。何勤华指出，集秦汉律学研究之精华，魏晋律学研究的精细达到了一个新的高度。《晋书·刑法志》记录了张斐的《律注表》的片段，这是历史上唯一保存下来的魏晋时期律学家的作品。在这篇作品中，张斐对故、失、谩、诈、不敬、斗、戏、贼、过失、不道、恶逆、戕、造意、谋、率、强、略、群、盗、赃共20个重要法律名

---

① 何勤华：《中华法系之法律学术考——以古代中国的律学与日本的明法道为中心》，《中外法学》2018年第1期。

② 何敏：《传统注释律学发展成因探析》，《比较法研究》1994年第Z1期。

③ 何勤华：《中华法系之法律学术考——以古代中国的律学与日本的明法道为中心》，《中外法学》2018年第1期。

词作了精密诠释，其水准足以成为后世律学的楷模。①

其四，玄学的兴起，为律学的成熟提供了方法论基础。何勤华认为，一方面，律学家用"执一统众、以简御繁"的思维方式，打破了自西汉以后律学研究中的儒学（经学）方法，为律学世界观的转变，即从烦琐到简约、从模糊到明晰、从杂乱到有条理提供了新的方法。另一方面，玄学家郭象系统阐述的另一方法"辨名析理"，也对该时期的律学研究产生了重要影响。该时期律学研究成果中对法律名词的明确界定和逻辑分析，以及对律条的精密解释，就是这种影响的一项突出成就。而玄学世界观的方法论，之后就慢慢融入晋以后南北朝的立法与律学研究之中，直到隋唐开出绚丽的花朵。②

其五，学术分科的要求，为律学的成熟提供了内在动力。在何勤华看来，两汉的引经注律，使律学与政治伦理结合而日兴，但经学的发展，导致其成为专门索隐发微的章句之学，流于烦琐迂腐，日近绝路。至晋，杜预和张斐从学术分科这一理论源头解决了这一问题，他们明确提出了法律并非穷理尽性之书的观点。张斐对专用法律名词进行的解释，使律学日益成熟、精致，律学与经学有了区分，也使其与玄学及佛学有了明确的界限，奠定了律学成熟、独立分科的理论基础。正是在两汉魏晋律学发展的基础上，才使隋唐的律学臻于成熟，并推出如《唐律疏议》这样代表中华法系最高水平的法律学术成果。③

另外，何敏还从注释的原则上符合王权的政治需要、文化上的禁锢主义、行政兼司法且科举不试法、重术轻学的功利观和学术传统等方面分析了注释律学发展的原因。④

---

① 何勤华：《中华法系之法律学术考——以古代中国的律学与日本的明法道为中心》，《中外法学》2018 年第 1 期。

② 同上。

③ 同上。

④ 何敏：《传统注释律学发展成因探析》，《比较法研究》1994 年第 Z1 期。

（三）律学的研究方法

古代律学主要采用注释的研究方法，形成了包括训诂解释、考证解释、历史解释和比较解释等多元化的解释方法。师棠认为，律学研究的重要方法之一，便是对律文的解说，这一方法，至唐时发展到顶端。著名的《唐律疏议》便是这种研究方法的结果。这种"我注六经"的治学方法，在律文本身的完善、法律内部机制的协调、词语的运用等诸方面，皆达到了完美的境地。①

王立民分析了古代律学研究方法的依据和效力：唐律的立法者借鉴了传统经学中专门研究儒家经典的研究方法，并将其运用在律文的研究之中；中国传统律学研究方法中解释的主要依据有儒家经句、令、格、式、公理和专业知识等，它们都具有合理性、知识性和权威性，能起到解释依据的作用；中国传统律学研究方法的解释成果可以分为有效解释和无效解释，它们的法律效力也不同。②

何敏在研究清代私家释律方法时指出，清人突破了明以前各朝仅对法律条文本身进行训释、疏议的单一解释方法的限制，把法律解释方法向多向性、多层面发展，从而具有较强的技术性，能够准确地把握法典的基本精神和各条文的含义，加强了法律的适用性。③

何勤华在谈到律学的价值时提出，律学形成了丰富、多元的研究方法。在律学研究中，不仅有归纳的方法，演绎的方法，训诂的方法，扩张解释、限制解释、字义解释、文句解释等法律解释学方法等，还有历史的方法，即在阐述各项法律规定时，必定将其起源、发展、演变的历史说得清清楚楚；还有社会学的方法、文献学的方法以及佛教律疏的方法等。而比较的方法，更是成为律学中的一个重要方

---

① 师棠：《律学衰因及其传统评价》，《法学》1990 年第 5 期。

② 王立民：《中国传统律学研究方法论纲——以唐律律文的研究方法为例》，《法学》2016 年第 4 期。

③ 何敏：《清代私家释律及其方法》，载何勤华编《律学考》，商务印书馆 2004 年版，第 498 页。

法，薛允升的《唐明律合编》是这方面的典范。这些方法，虽然和现代意义上的还有一定差距，只能说是各种方法的雏形，但毕竟在中国古代的律学中，已经得到了充分的运用和发挥。①

王志林以清代注释律学文本为视域，研究了中国传统法律解释的技术方法和精神意蕴。在法律解释的技术方法上，从字词考据、文义疏解再到文理阐释，中国传统的法律解释与传统汉语中的文义解释路径高度契合。历史考证技术以沿革考证和引用经典素材为典型体现，亦能生动地反映传统中国注释律家之学术素养；以概念语词互证、律例比较互释、律学著作引证为代表的比较解释技术也臻于完善。"治"与"仁"彰显了中国传统法律解释者的观念主旨，展现出法律实用主义与儒家伦理观念的共融。延至清代，法律解释者们虽然仍坚守尊崇法典的观念，但也孕育出理性而谨慎的批判精神。②

陈锐探讨了古代律学研究方法的意义和价值，他认为除了律学的精神与思维模式可供借鉴外，中国古代律学家们在法律实践中总结出的一些律学方法在今天仍然可资利用。中国古代律学家们在注律实践中总结出了一系列法律解释方法，这些方法自成系统，一点也不比近代西方民法学者总结出的法律解释方法逊色。③

（四）古代注释律学与现代注释法学的区别

学者们对古代注释律学与现代注释法学进行了区分研究，二者的不同主要体现在下面四个方面：

其一，二者产生的前提和背景不同。从它们产生的前提看，注释法学产生于 11 世纪末，是为了适应资本主义商品经济发展的需要，而对罗马法的内容进行阐释。注释法学的出现，意味着西方法学已从

---

① 何勤华：《中华法系之法律学术考——以古代中国的律学与日本的明法道为中心》，《中外法学》2018 年第 1 期。
② 王志林：《中国传统法律解释的技术与意蕴——以清代典型的注释律学文本为视域》，《法学家》2014 年第 3 期。
③ 陈锐：《中国传统律学新论》，《政法论坛》2018 年第 6 期。

中世纪的神学中分离出来。中国的律学产生于公元前 2 世纪，要比西方注释法学早一千多年，至于西汉律学，可以说是经学的产物。① 周少元指出，传统注释律学肇始于"以力服人"的战国时代，当时的法家掌握着国家权力也掌握着解释法律的权力。西方注释法学是法学家自由研究法学的产物。注释法学的产生基于商品经济发展的需要。②

其二，发展趋势不同。从其发展趋向来看，二者尽管注释形式相似，最终仍然分道扬镳。注释法学为文艺复兴和法学的复兴奠定了基础，形成了法学家阶层；律学发展的趋势，是学术界对律学的消颓，非但未形成律学家或法学家阶层，即使原有的律学家阶层也消灭殆尽，唐以后则不存在专门的律学家。③

其三，体现的精神不同。传统注释律学是以现行制定法为注释对象，传统制定法自汉以后逐步演变成了伦理性的法，"三纲五常"是立法、司法的指导思想也是注释律学准则。西方注释法学是对古代的罗马法进行注释，其所依据的是理性原则，体现的是人文主义精神。④

其四，研究对象不同。中国自秦汉以来形成并发展了"律学"，而"律学"从其研究对象、方法及成果看，实际上是诠释法律的一门学问。中国古代的法律注释与当代法律解释之间存在差异，法律解释是依托哲学范畴内的解释学的基础上发展起来的，以阐释法的内涵及法律文本之外的法的因素为目标的一种认知法律的方法。⑤

二　对律学文献的考证与评析研究

学者们注重对律学文献的考证与评析。杨一凡主编的《中国律学

---

① 师棠：《律学衰因及其传统评价》，《法学》1990 年第 5 期。

② 周少元：《传统律学的回眸与探析——张晋藩先生传统律学论著读后》，《现代法学》2001 年第 1 期。

③ 师棠：《律学衰因及其传统评价》，《法学》1990 年第 5 期。

④ 周少元：《传统律学的回眸与探析——张晋藩先生传统律学论著读后》，《现代法学》2001 年第 1 期。

⑤ 曾坚：《中国古代法律注释与当代法律解释学的差异》，《贵州社会科学》2008 年第 12 期。

文献》收录了《刑统赋解》《粗解刑统赋》《刑统赋疏》《律条疏议》《大明律讲解》《法家裒集》《法缀》《新纂四六合律判语》等多部律学文献，为学界进一步深入研究中国古代律学提供了文献资料。① 由于现见宋代以前的律学文献较少，学者们的研究重点集中于宋代和明清时期的律学文献。

（一）宋代律学文献

何勤华和日本学者冈野诚对《宋刑统》《律附音义》《刑书释名》和《刑统赋解》等宋代的注律文献进行了考证与分析。

何勤华认为，《宋刑统》开创了综合型注释书的先例，尽管在法律注释学方面没有超越《唐律疏议》，但其在体例上的创新却具有重要意义，即《唐律疏议》只是对律文作出注解，而《宋刑统》则将律文、注解、疏议、令、格、式、敕、起请等全部综合在一起，带有一种集大成的价值，以后明清时期的律例注释书，都继承了这一做法，因此，从以《唐律疏议》为代表的单一型的律文注释书，发展至明清时期的综合型的律例注释书，《宋刑统》起着开创性的作用。②

何勤华和日本学者冈野诚指出，孙奭著《律附音义》对研究唐律具有重要意义。何勤华认为，《律附音义》系孙奭为阐述《唐律》而作。《律附音义》的主体部分是唐律的原文，从"名例律卷第一"，至"断狱律卷第十二"，约占《律附音义》全书的九分之八，剩下的九分之一篇幅为"律音义"。《律附音义》中"律音"部分，从"名例第一"开始，对五刑、笞、杖、徒、流、死、御宝、县令、官当、自首等752个字、词、短语作了注释和解析。除个别用语的

---

① 杨一凡编：《中国律学文献》第一辑，黑龙江人民出版社2004年版；杨一凡编：《中国律学文献》第二辑，黑龙江人民出版社2005年版；杨一凡编：《中国律学文献》第三辑，黑龙江人民出版社2006年版；杨一凡编：《中国律学文献》第四辑，社会科学文献出版社2007年版。

② 何勤华：《论宋代中国古代法学的成熟及其贡献》，《法律科学》2000年第1期。

注文、解释比较详细外，大部分比较简单。从其对词义的解释情况来看，主要是对宋以前历代法学研究成果的吸收和重述；但也有许多内容是对宋以前法学研究成果的发展和创新。① 冈野诚从七个方面对北京图书馆藏宋刻《律附音义》进行了研究，主要包括："北京本律附音义的形式""北京本律附音义的刊年""律附音义的成立与流传""北京本律附音义的流传""北京本律十二卷的内容""北京本律音义一卷的内容""律附音义钞本"。他认为，《律附音义》是为了明法科举人学习的需要而对唐律十二卷覆刻的版本。因此，是研究开元律的一流资料。音义一卷是孙奭等人为了那些学习律、律疏、刑统的人的需要所写的，用来显示正字、正音、正义的。而且，可以认为律附音义的刊刻是在元朝的时候进行的，而到了明清它的流传就罕为人所闻了。②

何勤华认为，王键辑《刑书释名》对宋以前刑罚的解释具有一定特色。《刑书释名》一书是解释历代刑书（法典）中的刑名以及用刑方法的作品，分为黄帝刑、周代刑、汉代刑、魏刑、晋刑、南梁刑、北齐刑、北周刑、隋刑、唐刑、宋刑、金刑。③

何勤华对傅霖撰《刑统赋解》进行了介绍。《刑统赋解》以歌、赋的形式将《宋刑统》中的一些重要规定予以通俗的诵唱，便于人们学习、理解和掌握。《刑统赋解》卷首有《四库全书总目提要》《铁琴铜剑楼藏书目录》关于《刑统赋解》一书的说明，以及朱彝尊的跋、查慎行的志、冒广生和徐松的记、董康的序，书末有沈家本所作的跋。全书共有八韵，每韵少的4条，多的22条，共119条。其结构分为赋、解、歌、增注四个层次，对每一条涉及的一项或数项法律规定作了详细充分、通俗易懂、对称押韵、朗朗上口的解说。④

① 何勤华：《论宋代中国古代法学的成熟及其贡献》，《法律科学》2000年第1期。
② ［日］冈野诚：《北京图书馆藏宋刻律十二卷音义一卷的研究》，崔瞳、冷霞译，载何勤华编《律学考》，商务印书馆2004年版，第272—344页。
③ 何勤华：《论宋代中国古代法学的成熟及其贡献》，《法律科学》2000年第1期。
④ 同上。

（二）明清律学文献

因为明清私家注律作品较多，这一时期的律学文献也成为学者们研究的一个重点。

学者们对明代的一些律学文献进行了考证和评析。如杨一凡、何勤华对《律解辩疑》进行了考证和介绍，① 刘笃才对《法缀》进行了评析，② 张伯元对《读律管见》《大明律集解附例》《律条疏议》进行了考证，③ 何勤华对《律学集议渊海》进行了介绍，④ 日本学者高盐博在《东京大学法学部所藏的明律注释书》一文中，介绍了东京大学所藏的《大明律例谚解》《大明律例译义》《大明律例详解》三部明代注律文献。⑤ 徐世虹在《日本内阁文库及其所藏明律书籍》一文中，介绍了日本内阁文库所藏的中国刊本和朝鲜、日本刊本的明代律学著作。⑥

何敏对清代注律文献进行了较为全面的考察。她认为，据不完全统计，终清之世，私家解释《清律》的就有百余家，150 多种注本，尚不包括同一种书的不同版本。《清律》私家释本种类繁多，形式多样，有辑注、笺释、全纂、汇纂、统纂集成、通考、根源、图说、歌诀等。⑦

---

① 杨一凡：《明代十二种法律文献版本述略——〈中国珍稀法律典籍续编〉所辑文献研究之一》，2019 年 2 月 18 日，中国法学网（www.iolaw.org.cn）；何勤华：《明代律学的开山之作——何广撰〈律解辩疑〉简介》，《法学评论》2000 年第 5 期。

② 刘笃才：《〈法缀〉——一份可贵的明代法律文献目录》，《中国法律史国际学术讨论会论文集》，陕西人民出版社 1990 年版。

③ 张伯元：《陆東〈读律管见〉辑考》，《华东政法学院学术文集》2002 年卷，浙江人民出版社 2002 年版；张伯元：《〈大明律集解附例〉"集解"考》，《华东政法学院学报》2000 年第 6 期；张伯元：《张楷〈律条疏议〉考》，载韩延龙主编《法律史论集》第 3 卷，法律出版社 2001 年版。

④ 何勤华：《明代律学的珍稀作品——佚名著〈律学集议渊海〉简介》，《法学》2000 年第 2 期。

⑤ ［日］高盐博：《东京大学法学部所藏的明律注释书》，孟祥沛译，载何勤华编《律学考》，商务印书馆 2004 年版，第 346—361 页。

⑥ 徐世虹：《日本内阁文库及其所藏明律书籍》，载韩延龙主编《法律史论集》第 3 卷，法律出版社 2001 年版，第 556—574 页。

⑦ 何敏：《从清代私家注律看传统注释律学的实用价值》，《法学》1997 年第 5 期。

各释本的写作原意也各有不同，有立意于注释律例条文、疏解律意、阐发立法主旨的辑注类文本，如《大清律例辑注》《读律佩觽》《律例笺释》等；有立意于考竟源流、探求律例的历史因革和变化的考证类文本，如《大清律例通考》《大清律例根源》《读例存疑》等；也有为初入仕或初入幕者编写的实践性很强的指导文本，如《祥刑要览》《律法须知》《刑案汇览》等；还有一些以便于记诵、查阅为目的而编写的简本，如《大清律例便览》《读律提纲》等；还有将律例条文简绘成图表形式的图表类文本，如《名法指掌》《律例图说》等；还有为进行法制宣传编成韵诗的歌诀类文本，如《大清律例歌括》《读律一得歌》等。① 私家释著内容广泛，涉及注释、校勘、文字、音韵等方面的知识，有些还涉及现代法理学、刑罚学、犯罪学、诉讼法学等学科。在解释技术和注释风格上，私家释本集历代注释法律之大成，融注、疏、解、释、评、议为一体，具有一定的科学性，反映了我国封建法律文化的成熟和完备。②

　　尤陈俊按照性质与内容的不同，将明清时期出版的律学著作分为以下五类。一是辑注本类，以康熙五十四年（公元 1715 年）沈之奇撰《大清律辑注》与乾隆三十一年（公元 1765 年）万维翰著《大清律例集注》为典型代表；二是考证本类，以乾隆四十年（公元 1774 年）刑部侍郎吴坛之《大清律例通考》和光绪三十一年（公元 1905 年）刑部尚书薛允升之《读例存疑》为代表；三是司法应用本类，其中包括康熙十三年（公元 1674 年）出版的《读律佩觽》、道光二十五年（公元 1845 年）版的《明刑管见录》等，最著名者当属祝庆祺纂、鲍书芸订的《刑案汇览》；四是图表本类，以乾隆五年（公元 1740 年）纂辑的《名法指掌》与乾隆十五年（公元 1750 年）纂辑的《律例图说》为代表；五是歌诀本类，其中著名者如同治十二年（公

---

　　① 何敏：《清代私家释律及其方法》，载何勤华编《律学考》，商务印书馆 2004 年版，第 493—494 页。
　　② 何敏：《从清代私家注律看传统注释律学的实用价值》，《法学》1997 年第 5 期。

元 1873 年）的《大清律例歌括》和光绪十六年（公元 1890 年）的《读律一得歌》。五类之中，又以有关司法应用的著作为数最多，其次则为有关律例考证和历史研究的著作。①

何勤华对王明德著《读律佩觽》和沈之奇撰《大清律辑注》进行了评析。在对《读律佩觽》的研究中，他主要考察了该书的版本、作者王明德的生平及学术思想，该书的体系、内容和特点，以及《读律佩觽》在我国古代学术史上的地位。② 何勤华对《大清律辑注》的编撰结构和内容特点也进行了研究。《大清律辑注》共对458 条律文，448 条条例作了融理论与实务为一体的详尽的诠释。《大清律辑注》主要是通过下栏（主体部门）对律文进行逐字逐句的注解，并附以相关的条例。除了下栏外，还专设上栏，对下栏的律文、注解和条例等作进一步阐释。何勤华认为，《大清律辑注》具有三个特点。第一，在法学世界观方面，它具有朴素的唯物主义思想；第二，它不仅仅是一部一般的律例注释书，或司法实务的指南，同时也是一部探讨法律基础理论的法理学作品，作者对许多法学基本理论问题，都发表了自己的见解；第三，该书在博采各家注释时，不是一味地盲从，而是全面分析、深入比较，最后提出自己的见解。③

陆静对程树德的《九朝律考》进行了研究。在辑佚和考据基础上完成的《九朝律考》凝结着法律史研究的许多精华。《九朝律考》有四个特点：征引详备，考证细致；自成体系，逻辑严谨；方法体例，承前启后；彰显学术研究的独立与客观。该书的历史价值在于：填补空白，勾勒九朝法律的生动图景；具有多种文献价值；揭示了中华法系形成的脉络；发展了律学的研究方法和法律史学研究的体例。同

---

① 尤陈俊：《明清日用类书中的律学知识及其变迁》，载曾宪义主编《法律文化研究·第三辑》（2007），中国人民大学出版社 2007 年版。

② 何勤华：《〈读律佩觽〉评析》，《法商研究》2000 年第 1 期。

③ 何勤华：《清代律学的权威之作——沈之奇撰〈大清律辑注〉评析》，《中外法学》1999 年第 6 期。

时,《九朝律考》也存在一些缺憾之处,如较少采纳相关考古成果,引书不尽、易造成误解。①

三　对律学的断代研究

在律学的断代研究中,学者们主要集中于秦汉、魏晋南北朝、唐、明清时期的律学。

(一) 先秦律学

先秦是古代律学的产生时期,《法律答问》的出土提供了史料证明。胡旭晟、罗昶认为,先秦时期产生了刑名律学,其与后世律学的主要不同之处在于以法家思想为指导,除此之外,它的基本特征和风格均为后世所承续。先秦刑名律学是"刑名"学与"法术"相结合的产物;作为中国古代律学的雏形,它以春秋战国时期盛行的"刑名"思辨为标识,春秋时期郑国的邓析是其先驱。但此间对刑名律学贡献最大的还是战国法家,尤其是商鞅。商鞅一方面改"法"为"律",极力推动立法,将各种新产生的"名分"关系法律化,并要求法律明白易知;另一方面则以"法令之所谓"概括"刑名律学",为律学确定了基本内容;同时,商鞅还进一步将"刑名律学"引向官方形式,开秦朝"以法为教""以吏为师"这种官方律学之先河。②

在柯卫、马作武看来,邓析开私人注律传统之先河,《竹刑》是中国传统律学的开山之作。邓析作为名家,其学问的范畴与内容无疑与新公布的刑法直接相关,即"解释条文、分析事实",其"刑名之学"的"刑名"二字的含义,正如后世所谓"刑名"之义。邓析的《竹刑》其实是一部对国家刑法进行解释和辨析的学术著作,郑国杀邓析而用其《竹刑》,乃"刑名"私学官方化之嚆矢。其后,"本于

---

① 陆静:《程树德〈九朝律考〉探析》,硕士学位论文,湘潭大学,2012 年。
② 胡旭晟、罗昶:《试论中国律学传统》,《浙江社会科学》2000 年第 4 期。

黄老而主刑名"的申不害和"少好刑名之学"的商鞅承接了这一过程。《睡虎地秦墓竹简》中的《法律答问》，无疑是这种结合的成果。如果说《唐律疏议》是刑名之学最高成就的话，那么今天无论怎样高估邓析首创的"刑名之学"对中国古代法律之学乃至中国古代法律发展的影响及意义都不为过。①

（二）秦汉律学

何勤华从秦汉律学的标志事件、内容、特点和对后世的影响四个方面较为全面地介绍了秦汉律学。作为特定的以注释、阐述现行法为对象的中国古代律学，诞生于秦汉时期对法律的注释活动，其标志为秦代法律注释书《法律答问》的出现，西汉董仲舒等人以经释律（决狱）、东汉马融和郑玄等人以经注律活动的展开。秦汉律学的内容大体包括三个方面：一是通过对法律用语的注释，使执法的官吏了解法律的含义，使法律得到更好的执行；二是对律令的文意作出解释；三是对律令的立法背景和历史渊源作出解释，以帮助人们加深对律令规定内容的理解。秦汉律学的特点在于：内容丰富、注释详尽；以刑法解释学为主、诸法解释学并行；儒法逐渐合流；以经注律。秦汉律学对后世中国法和法学的发展产生了重要影响：开创了以经释律的传统，立法者同时编撰律疏的传统，对法律的定义解释、扩张解释、限制解释等传统，法律注释活动与私学并行的传统。②

律璞分析两汉律学家的特殊身份时指出：两汉司法官员通过注释法律，著书立说，开展法律教育活动，实现与律学家角色的合一；统治者对律令学的重视，以律、令为核心的官吏选拔制度，少学律令的社会风气，律学家职业的非独立性是两汉司法官员与律学家角色合一的主要原因；两汉司法官员与律学家角色合一，推动了律令学研究活

---

① 柯卫、马作武：《〈竹刑〉：中国律学的开山之作》，《法学评论》2007 年第 4 期。

② 何勤华：《秦汉律学考》，载何勤华编《律学考》，商务印书馆 2004 年版，第 37—58 页。

动向纵深发展，有利于提高司法官员的执法水平，对我们今天的法官职业化建设也有十分重要的借鉴价值。①

詹朝阳探讨了秦汉律学的特点及对后世的影响。他认为秦汉律学的特点有：律学文献的内容相当丰富，注释较为详尽；律学以刑法解释为主、诸法解释并行；儒法逐渐合流的影响；传习特色，即"以吏为师"，多为家学，以兼习经、律为风尚。秦汉时期的律学对后世影响主要在于六个方面：开创了以经注律的传统；开创了作为官府的立法之人同时编纂律令解释的传统；开创了对法律的定义解释，扩大了限定性解释的传统；私学与官学并行不悖，共同发展，为后世律学的教授与传承提供了范式；开创了法律注释活动实行官学、私学并行的传统；律学成果直接影响当时乃至后世的法律实践。②

林丛进一步指出，虽然两汉时期的律学无法摆脱经学的影响，但其仍具有自己的特色。首先，律学之研究内容毕竟是两汉之律、令、科、比，是一套庞杂的国家法律制度系统及其运作程序，这同儒家经典之间实有较大的差异，故而难以完全为经书内容所涵盖。其次，律学之研究目的虽有迎合经学之意，但还是以如何更好地在社会实践中适用汉律条文为基本问题，即如何能够依照条文准确地断狱听讼而令人信服。再次，律学确实有一套不同于经学的专门概念与术语体系，其解释这些概念、术语的方法虽然是经学章句式的，但这些概念、术语本身的法律学科归属化较强。③

（三）魏晋南北朝时期的律学

1. 魏晋律学的内容与成就

魏晋时期，律学已经从经学中分离出来，成为一门独立的学科。蒋集耀从注释内容、注释方法和司法原则方面分析了魏晋时期律学的独

① 律璞：《两汉司法官员与律学家角色合一现象及其价值分析》，《甘肃社会科学》2009年第2期。
② 詹朝阳：《秦汉律学研究》，硕士学位论文，河南大学，2014年。
③ 林丛：《两汉经义法律化研究》，博士学位论文，山东大学，2017年。

立。此时的注律已不局限于汉时的诸儒章句的内容，而是将律学的研究领域扩大到法律的基本性质、概念定义、法典编纂体例和法律适用原理、司法证据、审判心理和司法审判等一系列专门的法律理论问题。在方法上，摒弃以经注律之陋习，博采各家，"网罗法意"，特别是受道学玄远思想的影响，注释律文注重探究律义简洁明了。在这样的框架体系下，魏晋律学家对法律名词术语进行了广泛深入的探讨，特别是关于刑名篇的探索，预示了中国古代法律从缺乏逻辑规律的排列走向有目的的更为科学合理的编排。"故""失""过失"三个概念的明确划分，不但是中国古代律学发展的一个重要里程碑，更重要的是表明了司法适用理论与实践的一个重要发展，促使了法律解释由宏观的定性研究向微观的定量研究的转变。"本其心、审其情、精其事"司法审判原则的确立，是魏晋律学最为精彩的部分。①

于利指出，魏晋律学的发达具体表现在注释的规范化、独立学科的形成、律学研究与立法活动的同步进行、律博士的设置、"本其心、审其情、精其事"的司法审判原则等多个方面。这一时期的律学有以下五个特点：第一，更集中于对现行律文的注释，注释的内容也趋向于规范化、科学化，成为名副其实的注释律学；第二，魏晋律学对传统经学的依附关系较之前期要松散得多，逐步发展成相对独立的学科；第三，魏晋之际进行法律注释工作的大部分学者同时也是修律的直接参与者，使律学研究与立法活动同步进行；第四，专门设置"律博士"官职，以教授法律，使律学立于官府，使研究后继有人；第五，"本其心、审其情、精其事"司法审判原则的提出，对封建法律的正确贯彻执行起到了积极作用。②

梁健以如淳及其《汉书》注为视角，探析了曹魏律章句学的研习与传承。第一，以如淳为代表的《汉书》注家都是对律章句学有研

---

① 蒋集耀：《中国古代魏晋律学研究》，载何勤华编《律学考》，商务印书馆 2004 年版，第 89—99 页。
② 于利：《魏晋律学研究》，硕士学位论文，中国政法大学，2005 年。

习与掌握之人，都可以称为魏晋时期的律章句学者。魏晋律章句学者
以律（律文、令）或者法律注释（律章句）来注释史书，在保持引
律注经、经律互注的传统的基础上，开创出引律注史的范式。第二，
如淳的礼律注释成就了其《汉书》注，是其律章句学者之地位成就
了其史家、注释家之地位。律学并非仅仅是律家之学，更是众多研习
律令者之学，要全面认识中国古代的律学，还必须充分认识到历代并
非律家的律学研习者所作的杰出贡献。①

2. 魏晋律学发展的原因

统治者的重视和学术思想的转变，是魏晋律学发展的主要原因。
刘笃才认为，由于统治者的重视和学术思想的转变，魏晋律学摆脱了
汉代律学的烦琐之风，开创了新的局面。律学之名产生于汉代，但其
发展是在魏晋。这与当时统治者的重视及当时的整个学术思想的转变
有关。曹操重视法律的作用，影响到天下人的态度，刑名之学也即法
律之学有所发展。曹操政权为研究法律之学创立了律博士制度，在历
史上有开创的意义。律博士的设立，可以说是由"魏武重法术"而
导致"天下贵刑名"的中介环节，而这一建议能够成为制度，又同
曹操对法术的倡导有联系。魏晋玄学在理论上空谈妙理，脱离实际，
但在方法上却以辨名析理为特色，一扫汉代经学的烦琐冗繁，返简归
约，魏晋律学受其影响也摆脱了汉代律学的烦琐之风，开创了新的
局面。②

于利从时代背景、长期的积累、成文法的发展和经学的推动四个
方面指出了魏晋律学发达的原因。第一，时代之思想背景使然。魏晋
时期思想界的多元分化状态，为律学的发达提供了广阔的自由发挥空
间和坚实的理论基础及强大的精神动力。第二，长期积淀之果。魏晋
之前律学的发展为魏晋时期律学的发达积淀了丰富的成果和坚实的基

---

① 梁健：《曹魏律章句学研究——以如淳〈汉书〉注为视角》，硕士学位论文，西南
政法大学，2007 年。

② 刘笃才：《论魏晋时期的立法改革》，《辽宁大学学报》（哲学社会科学版）2001 年第
6 期；《论张斐的法律思想——兼及魏晋律学与玄学的关系》，《法学研究》1996 年第 6 期。

础。第三，法随时变之必然要求。为保证法律的统一和正确适用，就要对法律进行精确的注释，因此，随着成文法的不断发展，魏晋律学的发达也就不言自明了。第四，经学推动之功。从汉魏直至南北朝，无论是以经决狱还是以经注律，律学发展的每一个阶段都离不开经学为其提供的强大的精神动力和智力支持。①

薛菁探讨了立法活动、经学的发展、玄学对魏晋律学的影响。她认为，魏晋时期是中国古代律学发展的巅峰时期，此期所取得的律学成就表明中国古代律学发展已经达到相当高的水平。这一时期频繁的立法活动以及前此两汉经学的发展均为其昌盛提供了有利条件，而魏晋玄学的产生与发展和律博士的设置亦为魏晋律学昌盛之重要原因。②

3. 南朝律学的发展

一些学者对"南朝律学衰微、律学'北优于南'"提出了质疑。邓长春认为南朝律学为保留、整理、传承前代律学成果作出重大贡献，且在经学义疏与佛家经典研究方式影响下发展出了新研习方式，成为后世律疏之雏形和源头。③ 他进一步指出，南朝时对汉律的研究仍在进行中，并作为解决现实法律问题的一个参考。梁时廷尉蔡法度亦熟习章句，并以之作为修订梁律的参考。从当时人们对刑制设置的原理、流变等律学内容的熟悉程度，可知南朝时刑制仍为律学研究的一个重要部分。同时，梁律的编纂体例深深刻着佛学"合本子注"的烙印，其对律注的处理则带有极强的佛家科判之学的色彩，而其进行讨论并附以"某等如干人同议，以此为长"的方式更是直接模仿佛经讲习辩论而后作记录的方式而来。这种研究方式在后来《唐律疏议》中得到了很好的继承和淋漓尽致的发挥。因而可以说这种新的研习形式，就是后世律疏的最初模式。④ 吕志兴指出了南朝律学继续发展的主要成果有：修订《晋律》律注，去除了张斐、杜预对《晋律》

---

① 于利：《魏晋律学研究》，硕士学位论文，中国政法大学，2005 年。
② 薛菁：《魏晋律学昌盛之原因探析》，《东南学术》2007 年第 4 期。
③ 邓长春：《南朝律学略论》，《法制博览》2015 年 10 月（下）。
④ 邓长春：《论南朝律学之新发展》，《西部法学评论》2008 年第 2 期。

"同注一章，而生杀永殊"的弊端；在对疑难案件法律适用的探讨中，形成一些新的法律解释；推动了律令法典体例的改进，形成了一些新的法律制度。南朝律学具有研究领域宽泛、儒家伦理色彩浓厚、注重法律解释统一等特点，并不比魏晋及北朝律学衰微，学界关于南朝律学的评价与历史不符。①

4. 魏晋南北朝律学与古罗马法学之比较

李俊强对魏晋南北朝时期的律学与古罗马的法学进行了比较。他认为，二者的相同之处在于：从产生到发达都经历了一段漫长的过程，并非一蹴而就；都是在对颁布的法典进行解释的基础上产生的，法典的颁布是产生律学与法学的前提条件；两者的发达都是有赖于当时的统治阶级对法的重视；两者的衰落都是由于政治腐败，统治阶级转而信崇"玄学、佛学"或"基督教"，寻求一种精神上的慰藉而排斥法的作用的结果；两者的优秀成果都由后世王朝系统地编撰而流传至今，魏晋南北朝律学通过《唐律疏议》被保留下来，古罗马法学则由查士丁尼编撰的《国法大全》而被发扬光大。两者的不同在于产生的地理环境和学科的独立性两个方面。第一，二者产生的地理环境不同。律学处于一种相对闭塞的环境中，自给自足的自然经济占统治地位，主要处理的是一种国家与家族之间的关系，重视刑事法律的震慑作用以期达到保护政权长存的目的；古罗马法学处于一种开放的环境中，一开始就汲取古希腊先进的法学思想，从而拥有了一种民主的精神，又由于商品经济发达，遂产生了重视平等主体之间权利义务关系的民事法律，这种追求平等、权利的民法精神进而影响到政治，由此产生了一种重视民事法作用的古罗马法。第二，就学科的独立性而言，律学只是一种附庸之学，古罗马法学却是一门独立的学科。②

---

① 吕志兴：《南朝律学的发展及其特点——兼论"中原律学，衰于南而盛于北"说不能成立》，《政法论坛》2012 年第 1 期。

② 李俊强：《魏晋南北朝律学与古罗马法学之比较》，《湘潭大学学报》（哲学社会科学版）2005 年第 s1 期。

（四）唐代律学

1. 唐代律学的成就

何勤华指出，唐代律学的昌盛主要表现为：官方以及私家编纂的律学著作琳琅满目；以儒学为核心、综合各家精华的正统法学世界观全面深入律学研究之中；法律体系的理论进一步成熟；（体现立法学成果的）法典的结构更为合理；刑罚（五刑）的体系更加完善；刑法的基本原则更为丰富；对专门的法律制度的研究更为深入；对律文的注释更为全面；对法律名词概念的解释更为精密；律学研究的方法也更加多元。[①]

2. 唐代律学的释律方法

何勤华认为唐代律学的创新之一就在于出现了多种解释方法，仅就对律文的解释而言，就已经对前朝律学作出了诸多创新，出现了限制解释、扩张解释、类推解释、举例解释、律意解释、辨析解释、逐句解释、答疑解释和创新解释等多种解释方法。[②] 李广成指出，唐代"义疏"综合运用了多种有创见性的注释方法，对律文进行全面疏解。《唐律疏议》的"义疏"，通过多种释律方法的运用，真正使"义疏"起到了疏解律意、阐明法理、补律不周之作用，大大丰富了律文的内容。就解释方法而言，主要有文义解释、限制解释、扩大解释、举例解释、历史解释、类推解释、问答解释、创新解释和辨析解释等。这些解释方法对研究和发展现代法学理论仍然具有意义。[③] 冯炜认为，《唐律疏议》主要的律学训诂方式之一为法律问答体，训释的内容非常全面，以义疏体训诂、问答体训诂为主要形式。《唐律疏议》由律文（含注文）及律疏组成，律疏对律文及注文逐句逐条进行立法解释与司法解释，这种解释属有权解释，即律疏与律条具有同

---

① 何勤华：《唐代律学的创新及其文化价值》，载何勤华编《律学考》，商务印书馆2004 年版，第 155 页。

② 同上书，第 159 页。

③ 李广成：《〈唐律疏议〉的法律解释方法论析》，《求索》2006 年第 4 期。

等的法律效力。它以"问曰""答曰"的形式虚拟对话，预设司法实践中的疑难案例，并给以详尽解析。《唐律疏议》训释的内容非常全面，疏文逐句逐条析解术语、阐明律义、叙述法理，并自设问答、辨异析疑，使律注内涵明晰、准确、具体，可操作性强。训诂体式上，以总体篇章结构的精心编排与义疏体训诂、问答体训诂的配合使用共同完成对内容的训释。①

3. 唐代律学发达的原因

唐代律学的发达有浓厚的总结性色彩，同时有更深层次的社会原因。唐代律学是中国古代律学发展的"巅峰时刻"，《唐律疏议》则是这一时期律学研究成果的集中体现。其原因除了《唐律疏议》在法律解释方面的臻于完美外，还有一个因素是唐代学术的主流是佛学，盛行的世俗学问则是诗歌艺术。唐代法律文化的发达不是一个偶然的现象，在文化背后有着更深层次的社会原因，这是唐代所具有的特殊社会背景所决定的。唐王朝的种族、帝王个性、多样性文化堪为唐代法律文化发达之隐因，唐代法律文化的走向是它们共同作用的结果。② 陈灵海分析了中古佛教律学对世俗律学的影响。晋"张杜律"后，世俗律学呈现"一线之延"的衰弱态势，沦为"私议之所轻贱"的学术。佛教律学则渐次发达，继律部经典传入翻译之后，建立起以"律——律疏"为主干的规范和解释体系。南齐《永明律》、萧梁《梁律》的修撰，是在佛教律学鼎盛的氛围下展开的。唐初佛教律学臻于全盛，《永徽律疏》承齐、梁二律之余绪，并非横空出世，其修撰受到了佛教律疏学、儒家义疏学的影响。唐高宗"律学未有定疏"之语的背景是佛教律学"五大部""三大疏"的完成。重新认识中古佛教律学与世俗律学的互动关系，重估《永徽律疏》的成绩，有助于更好地理解中国古代律学发展的进程与脉络。③

---

① 冯炜：《〈唐律疏议〉问答体疏证研究》，博士学位论文，吉林大学，2011 年。
② 宋玲：《也谈唐代法文化发达之隐因》，《政法论坛》2006 年第 5 期。
③ 陈灵海：《通往唐永徽〈律疏〉之路——中古佛教律学与世俗律学互动论》，《学术月刊》2015 年第 9 期。

4.《唐律疏议》的内容与价值

《唐律疏议》由律文和"疏议"两部分组成，律文占全部篇幅的20％，"疏议"占80％，"疏议"是中国古代律学之精华的体现。何勤华分析了"疏议"的内容："疏议"集中了以往各代法律解释学的成果，博引各家经典，对律文逐条逐句进行解释，阐明文义，析解内涵，叙述法理，补充不周不备之处，并设置问答，解释疑义，从而丰富了律文的内容及其法理的色彩，建立起了一个律学的体系，从而使中国古代律学达到了最高的水平。[①] 日本学者八重津洋平认为，《唐律疏议》之"律疏"代表了汉至唐法学研究领域发展的精华。"律疏"是逐条地使用明确用语加以定义，不仅及于有关联的律条规定，而且对与令、式等其他法典有关的规定也适当照应。律疏以问答体提出问题，用明快的方式予以解答；此外，为了准确地理解律文各条的法意，并且加入该规定的历史出典的提示等内容，甚至连细微的地方都考虑得颇为详尽，的确算得上一部上乘的注释著作。[②] 陈鸿彝探讨了《唐律疏议》的特征：《唐律疏议》所有条文均以"三纲"为出发点和落脚点，其基本特征是对律文进行系统、完整的解释。为体现"君为臣纲"，规定了一系列严惩危害皇帝安全、尊严和专制统治的犯罪，以及议、请、减、赎、官当等一整套条款，以确认和维护皇权以及相应的官僚贵族特权；为体现"父为子纲"和"夫为妻纲"，规定了对不孝、恶逆、不睦、不义、内乱等行为的严惩以及七出、义绝等一系列原则制度，以确认和维护以父权和夫权为核心的伦理秩序。[③]

《唐律疏议》的价值具体体现在六个方面。第一，保存了唐代国家大法——律的全文；第二，在解释律文时，引用了大量唐代的令；

---

① 何勤华：《唐代律学的创新及其文化价值》，载何勤华编《律学考》，商务印书馆2004年版，第159页。

② ［日］八重津洋平：《〈故唐律疏议〉研究》，载何勤华编《律学考》，商务印书馆2004年版，第177页。

③ 陈鸿彝：《〈唐律疏议〉体现中国古代律学精华》，《民主与法制时报》2017年6月4日，第3版。

第三，记录并保存了中国历史上第一部成文法典以及法学著作《法经》的篇目和主要内容；第四，保存了一批判例；第五，记录了唐代中国社会经济、政治、文化、社会习惯、风俗等各个方面的图景；第六，作为唐代唯一一部存世的官方律学著作，它比较完整地记录了唐代统治阶级的法学世界观，记录并保存了唐代的法律注释成果，记录了唐以前各代法制建设兴衰存亡的经验和教训，也记录了历史上一些著名的法律家如萧何等的事迹。[①] 刘俊文认为，从法学研究的角度看，《唐律疏议》是我国现存最早、最完整的封建法律著作，它集战国至隋以来封建法律理论之大成，成为宋、元、明、清等朝代制定和解释封建法典的蓝本，并对古代日本、朝鲜、越南等国建立和完善封建法制产生过广泛的影响，成为世界五大法系之一"中华法系"的代表，毫无疑问是我们今天研究中国法制史和东亚法制史所必须依据的基本资料。[②]

（五）宋代律学

宋代的律学研究较之唐代，有许多新的发展。何勤华从四个方面指出了宋代律学的新发展。第一，宋代以"刑法"的研究性著述明显增多。这与宋代以《宋刑统》为基本法典的法律体系有着密切的关系。第二，宋代的律学研究已经呈现出一种著述规模大，内容涉及面广，作者队伍庞大的特色。换言之，宋代除了对律文作出解释之外，律学研究的对象还扩大至判例、断狱、法医检验、官吏箴言、法典用语注音等各个方面。[③] 第三，宋代的判例法汇编、研究超越了唐代的水准，其特点及创新价值在于：一是具有强烈的刑侦书籍的特色，无论是《疑狱集》《棠阴比事》，还是《折狱龟鉴》，都收集分析了大量的破案故事，而不是判决书；二是经验总结的成分居多，主要

---

① 何勤华：《唐代律学的创新及其文化价值》，载何勤华编《律学考》，商务印书馆2004年版，第169—172页。

② （唐）长孙无忌等：《唐律疏议》，《点校说明》，刘俊文点校，中华书局1983年版。

③ 何勤华：《论宋代中国古代法学的成熟及其贡献》，《法律科学》2000年第1期。

是向官吏提供刑事侦查和审理案件的指导思想、方式和方法、经验和教训，以及处理案件的立场，而不是或主要不是先例；三是带有德治教化的色彩，强调执法官吏的修身养性，强调对诉讼当事人的道德劝谕，强调人情与法意的协调；四是民事判例的数量比较多，尤其是在《名公书判清明集》中，处理的几乎都是民事和经济方面的诉讼；五是开始由拟制的书判向实际生活中所发生的实案转化；六是当时的判例法作品已经开始显示出抽象化、理论化的倾向。第四，宋代以后，律学开始下至民间。与宋代法律教育的发达、官吏法律水平提高相联系，宋代以后，中国的律学也开始下至民间，渗入至一般士大夫的活动之中。①

（六）清代律学

二十年来，以张晋藩先生为代表的一些中国法律史学者，对清代律学展开了卓有成效的研究，其核心内容涉及清代律学的成就、清代律学著作的分类、清代注释律学的特点、清代注释律学的研究方法、清代律学的成因及其影响等论题。

1. 清代律学的成就

清代律学的成就在五个方面：官私并举，流派纷呈；源于传统，超越传统；考证详审，阐释细微；改进立法，改善司法；群书竞鲜，各领风骚。②

其一，官私并举，流派纷呈。清代注律学家一部分是司法官员和地方官吏，另一部分是刑名幕友。官僚注律家们是清代注律的主力军，他们由于其身份的特殊和朝廷的允许，应该说带有官方注律的性质。由刑名幕友组成的注律私家是一个枝蔓相连、家世相传的庞大团体。由于他们得到主官的支持，所以其注律活动能顺畅实行，注律成果也得以问世。作为刑名幕友的经历，决定了他们注律的热点集中于

---

① 何勤华：《宋代的判例法研究及其法学价值》，《法学论坛》2000 年第 1 期。
② 张晋藩：《清代律学及其转型》（上），《中国法学》1995 年第 3 期。

如何准确地适用律例。

其二，源于传统，超越传统。清代注释律学继承了中国的传统律学，尤其是对明代律学有着直接的继受关系。同时，清代注律家又适应形势的变化而改变自己的律学研究态度与方法，把立脚点彻底地移向现实的基础上来。康熙十三年（公元 1674 年）王明德著《读律佩觿》，标志着清代律学开始摆脱明人的影响。其后，康熙五十四年，形成了沈之奇编纂的《大清律辑注》，标志着清代律学走上独立发展的道路，形成了新风格、新观点与新成就。

其三，考证详审，阐释细微。清代律学家们对律例进行的"考镜源流"的工作，开阔了执法者的知识领域，便于他们从因革关系中把握清律的发展规律。

其四，改进立法，改善司法。清代注释律学由于针对性强，始终着眼于实际，而且多为司法实践经验的总结，因而在一定程度上改进了立法，改善了司法，促进了清代法制的发展。

其五，群书竞献，各领风骚。清代私家注律之盛超越历代，注律家们如群星灿烂、互相推动，注律成果流传至今不下百余种。有的以辑注擅长，有的以考证名世，有的标榜司法应用，有的借用图表歌诀而为人们称道。总之，私家律注不仅著述繁多，体例多样，而且风格迥异、图文并茂。

2. 清代律学著作的分类

吴建璠和何敏将清代的律学著作分为七类。第一，律例注释类。吴建璠指出，清代律学者把主要力量放在律例注释上，这方面的著作非常多。有些是全面注律的大部头著作，也有律例提要之类的简明读物。① 何敏认为，此类律学著作的特点是立意于诠释律例条文，阐发法律精神，注解法律原则。② 该类以康熙五十四年（公元 1715 年）

---

① 吴建璠：《清代律学及其终结》，载何勤华编《律学考》，商务印书馆 2004 年版，第 405 页。

② 何敏：《从清代私家注律看传统注释律学的实用价值》，《法学》1997 年第 5 期。

沈之奇的《大清律例辑注》和乾隆五十一年（公元 1786 年）万维翰的《大清律例集注》为代表。还包括：《大清律集解附例笺释》《大清律例朱注广汇全书》《读律要略》《读律提纲》等多种释律著作。第二，律例图表类。吴建璠指出，清代律学者把图表的应用范围加以推广，凡是能够用图表来表达的律例规定，都将其制成图表，汇集成书，如邵春涛编《读法图存》。① 何敏认为，该类律学著作将律例全书简化成图表形式，加强律例的适用度，以乾隆十五年（公元 1750年）万维翰《名法指掌》和以乾隆五年（公元 1740 年）沈辛田《律例图说》为代表，还包括《律例全纂》《律例掌珍》等。② 第三，律例歌诀类。吴建璠指出，清代律学者把歌诀的使用推而广之，有大到包罗全部律例的歌诀，也有只就某一部分律例编成的歌诀。③ 何敏认为，该类的主要特点是，立意于《清律》易读易记，故将《清律》中适用较广的条文编成歌诀，加以注脚，以便进行法律宣传教育。④ 该类的著作主要有：程梦元的《大清律例歌诀》《大清律例歌括》《大清律例七言集成》等。第四，案例和案例资料。吴建璠指出，在朝廷的大力提倡下，清代学者编的案例集多得惊人。无论是现任官还是卸任官，都喜欢编这类集子。现任官编案例，为了显示自己的政绩。卸任官编案例，为了把自己的经验留给后人。最出色的要推祝松庵编《刑案汇览》。⑤ 何敏认为，该类著作着眼于法律适用，主要是一些有多年司法经历的地方主守官和一些刑名老幕办案经验的总结。该派实力较强，著述颇丰，其中权威性较高，并被广泛援引的当首推康熙初年王明德的《读律佩觽》和于琨辑次的《祥刑要览》二书。

---

① 吴建璠：《清代律学及其终结》，载何勤华编《律学考》，商务印书馆 2004 年版，第 406 页。
② 何敏：《从清代私家注律看传统注释律学的实用价值》，《法学》1997 年第 5 期。
③ 吴建璠：《清代律学及其终结》，载何勤华编《律学考》，商务印书馆 2004 年版，第 407 页。
④ 何敏：《从清代私家注律看传统注释律学的实用价值》，《法学》1997 年第 5 期。
⑤ 吴建璠：《清代律学及其终结》，载何勤华编《律学考》，商务印书馆 2004 年版，第 407—408 页。

该类书中其他影响较大的释本还有《新刻萧曹致君术》《读律心得》等。① 第五，律例考证类。吴建璠指出，清代考据盛行，重视考证的风气也影响到律学。吴坛编纂的《大清律例通考》，把清代的全部律例，包括历朝删去的条文，逐条加以考证。薛允升在《读例存疑》中，对全部律例条文逐条加以考证，考证了乾隆四十四年（公元1779 年）以后律例条文的发展变化，正好与《通考》相衔接，可以视为《通考》的续编。② 何敏也认为，一些精研考据学的官僚、学者也转而用考据的方法研究法典，形成考据律典派。该派的特点是注重对《清律》条文的沿革变化进行探源溯流的历史考证，以阐释立法的原意及变动的因由，"使用法者寻绎其源，以明律例因革变通之理"。③ 该类书还有《大清律目附例示掌》《大清律例根源》等。第六，律例比较研究类。何敏认为，清代注释律学发展至光绪时，一些注律家已不满足于单纯注释律例或主要为司法适用的目的来探讨律例的优劣得失，而是受西方法学输入的影响，怀着批判的精神来研究现行法律。薛允升则是比较律学家的杰出代表。④ 吴建璠指出，清代最著名的比较律学著作要推薛允升撰的《唐明律合编》，其仿效《永徽法经》的体例，将唐律和明律的全部条文，逐条进行比较，找出彼此的同异而加以评论。⑤ 第七，古律的辑佚与考证。吴建璠认为，清代律学者认为自己的律例是从三代、周、秦发展而来，因此研究律学要追源溯流，考察其发展变化，从中找出利害得失，以便知道今后何者当因、何者当革。清代律学者在汉律的辑佚和考证上做出了显著的成绩，最突出的著作有杜贵墀《汉律辑证》、沈家本《汉律摭遗》等。⑥

---

① 何敏：《从清代私家注律看传统注释律学的实用价值》，《法学》1997 年第 5 期。
② 吴建璠：《清代律学及其终结》，载何勤华编《律学考》，商务印书馆 2004 年版，第 408—409 页。
③ 何敏：《从清代私家注律看传统注释律学的实用价值》，《法学》1997 年第 5 期。
④ 同上。
⑤ 吴建璠：《清代律学及其终结》，载何勤华编《律学考》，商务印书馆 2004 年版，第 409—410 页。
⑥ 同上书，第 410 页。

3. 清代注释律学的特点

张晋藩通过对清代律学文献不同形式的注释本的研究，得出清代私家注律的特点主要有普遍性、阶段性、体例多样化和注律家来源特定。第一，普遍性。清代几乎各省、州、县都有释律之举，书坊和官书局也大量刻印各类释本。私家注律在清代已成为一种全国性的、半官方性质的研究法律、宣传法律的重要活动。第二，阶段性。自清初至乾隆初期以前，注本的数量较少，著述形式简单，一般多为辑注本、考证本及司法应用本。乾隆中期以后，注本数量骤增，各系统本和多种形式的著述并存，注释文字或仍简约，或则烦冗。第三，体例多样化。乾隆中后期以后，随着注律经验的丰富，律学家们适应司法实践的需要，采用"图说""歌赋"等体裁，以图文并茂的形式注释《清律》，既满足了司法实践的要求，又易于普通百姓接受，成为法制宣传和法制教育的工具，这是前此历代所未有的。第四，注律家来源特定。清代注律家大致分为两类：一是从事司法的官员，如王明德、薛允升等；二是刑名幕友，如沈之奇、万维翰等。身任刑部或地方要职的官僚，他们的注本、释著多以考证法典的历史因革和阐发立法原意为主旨，对指导立法、司法及研究历代法制兴衰变革具有较高的价值。刑名幕友则长期主办刑名事务，因而具有丰富的法律应用知识，熟悉《清律》的每一个条文与附例，积累了多年办案的经验心得，他们所著的释本，既有学理性，更具有司法应用价值。①

何敏从重实用轻理论、重考证轻分析、重归纳轻演绎、重刑事轻民事四个方面分析了清代注释律学的特点。第一，重实用、轻理论。清代注律从一开始就受统治者倡导的"实用"方针的支配，受着社会需要的制约，走着崇尚实用之路。第二，重考证、轻分析。清代注律家非常重视"考镜源流，辨其原委"。清代的考证派和比较派从纵处着手，着意于反映横向方面的变化，即清律中每一条律文和例文在

---

① 张晋藩：《清代私家注律的解析》，载何勤华编《律学考》，商务印书馆 2004 年版，第 463—464 页。

清朝历次立法活动中的增删修改情况，通过这些变化不仅使读者了解现行法律的本原以及与历史上法律的密切联系，而且还掌握了有清一代立法创制的总貌和清代不同历史阶段的社会政治、经济形势对立法、司法的影响。第三，重归纳、轻演绎。作为清代学术之一的注释律学，偏重对律文进行分门别类的归纳注释。第四，重刑事、轻民事。受传统法律思想的影响，清人注律时也表现了重刑轻民的倾向。①

4. 清代律学的研究方法

考证是清代律学研究的一个重要方法。张晋藩认为，作为清朝文化的集中代表的考据之学，必然影响到清代的律学。在清代律学的系统中，以考证为特点的注律著作，成为一个重要的系统。这个系统致力于考证条文的沿革变化，并进行历史的探源溯流，通过历史钩沉、参校得失，阐释立法的原意及变动的因由，使"用法者寻绎其源，以明律例因革变通之理"。② 何敏在对一百多种《大清律例》私家释本进行考证、整理之后，认为清代私家解释法律的方法主要有：法律术语的规范化解释、互校解释、限制解释、扩大解释、类推解释和判例解释。③ 陈新宇对清代法律解释的方法——经义解释和成案解释进行了考察。成案是清代的一种法律渊源，成案适用仅仅是一种司法补救而非一种协调价值的程序性判断，它虽然与判例法有相似的外表和技术，但却缺乏一种以法律教育和法律职业为依托的"技术理性"的灵魂，所以，它不是判例法。④ 徐子淳分析了清代歌诀释律的方法。清代歌诀派尤以言简意赅、明白晓畅的注律风格而独具特色。与前朝相比，清代律例歌诀无论在数量还是质量上都有很大突破，成果显著。清代歌诀派将当朝的烦琐律文提纲挈领，汇编成易读易诵的歌诀简本，便于初入仕途的地方官员在短时间内迅速掌握律例要点，对法

---

① 何敏：《从清代私家注律看传统注释律学的实用价值》，《法学》1997年第5期；何敏：《清代注释律学特点》，《法学研究》1994年第6期。

② 张晋藩：《清代律学及其转型》（上），《中国法学》1995年第3期。

③ 何敏：《清代私家释律及其方法》，《法学研究》1992年第2期。

④ 陈新宇：《清代的法律解释》，硕士学位论文，中国政法大学，2002年。

律知识在民间的普及也起到一定的推动作用。①

5. 清代律学繁荣的原因

统治者的重视是清代律学发展的主要原因。吴建璠认为，清代律学之所以能够得到发展，除了归根于社会对它的需要外，清代统治者对律学的提倡起着支配作用。由于清王朝在官吏中提倡律学，所以官吏当中此学最盛，清代律学著作的作者几乎全是这一类人，不是刑部和臬司系统的官员，就是督抚和州县衙门的刑房师爷，很少有例外。由于清王朝倡导实用，所以清代律学走上一条讲求实用而不大重视理论的道路。清代律学者一般都是在肯定现行律例的合理性的前提下，研究条文如何理解，如何适用，而很少用批判的眼光来掂量律例的条文本身。②

张晋藩认为清律学兴起、发展且绵延二百余载而不衰的原因在于三个方面。第一，传承明代律学，奠下新发展的基石。明代律学不仅在内容上为清代律学的发展奠下基石，就所采取的以裨益司法为目的，就律例释律例，就疑案释疑案，就刑罚释刑罚，不涉及国家大政，不评论政治事件与人物的注律方法，也对清代律学家深有影响。第二，重视司法，兼济律学。有清一代统治者，极为重视司法活动。历代皇帝均亲自掌握大案要案的判决权与死刑的决定权，这不仅是一贯的传统，而且建立了一系列制度来加以保证。第三，执法者注律蔚成风气。清代律学家在长期的发展中形成了规模可观的群体。此群体由官员律学家与私人律学家构成。第四，汇编成案，开清律学的新路径。由以案代例而发展起来的汇编成案，成为清中叶以后律学的新发展。此类著作不仅展示了清朝律例演变的轨迹，而且也表明清朝在重视制定法的同时也给予判例法一定的空间。③

---

① 徐子淳：《清代律例歌诀探析》，《重庆交通大学学报》（社会科学版）2019 年第 4 期。

② 吴建璠：《清代律学及其终结》，载何勤华编《律学考》，商务印书馆 2004 年版，第 402 页。

③ 张晋藩：《清代律学兴起缘由探析》，《中国法学》2011 年第 4 期。

6. 清代律学的影响

何敏从立法、司法两个方面论述了清注释律学对清朝法制的影响。第一，对立法的影响。清代历次修律时，都很重视释律家们对（大清律例）所作的注释，在有限的范围内，赋予这些解释以一定的法律效力。第二，对司法的影响。清代注律成果对司法的影响和实际指导作用尤为突出。特别值得强调的是，像《大清律辑注》《大清律例集注》和《大清律例全纂》等优秀释著对清代司法活动的影响相当广泛。各地刑署衙门乃至刑部，在审断案件时，常将《辑注》等本与《清律》互相参照使用。甚至当《辑注》本的观点和本律稍有歧异或相悖时，司法官常常引私注而弃律例。①

四 对律注内容的研究

学者们对具体律注内容的研究主要集中于张斐对 20 个法律名词的解释、"例分八字"的注释、"六杀""七杀"等罪名的解释。

（一）对 20 个法律名词的注释

张斐对《晋律》20 个名词的解释，是对中国古代律学的重大发展。高恒认为，20 个名词中有罪名五："谩""诈""不道""不敬""恶逆"；有认定犯罪性质、区分犯罪情节的名词十五："故""失""过失""贼""斗""戏""戕""造意""谋""率""群""强""略""盗"和"赃"。他分组对这 20 个名词进行了解释。②

（二）对"例分八字"的注释

"例分八字"，即"律有以、准、皆、各、其、及、即、若八

---

① 何敏：《从清代私家注律看传统注释律学的实用价值》，《法学》1997 年第 5 期。
② 高恒：《张斐的〈律注要略〉及其法律思想》，载何勤华编《律学考》，商务印书馆 2004 年版，第 126—135 页。

字"。古代律学家称"例分八字"为"律母",是"读律之法"。陈锐对"例分八字"进行了考释。这八个字是古代律学家总结出的重要立法方法,是集体智慧的结晶。它最早由北宋范镇明确提出,北宋中后期的律学家傅霖进行了初步注解。元代律学家结合唐律、宋律、元代法律进行了全面注释,促进了"例分八字"的成熟。明初,"例分八字"全面进入法律之中,成为法律的凡例,这促使律学家们对'例分八字'进行了大量的研究。王明德是其中的集大成者,他纠正了前代研究者诸多不正确的认识。但囿于时代局限性,王明德的认识仍嫌不够。从现代立法方法的角度看,"例分八字"的主要作用是建构法律类型,从而使得法律体系化。① 张田田认为,"八字例"理论、观念的产生和演变,伴随着律典的传承。隋唐五代是"以""准"等虚字法律功用确实化的阶段,八字运用精审在唐律中集中体现;宋代对"律疏"所用虚字的关注逐渐增强,提出"例分八字"等;元人基于唐律"名例"篇而列表阐释"例分八字",为明清相关律学研究与"例分八字之义"入律奠定基础;明清"八字例"知识传播、理论深化,但实效微弱,晚清修律已全面放弃"八字例"。"八字例"观念在不同时代有不同侧重:宋人爬梳"律疏"、精研"名例",将"八字例"用意与春秋经传中以一字示褒贬的深意结合;元代分释八字,以兹实用,明清阶段观念向各方面深化,既有简明易记的释义口诀,又有细致入微的"八字广义"。②

吴欢从历史沿革、立法技术、法律知识的传播等方面分析了"例分八字"。"例分八字"是中国传统律学和律典中的固有词汇,最早约见于宋人傅霖撰《刑统赋》,是对历代律典中最常用的"以""准""皆""各""其""及""即""若"八字的提炼总括,后经宋元律学家进一步疏解释义。《大明律》始附"例分八字之义表"于"名例

---

① 陈锐:《"例分八字"考释》,《政法论坛》2015 年第 2 期。
② 张田田:《律典"八字例"研究——以〈唐律疏议〉为中心的考察》,博士学位论文,吉林大学,2014 年。

律",《大清律》沿袭此制并将其位置进一步提前。"例分八字"的立法语言和立法技术的实质，是为解决成文法传统下法意与法条、法律与情伪之间的永恒矛盾，其从宋元至明清的源流轨迹和播迁过程，也在一定程度上说明了明清时期刑事立法技术的提高和律学学术的发展，以及明清立法语言的规范化和法律知识传播的广泛性。在这背后，则蕴含着传统律学从"人伦理性"走向"技艺理性"之知识化转型趋向。①

（三）对罪名的注释

刘晓林从立法语言和学理解释的角度分析了"六杀"与"七杀"。"六杀"与"七杀"是传统注释律学针对刑律中大量具体杀人犯罪行为及其处罚内容所做的学理概括与总结，二说见于宋代以后大量律学著作。传统律学语境中的"六杀"与"七杀"作为学理解释，并不存在排他性内容。目前所见关于两者的若干种注解的主要分歧在于，擅杀、殴杀、劫杀是否应当包含于杀人犯罪行为及其处罚内容的类型化概括当中。从唐律及后世刑律中杀人罪立法的具体条文来看，擅杀归入故杀、殴杀归入斗杀，劫杀与谋杀、故杀等表述并列而呈现出独立形态。"七杀"是传统注释律学长期发展逐渐形成的包容性与概括性更优的术语。②

刘晓林还对《唐律疏议》中的"罪名"进行了分析。他认为唐律中的"罪名"不是概括犯罪行为及其本质、特征的称谓，其立法目的是实现罪刑均衡。《唐律疏议》中涉及"罪名"的表述，包括"有罪名"与"无罪名"："有罪名"即法律条文列举了犯罪行为及定罪量刑各方面的具体内容；"无罪名"即法律条文没有列举具体行为是否处罚或如何处罚。唐律分别规定了"有罪名"与"无罪名"的

---

① 吴欢：《明清律典"例分八字"源流述略——兼及传统律学的知识化转型》，《法律科学》2017 年第 3 期。

② 刘晓林：《立法语言抑或学理解释？——注释律学中的"六杀"与"七杀"》，《清华法学》2018 年第 6 期。

法律适用标准。透过"罪名"的含义与内容，可以揭示中国古代刑律的核心是罪刑关系，而立法围绕核心问题所意图实现的宗旨是罪刑均衡。①

（四）其他注释

梁健认为，如淳对《汉书》的注释可以分为具律类注文、罪名类注文、刑名类注文、事律类注文、官职类注文、军法类注文、狱讼类注文、监狱类注文、礼制类注文九大类。② 王志林对《大清律辑注》中沈之奇所作的 267 条按语进行系统的分类整理，并按照概念解释、律例阐释和观点评述三种类型进行了较为全面的解析。他认为，按语作为律学文本的重要组成部分，既紧密围绕律条注释展开，同时又表达了著者对若干问题的观点立场和理论探索，能够为传统律学文本研究提供一个良好的视角。③ 陈锐从立法、律学作品和司法三方面分析了"类"字的重要性。第一，在中国古代法律中，如果没有"类"字及其蕴含的分类方法、类型化方法，法律将变得繁复苛碎，就不可能出现较高水平的法律。第二，在中国古代律学作品中，如果没有"类"字及"类推解释"方法，就不可能出现高水平的律注作品。第三，在中国古代司法中，以"类"为基础的观念与方法始终居于主导地位。"类"字犹如一把打开中国传统律学大门的钥匙，其功能与作用不可代替。当然，中国古代"类"理论及方法也有一定的局限性，这对中国古代法律及律学的发展产生了一定的消极影响。④

① 刘晓林:《唐律中的"罪名":立法的语言、核心与宗旨》，《法学家》2017 年第 5 期。
② 梁健:《曹魏律章句学研究——以〈如淳〉汉书注为视角》，硕士学位论文，西南政法大学，2007 年。
③ 王志林:《〈大清律辑注〉按语的类型化解析》，《河北法学》2008 年第 9 期。
④ 陈锐:《从"类"字的应用看中国古代法律及律学的发展》，《环球法律评论》2015 年第 5 期。

五 对律学家的研究

律学家在古代律学发展中发挥着重要的作用。他们著书立说，参与国家的立法与司法活动，担任法律顾问，从事法律教育，传授法律知识，从而推动律学事业的发展。因此，研究古代律学，离不开对古代律学家的研究。学者们对律学家的研究主要集中于律学家的兴起与发展、律学家的地位和作用以及代表性律学家的成就三个方面。

（一）律学家的兴起与发展

两汉是律学家辈出、盛行研究律学之风的时代。刘富起指出，西汉时期，律学逐渐变成一种专门学问，并且世其业，既有家世传经，又有家世传律，从此以经释律，律经兼备的律学家便把研习律文视为一种"师受之，世守之"的专业和永业。出身于"刀笔吏"的萧何是中国古代"律家"的鼻祖。继萧何之后，两汉著名律家还有杜氏父子（杜周、杜延年），郭氏家族（郭弘、郭躬、郭晊、郭镇、郭贺、郭桢、郭禧等），陈氏家族（陈咸、陈躬、陈宠、陈忠等），以及经学大师马融和郑玄等。[①] 清代学者张鹏一在《两汉律学考》中，辑录两汉律学人物，按人名、世业、官阶、事迹、撰著分类列表。[②]

魏晋时期，又出现了张斐、杜预、刘颂、钟繇、刘邵等一批律学名家。此时律学地位和经学同等重要，成为并立的学府。而从魏开始在官府设立的"律博士"，专门传授律学，开创了律学专门学府的先例。[③] 南北朝时期，北朝的律学家主要有渤海封氏，南朝的律学世家

---

① 刘富起：《论中国古代律学家》，《吉林大学社会科学学报》1984 年第 6 期；何勤华：《以古代中国与日本为中心的中华法系之律家考》，《中国法学》2017 年第 5 期。

② （清）张鹏一：《两汉律学考》，载何勤华编《律学考》，商务印书馆 2004 年版，第 59—75 页。

③ 刘富起：《论中国古代律学家》，《吉林大学社会科学学报》1984 年第 6 期；何勤华：《以古代中国与日本为中心的中华法系之律家考》，《中国法学》2017 年第 5 期。

有会稽孔氏、济阳蔡氏、河东裴氏。郭东旭指出，渤海封氏在律学研究及法制建设中贡献最突出的时期，是在东魏和北齐两朝。作为封氏家族世传的律学，此时也得到发展，其中，最著名的律学家当属封隆之及其子封绘，封轨之子封述。① 吕志兴认为，会稽孔氏在南朝担任司法官或参与立法及司法活动，有律学成就的有孔琳之、孔渊之、孔琇之、孔稚珪、孔奂。济阳蔡氏在南朝担任司法官或参与立法及司法活动，有律学成就的有蔡廓、蔡兴宗、蔡搏、蔡法度。河东裴氏在南朝担任司法职务，有律学成就的有裴之横、裴之礼、裴政。②

隋唐是中华法系之形成时期，也是我国古代律学发展到极盛的时期。何勤华指出，《唐律疏议》的编纂者就是唐代一批对法律有研究的社会精英，是具有官员身份的律家，如长孙无忌、李勣、于志宁、褚遂良、柳奭、唐临、段宝玄、韩瑗、来济、辛茂将、刘燕客、裴弘献、贾敏行、王怀恪、董雄、路立、石士逵、曹惠果、司马锐等。③此外，唐代民间的律家，根据孙祖基等学者的考证，也有李文博、邯郸绰、李敬玄、刘仁轨、崔知悌、赵仁本、裴光庭、宋璟、刘琭、张鷟、王行先、元泳、卢纾、李保殷、王朴、卢质等。④

唐以后至宋代，中国律学的发展仍然在持续，并涌现出了一批杰出的对法律有研究的律家，如和凝、和峤、范质、窦仪、剧可久、刘筠、李觏、宋绶、宋敏求、孙奭、桂万荣、宋慈、蔡杭、刘克庄、范应铃、傅霖等。⑤

到了明清时期，中国律家的人数与创造力达到了历史上的最高水

① 郭东旭、申慧青：《渤海封氏——中国律学世家的绝响》，《河北学刊》2009 年第 5 期。

② 吕志兴：《南朝律学的发展及其特点——兼论"中原律学，衰于南而盛于北"说不能成立》，《政法论坛》2012 年第 1 期。

③ （唐）长孙无忌等：《唐律疏议》，刘俊文点校，中华书局 1983 年版，第 578—579 页。

④ 参见孙祖基《中国历代法家著述考》，上海开明书店 1934 年刊印。转引自何勤华《以古代中国与日本为中心的中华法系之律家考》，《中国法学》2017 年第 5 期。

⑤ 何勤华：《以古代中国与日本为中心的中华法系之律家考》，《中国法学》2017 年第 5 期。

平。张晋藩认为，清代律学家在长期的发展中形成了规模可观的群体，此群体由官员律学家与私人律学家构成。① 何勤华指出，明清时期著名的律学家有宋濂、李善长、刘惟谦、况钟、丘濬、李贽、王樵、王肯堂、雷梦麟、舒化、李清、刚林、朱栻、沈之奇、蓝鼎元、万维翰、吴坛、全士潮、刘衡、许梿、祝庆祺、鲍书芸、薛允升、刚毅等。至清末，由于律家群体的努力，最终把律学与西方法学结合起来，律学中的成果融入了近代法学之中，律家也蜕变转化成为中国近代法学家，如沈家本、董康、夏同龢、程树德等。② 陈新宇认为，清代解释法律者有皇帝、官僚、刑名幕友和讼师，其中，官僚和刑名幕友是解释法律的最重要的主体。③

（二）律学家的地位和社会作用

古代律学家除了研究律文，传授律学，还直接参与修订法律、从事司法实践活动。

其一，参与立法活动，起草修订律令。刘富起指出，律学家们通过参加立法实践，贯彻自己的法律主张，并以此影响皇帝的立法指导思想和安邦治国的总政策。如曹魏时期晋王司马昭不满足于郑玄注律，便命贾充、杜预等定律。律成之后，杜预作了律令注解。④ 何勤华认为，中华法系形成时期的隋唐两朝，频繁地进行法律修订，以求实现最佳的统治效能。而在此过程中，律学家就发挥了重要作用。⑤

其二，注释阐述律令，解答法律疑难。在我国古代，被奉为解释律令权威的律学家们，以注解法律为其重要本职。他们所做的解释，不论是正式解释或学理性解释，在我国古代司法实践中均起正式效

---

① 张晋藩：《清代律学兴起缘由探析》，《中国法学》2011 年第 4 期。
② 何勤华：《以古代中国与日本为中心的中华法系之律家考》，《中国法学》2017 年第 5 期。
③ 陈新宇：《清代的法律解释》，硕士学位论文，中国政法大学，2002 年。
④ 刘富起：《论中国古代律学家》，《吉林大学社会科学学报》1984 年第 6 期。
⑤ 何勤华：《以古代中国与日本为中心的中华法系之律家考》，《中国法学》2017 年第 5 期。

力。刘富起以张斐为例,指出张斐所作的"律义之较名",相当细微精确,虽说是属于学理性解释,但并非是任意解释,而是具有实际司法效力的解释。① 何勤华则以长孙无忌和窦仪违例,指出长孙无忌等人编纂的《永徽律疏》、窦仪等人编撰的《宋刑统》,就是对唐《永徽律》和宋代法律所作的官方注释,他们对律文进行逐句解释,阐明文义,剖析内涵,并设置问答,通过互相辩论,解释、回答法律疑义,以补充律文之不足。这种解释作为官方的解释,与律、令等具有同等效力。而明代雷梦麟的《读律琐言》、陆柬的《读律管见》和清代沈之奇的《大清律辑注》、夏敬一的《读律示掌》等,虽然只是学理解释,但在司法实务中,也同样起着重要的指导意义。②

其三,传授律令知识,培养法律专门人才。刘富起指出,大凡有名望的律学家都有各自不同数量的门生。据史书记载,郭躬有门徒数百人,马融的门徒有四百人,郑玄授徒有上千人,长社钟氏门生也有千余人。③ 何勤华认为,律学家拥有各自门生的这一传统,继承于两汉及魏晋南北朝,兴盛发达于隋唐之间,魏明帝时代的刘劭,晋时的嵇康、傅玄、杜预、张斐,南朝的孔稚珪、蔡法度,北朝封述,以及隋唐之际的王通、杨汪、孔颖达、颜师古等。至宋以后,有宋代的孙奭和傅霖,明代的唐枢和李贽,虽然也曾是司法官员阶层之中坚,但在得罪权贵、遭贬免职之后,他们就长期从事讲学、传授学生的工作。④

（三）代表性律学家的成就

中国古代律学家的理论观点和研究方法主要体现在其撰写的官方或私人的律学作品中。

---

① 刘富起:《论中国古代律学家》,《吉林大学社会科学学报》1984 年第 6 期。
② 何勤华:《以古代中国与日本为中心的中华法系之律家考》,《中国法学》2017 年第 5 期。
③ 刘富起:《论中国古代律学家》,《吉林大学社会科学学报》1984 年第 6 期。
④ 何勤华:《以古代中国与日本为中心的中华法系之律家考》,《中国法学》2017 年第 5 期。

1. 东汉的"律三家"

俞荣根、龙大轩考析了东汉"律三家"，即指郭躬、陈宠、杜林及其各自所代表的律章句学派。他们指出，郭躬、陈宠对律理的阐发和杜林的治律方法促进了引经注律的深入，并启发了训诂方法注释律令，推动了律学的纵深发展。郭躬、陈宠对律理的阐发、对"应经合义"之注律原则的倡扬，激发了东汉中后期马融、郑玄等人的引经注律活动，进一步促使律章句成为司法判案的依据，律学理论直接转化于法律实践之中。杜林的治律方法，直接启发了东汉中期之许慎、末期之应邵等以小学训诂方法注释律令，推动了律学的纵深发展。他们还认为，尽管陈宠提出"律有三家，其说各异"之论，但"律三家"却大同小异。"大同"指三家都强调以"仁恕"为治律、治狱之精神，而"小异"则在于对刑名、罪名之类及适轻适重等具体细节的看法。正是这"大同"的基本面，反映了公元一世纪左右，儒家思想已基本统治律章句、律说。各种律章句、律说都以儒学经义的精神为依归之时，便是中华法系之法律儒家化即将成形之际。从这一角度来说，我们对包括"律三家"在内的东汉律章句学家和诸多律家所作出的以儒家经义治律的工作应给予一定的正面评价。①

2. 张斐的成就

张斐是历史上著名的律学家，也是学者们研究的重点。他们通过研究《律注要略》，认为张斐的律学思想主要体现在"法与理"的关系，律典是一个有机整体，以及"慎其变，审其理"的法律适用原则三个方面。

其一，张斐论述了"法与理的关系"。高恒认为，在张斐看来，法是"理"的体现，"理"是法的灵魂。立法与执法时，都不可以用一种原则、一种方式实现"理"的精神。因此，不可仅从字面上理解法律条文，而应当探讨法律的精神实质，去领悟其中的"理"。张斐要求执法者适用法律时，应深入、细致地分析、比较，只有如此，

---

① 俞荣根、龙大轩：《东汉"律三家"考析》，《法学研究》2007年第2期。

才能够做到"理直刑正"。① 蒋集耀在分析张斐关于"理"和"律"的关系时指出，法律是"理"的体现，而"理"是玄妙莫测、博大精深的，所以要用变化的观点去把握"理"的精神，以便指导立法、司法活动。张斐把"理"与"律"比作为"道"与"器"，前者作为超越于体形的绝对精神，而后者则是由这一精神派生的工具。事物的纷繁复杂，其"理"是不同的，相应地对"器"的要求自然也不一样。这样"理""律"关系便昭然若揭了。②

其二，张斐认为律典是一个有机整体，由各个相互依存的组成部分结合而成。高恒指出，张斐将一部法典视为有机的整体，特别注意篇章、条文之间的内在联系，具体表现在以下两个方面：一是法律所体现的基本精神一致。"王政布于上"，"诸侯奉于下"，"礼乐抚于中"，三者协调一致，贯彻法典始终。二是篇章、条目相互联系、相辅相成。张斐分《晋律》篇章为三类，《刑名》《法例》为一类，规定具体罪名的篇章为一类，有关司法审判的篇章为一类。因此，在解释或适用某一具体篇章、条目时，应注意它在全律中的地位及其他篇章、条目之间的关系。③ 赵晓耕指出，张斐认为一部法典是一个有机整体，强调篇章条文间的内在联系。④ 刘笃才认为，张斐把律作为一个整体对其功能特性进行分析。张斐通过对《晋律》的总体描述，指出律是一个由各个相互依存的组成部分结合而成的整体，"相须而成，若一体焉"。律也具有"变通"特性，即由七个部分相互作用而形成的运转变化，使它包罗万象，把复杂多变的社会现象无一遗漏地包括其中。⑤

---

① 高恒：《张斐的〈律注要略〉及其法律思想》，载何勤华编《律学考》，商务印书馆 2004 年版，第 119 页。

② 蒋集耀：《中国古代魏晋律学研究》，载何勤华编《律学考》，商务印书馆 2004 年版，第 92—93 页。

③ 高恒：《张斐的〈律注要略〉及其法律思想》，载何勤华编《律学考》，商务印书馆 2004 年版，第 121—122 页。

④ 赵晓耕：《张斐和他的律学》，《法学家》1986 年第 3 期。

⑤ 刘笃才：《论张斐的法律思想——兼及魏晋律学与玄学的关系》，《法学研究》1996 年第 6 期。

其三，张斐提出了"慎其变，审其理"的法律适用原则。张斐三个重要成就之一就是在法律适用上，张斐认为"律者，当慎其变，审其理"。① 刘笃才探讨了张斐"慎其变，审其理"的研究法律的基本方法。律具有"变通"的特征，这就要求人们在认识掌握它时"慎其变"；律涵有精微玄妙之"理"，这就要求人们在认识掌握它时"审其理"。"慎其变，审其理"，就是注意律的变通特性，进而寻找并把握其内在根据，得出规律性的认识。② 孙英伟指出了张斐的刑法概念理论和司法审判理论对现代法理学及相关法学研究具有重要意义。张斐的刑法概念理论和刑法定义具有较高的逻辑性和科学含量，使得司法活动对于界定概念，区分不同主观心理和犯罪行为有章可循，操作简便。他的司法审判理论具有相对的科学性，认为犯罪行为的客观活动会影响犯罪者主观心理并且显现于外表形色，以此作为判断犯罪嫌疑人是否有罪的辅助依据，丰富了西周以来司法审判察言观色的"五听"制度，对法制建设和律学研究构建了新的思维方式。③

3. 薛允升的成就

作为"陕派律学"杰出代表的薛允升精通律学与服制，撰有《唐明律合编》《读例存疑》《服制备考》《汉律辑存》等著作。华友根指出，薛允升的律学名著——《读例存疑》，继乾隆年间吴紫峰《律例通考》之后，把清代的律学研究推进到新的高峰，他的律学研究在中国法律史上具有深远影响。④ 他进一步指出，薛允升在律例关系方面，形成了独到的见解。第一，律具有稳定性和长期适用性，例是律的补充。律一经制定，必须长期实施，例则有其时间性与可变性，所谓"律为一定不易之成法，例为因时制宜之良规"。律比较

---

① 赵晓耕：《张斐和他的律学》，《法学家》1986年第3期。
② 刘笃才：《论张斐的法律思想——兼及魏晋律学与玄学的关系》，《法学研究》1996年第6期。
③ 孙英伟：《浅析晋代张斐律学成就》，《湖南省政法管理干部学院学报》2001年第4期。
④ 华友根：《薛允升的律学研究及其影响》，《政治与法律》1999年第3期。

稳定，不可随意删改，其删改者都是不合时宜的；而例比较灵活，凡是例文不尽允协及轻重不平的，可奏明修改，但改例也当慎重。凡律所备，必借有例，例可以补律之未备。第二，律例必须划一。律与例两者之间或者各自之间均应划一，即律与律、律与例、例与例的规定，应该划一而不分歧。为了使律例划一，薛允升反对离开律而专据例。当律例规定不一、出现抵牾时，应根据律的规定来处理，才能避免矛盾百出而归一致。同时，华友根还指出，薛允升强调例与例之间更应划一，即各省划一、京城与外省划一、少数民族与汉族划一、各部例划一、京城缉捕盗案定例与兵部专条划一、刑例与处分则例划一等。①

4. 沈家本的成就

沈家本是律学巨擘，在律学研究中首先突破（不是完全摆脱）儒家伦理观念的束缚，用现代资产阶级的新思维来系统考察中国古代法制体系，从而将中国古代律学推向新的发展阶段，② 沈家本基本完成了由旧律学向新法学的转型。③ 学者们对沈家本的研究占据了整个清代律学研究的主体，④ 其律学成就主要包括以下三个方面：

其一，对律学文献的整理和保存，包括校考、补订和刊刻。陈金全

---

① 华友根：《薛允升的律学研究及其影响》，《政治与法律》1999 年第 3 期。

② 高恒：《沈家本与中国古代律学》，载何勤华编《律学考》，商务印书馆 2004 年版，第 508—509 页。

③ 张晋藩：《清代律学及其转型》（下），《中国法学》1995 年第 4 期；李俊：《论沈家本对传统律学的继承与发展》，《政法论坛》1998 年第 6 期。

④ "沈家本的大量著作先后出版，如 1985 年《历代刑法考》已先后在中华书局、商务印书馆等至少五家出版社出版；1990 年，中国书店重印了《沈寄簃先生遗书》；1996 年，《沈家本未刻书集纂》出版；1998 年，《续修四库全书》收入了《寄簃文存》和《枕碧楼偶存稿》民国刻本的影印版；2006 年，《沈家本未刻书集纂补编》出版，收入沈氏著作 13 种 42 卷；同年，《枕碧楼丛书》点校本又在知识产权出版社出版。更具代表的是，800 万字的《沈家本全集》八卷本的出版，一举囊括了沈氏 1861—1911 年间撰写的全部 48 种著作。与沈氏著作的批量出版大致同步，有关沈家本的主题研究也层出不穷，如张国华、李贵连先生合作完成《沈家本年谱初编》，李贵连先生撰写的首部《沈家本传》，陈柳裕先生撰写的《法制冰人——沈家本传》，蔡小雪等著《修律大臣沈家本》，康黎著《思想与法典：沈家本所期许的大清刑事诉讼图景》等。"见陈灵海《记忆与遗忘的竞赛：清代律学史中的"箭垛"和"失踪者"》，《学术月刊》2016 年第 11 期。

等指出，凭借其深厚的朴学功底和严谨的考据方法，沈氏出色地完成了对浩如烟海的法学文献的训诂和辨正。同时，沈家本还对濒临失传的律学文献进行抢救性收罗、刊刻，主要有：光绪十六年（公元 1890年），经沈家本主持校订的《唐律疏议》由刑部刊刻。继薛允升《唐明律合编》之后，他于光绪三十年（公元 1904 年）左右重刻《明律》并刊行，随后又入选法律学堂的教材之列。刊于 1912 年的《枕碧楼丛书》是沈家本多方收集的十二种古籍丛书，其中法学著作有：《内外服制通释》《刑统赋解》《粗解刑统赋》《别本刑统赋解》《刑统赋书》和《无冤录》等。① 沈厚铎也认为，沈家本的两大贡献之一即留下了大量著述，为研究中国法律提供了宝贵的文献。沈家本的著述，依照木版印刷的《沈寄簃先生遗书》的标准，可以认定为有"已刻"与"未刻"两部分。已刻书即指《沈寄簃先生遗书》，其中包括了甲乙二编。甲编包括《历代刑法考》《寄簃文存》两部分；乙编包括：《诸史琐言》《古书目》《日南随笔》《枕碧楼偶存稿》。乙编中还有《说文引经异同》《汉书侯国郡县表》《古今书名异同考》《三园老校勘记》《日读书记》等五种虽列入书目，其实并未刊刻。未刻书现在已经大部分整理出版，书题为《沈家本未刊稿七种》② 和《沈家本未刻集纂》。③

　　其二，对律学成就的理论总结、提炼和深化。高恒探讨了沈家本对古代律学成就的理论进行的总结和提炼。本着考沿革、明义理、究同异的精神，沈家本对古代律令中的概念、术语、名词的研究相当深刻，从而大大发展了古代律学。《历代刑法考》即是集大成者，该书记载了沈家本对古代法律典章、司法制度、刑罚制度和刑官制度等的考据成果。④ 陈金全等认为，沈家本在光绪十二年（公元 1886 年）

---

① 陈金全、陈松：《沈家本与中国法学的传承及新生——纪念沈家本先生逝世九十周年》，《现代法学》2003 年第 5 期。

② 该书被收入《中国珍稀法律典籍》集成丙编第三册。

③ 沈厚铎：《法子匡时为国重，高名重后以书传——一代法子沈家本的人生轨迹与法学建树》，《比较法研究》2001 年第 2 期。

④ 高恒：《沈家本与中国古代律学》，载何勤华编《律学考》，商务印书馆 2004 年版，第 517 页。

出版的《刺字集》对墨刑的源流作出了令人信服的交代和论证。此后的《压线编》《律例偶笺》《律例杂说》《奏谳汇存》《驳稿汇存》《雪堂公牍》《秋谳须知》《学断录》《日南读书记》等，或对前人成说质疑、补正，或对当时司法实践工作进行总结、提炼并给出指导性意见。① 李俊指出，在外放任天津知府前的十年间，沈家本先后写有《律例偶笺》《律例杂说》《秋谳须知》等多部作品。在这些著述中，他将大量的史料汇集一处，分门别类，从字义到音韵，从条文沿革到字句的变化，逐条考释订正得出了许多前人未及而令人信服的结论。任职天津时，他编订了《刑案汇览》三编，甚至还根据自己亲历的办案经验，对传统律学名著《洗冤录》作了补订。《汉律摭遗》则是其晚年律学著作中的得意精品，该书以律为纲，逐条深入，广引史书，对疑难、抵牾之处一一考辨。②

其三，会通中西，促进律学向法学的转型。高恒指出，细检沈氏著作，不难发现，无论是长篇宏著、律文分析，还是名词考证、资料整理，他总是以新的学理作为评论标准。即他所说的以西方学理"会通"中学。③ 张晋藩认为，沈家本以"甄采中西""会通中外"作为修律释法的宗旨。沈家本力图通过修律改革改变中国固有的传统法系，将中国法律纳入世界资本主义法系以便"与各国无大悬绝"。④ 李俊探讨了沈家本在晚清改法修律过程中坚持"博稽中外，会通中西"的修律方针。要严行法制，就必须先立善法，取"西法"之善。而取"西法"之善者，首重译书。因此，修律馆成立之时，他组织学者全方位翻译西方法律和法学著作。译书之外，沈家本也特别重视兴建学堂，培养新型法律人才。⑤

① 陈金全、陈松：《沈家本与中国法学的传承及新生——纪念沈家本先生逝世九十周年》，《现代法学》2003年第5期。
② 李俊：《论沈家本对传统律学的继承与发展》，《政法论坛》1998年第6期。
③ 高恒：《沈家本与中国古代律学》，载何勤华编《律学考》，商务印书馆2004年版，第513页。
④ 张晋藩：《清代律学及其转型》（上），《中国法学》1995年第3期。
⑤ 李俊：《论沈家本对传统律学的继承与发展》，《政法论坛》1998年第6期。

（四）律学家活动的特征

古代律学家的活动，具有群体成分多元化，人数多、持续时间长，法律世家众多，以注释律令为活动中心，重视实践和服务社会等特征。[①]

其一，群体成分的多元化。中华法系的律家，来源成分非常多元。有各个王朝的开国元勋，如李德林、长孙无忌等，有宰相、首辅、尚书等；有国家高级官吏，如窦仪、丘濬、薛允升等；有律学名家，如孙奭、傅霖、王肯堂、雷梦麟、王明德、沈之奇等；也有资深的司法官员，如苏威、狄仁杰、蓝鼎元、全士潮等。

其二，人数多，持续时间长。隋唐时期的律学家就有房玄龄等50余人；在宋元时期有剧可久、孛术鲁翀等60多人；在明清时期人数更多，有何广、吴讷、张楷等80多人，而这些还都只是有作品存世，或者在史籍中有传的人物。中华法系律学家不仅人数多，而且活动持续的时间也特别长。且不算从公元前3世纪秦汉时期律学的形成至公元7世纪初隋唐时期律学的鼎盛这近一千年时间，就是从中华法系的形成时期隋唐开始算起，至20世纪初清王朝灭亡为止，律学存续的时间也有1300余年。

其三，法律世家众多。法律世家，在汉代和魏晋南北朝就已存在，到了隋唐，获得了进一步的发展。比如，在唐初，就有韩仲良、韩瑗父子，苏瑰、苏颋父子等。至宋、明以后，中国的法律世家继续在律学研究中发挥着积极的作用。比如，五代末宋初的和凝、和㠓父子，同心协力完成了律学作品《疑狱集》，开创了中国古代判例集的编纂模式。又如，明代中叶王樵、王肯堂父子也同样如此。王樵毕其一生，只完成了《读律私笺》的初稿。其子王肯堂继承了父亲的事业，殚精竭虑，终于完成了律学名著《律例笺释》，该书成为明清律学研究中被引用最多的作品。

[①] 何勤华：《以古代中国与日本为中心的中华法系之律家考》，《中国法学》2017年第5期。

（五）律学家与律令学家的区别

林丛在其博士论文《两汉经义法律化研究》中从产生依据、释律目的、是否著有律章句三个方面对律学家和律令学家作了区分。第一，律令学家是指在"以法为教，以吏为师"之政策下培养出来的技术型司法官吏，其通晓律令规定，懂得如何在实践中正确适用法律，是秉公执法的楷模。律学家则与之不完全相同，其在通晓律令规定的同时也熟悉儒家经典，善于用经典之义理决断案件并解释法律。事实上，律令学家是法家学说的产物，而律学家则是儒家学说与法家学说相结合的产物。第二，也是最关键的，其断案释律之目的是否为使司法活动合于经典要求。杜周、杜延年父子虽有大小杜律传世，但其不习经义、唯从上意，并全以法家风格行事，故不为律学家而只为律令学家。而东汉时期的吴氏家族、陈氏家族以及郭氏家族虽然出身文吏，但亦兼明经学，且以儒家理论指导司法实践，断狱听讼务求哀矜宽平，又曾依据经典修改、删减律令，因而是彻底的律学家。第三，是否著有律章句，即受经学影响，依据章句注疏法对律令进行注解后而产生的学术作品。在区分律学家与律令学家的基础上，林丛进一步指出，律学家可以分为两类。一类是出身律令的学者，因熟读儒家经书，借用经学章句方法转而研治律令，以郭躬、陈宠等人为代表。另一类是本为经师，将经学研究扩伸于律令学领域，进而为律令著述章句，以马融、郑玄等人为代表，他们虽曾治律，明晓法令，但多为儒生出身，或最起码有较高经学素养。①

（六）律学家的贡献

中国古代律学的发展离不开律学家的贡献。何勤华认为，律学家的贡献主要体现为：第一，建立起了一个庞大完整的法律体系；第二，对律令等进行注释解读，让已经确立起来的这个法律体系能

---

① 林丛：《两汉经义法律化研究》，博士学位论文，山东大学，2017 年。

够有效地运作；第三，严格执法，形成一种追求法律平等适用、公平正义的传统；第四，阐述律令等法律体系中的法理与精神，拓宽律学的理论基础；第五，充任国家的法律顾问，为政府的法制建设出谋划策；第六，对判例进行汇编、总结、研究，为司法实务官员提供借鉴；第七，记载法律重大事件，传述法律进步的历史，为后世留下珍贵的文献资料；第八，从事司法检验，发展法医学；第九，探索监狱管理规律，发展起以改造犯人为中心的监狱学；第十，从事律学教育，培养为国家服务的法律人才。正是这些贡献，形成了生生不息的中华法系传统，并为近现代法学家的养育与成长模式提供了丰厚的历史遗产。①

六　对律学教育的研究

自曹魏设置律（学）博士，开创律学教育之后，两晋南北朝继承发扬了这一做法，形成了国家有正规法律教育的传统，推动了隋唐、明清律学教育的继续发展。学者们对古代律学教育的关注主要集中于律学教育的地位、明法科制度以及律学教育的作用三个方面。

（一）古代律学教育的地位

杨振山和陈玺均认为中国古代的律学教育并不独立，律学教育或依附于儒学，或依附于经学。古代的律学教育，无论是官学还是私学，都不具有独立性，均以儒家思想为指导思想，依附于儒学教育。古代律学的非独立性主要体现在教学目的、教学方法、教学内容和师资等各个方面。在教学目的上，中国的律学教育不可能旨在培养人们"善"与"正义"的观念，而是对官吏这一特定职业的人进行的政务培训；在教育方法上，基本上限定在边实践边学习的个别教育之上，

---

① 何勤华：《以古代中国与日本为中心的中华法系之律家考》，《中国法学》2017 年第 5 期。

律学知识的获得更多的是依据经验的积累，这就使得某些机构既承担实际的判案断狱的任务，又肩负着律学教育的功能；在教学内容上，多为儒家经典中涉及法律的部分，并无自己独立自成体系的内容，即使对后世影响深远的著名法典如《唐律》《明律》等亦都是在儒家价值观念的支配下制定出来的；在教学师资方面，不存在专门的法律教师，承担法律教育任务的都是由在职官吏"兼职"担任。① 陈玺认为律学附属于经学，唐代律学自武德初年设置以后，曾几经兴废，其隶属关系及生员数额亦多有变动，学生学习内容主要是国家现行法律规范。律学在唐代仍然处于初步发展阶段，其附属于经学的格局已基本定型。明法考试只是作为一种常设性考试科目而已，明法及第者的学科背景在除授官职活动中仅具有参考意义，而非决定因素。②

何勤华、袁也和魏淑君指出律学教育在中国古代的地位并不高。中华法系之法律教育，承继两汉魏晋南北朝之律学的传统，至唐代，法律教育被糅入科举制之中，并传播至古代日本、朝鲜和越南等地。受法和法学在国家治理中的地位不高之现实环境的影响，明法科的教育，并未一直受到统治者的重视，其规模比较狭小，入学条件严格，学习内容繁重，考试制度苛刻，且时断时续。在中国，元代以后，就没有了官方的明法科，只有民间的幕府律学教育。③ 魏淑君也指出，中国古代律学教育的地位较为低微。统治者倚重律法，"明达法令"成为官员必备的基本素质，这在客观上催生了律学教育，并成为其生存发展的制度性基础。中国古代律学教育主要通过官学和私学两个途径进行。在历史的长河中，官学和私学呈现一种此消彼长的发展态势。由于"德主刑辅"的封建正统法律思想的长期影响，中国古代

① 杨振山：《中国法学教育沿革之研究》，《政法论坛》2000 年第 4 期。
② 陈玺：《唐代律学教育与明法考试》，《西南大学学报》（社会科学版）2008 年第 1 期。
③ 何勤华、袁也：《中华法系之法律教育考——以古代中国的律学教育与日本的明法科为中心》，《法律科学》2018 年第 1 期。

律学教育的地位较为低微。①

　　赵晶和彭炳金从法律人才不受重视的角度说明了古代法律教育地位不高的状况。赵晶指出，宋代大部分由明法科登科入仕的人员皆默默无闻。考诸史籍，得载者仅二十六位，大多语焉不详。《宋史》有传的五位明法科登科者中，因负面评价而名登史籍者一位；因军事业绩而留名青史者有三位；至于真正以其明法出身的学养背景而在司法事务中大放光彩的一位，非但无法因其个人的出色表现而扭转时论对明法科的负面评价，还因其明法出身而不获完全信任。② 彭炳金指出，唐代的法律教育受儒家思想影响较深，对于法律专门人才重视不够。唐人所重视的是明经与进士两科，不仅录取名额较多，而且及第以后升迁比较快，特别是进士科，在唐后期已经成为选拔高级官吏的主要途径。明法与明书、明算均属于专门性考试，目的在于选拔专门人才，录取名额极少。③

（二）明法科制度

　　学者们研究了唐代明法科的历史渊源、设置目的、考生来源、考试内容和考试方式。第一，历史渊源。唐代明法科源于汉代，正式确立于唐。郑显文指出，明习法令已成为汉代选官必不可少的条件。魏晋南北朝期间，明习法令也一直是封建政府选拔中央或地方官吏的一项重要考核内容。这些措施，为后来唐代明法科的出现提供了宝贵的经验。唐代明法科的创置是源于隋代临时规定的特科，即唐时的制科。明法科的设置应在唐朝初年。④ 蔡荣生认为，明法科在我国有着较为悠久的历史。早在汉代的选拔官吏的四科之中即有明法一科。但是，明法科作为一种考试制度而得以确立则是在唐代。唐代的明法科考试起

---

① 魏淑君：《中国古代律学教育探析》，《理论学刊》2004 年第 11 期。
② 赵晶：《宋代明法科登科人员综考》，《华东政法大学学报》2011 年第 3 期。
③ 彭炳金：《论唐代明法考试制度的几个问题》，《政法论坛》2002 年第 2 期。
④ 郑显文：《唐代明法考试制度初探》，《政法论坛》2000 年第 2 期。

源于唐高祖武德时期而确立于唐太宗贞观年间。① 第二，设置目的。金滢坤认为，唐代律学考试与明法科考试基本一致，律学教育为明法科选人服务。唐代设置律学和明法科之初衷就是为了培养与选拔专业性技术人才，因此明法出身者历官多为吏部、大理寺、御史台等司法部门的职务，或县尉、司法参军等地方主管司法工作的职务，往往参与大案、要案审理，充分体现了明法科专业性质科目的用人特点。不过，明法科出身者鲜有人位居望官，仕途暗淡，为士人所不屑。② 第三，考生来源。郑显文认为，唐代明法科的考生来源有两大类，其一为国子监所辖的律学馆馆生，以及地方州、县学中明习律令的学生；另一类为乡贡，即凡不属于国子监及地方州、县学馆的学生，可以向所在州、县官府报考。由州、县逐级对其进行考核，最后被推荐到京城长安参加尚书省的考试。③ 李守良也指出，唐代明法科法律专科科举考试，为科举常科之一，在武德六年（公元623年）已经设立，考生从生徒和乡贡中择取。④ 第四，考试内容和考试方式。郑显文指出，唐代明法科的考试程序十分严格，每年十一月由中央尚书省统一考试，称为省试。省试最初由吏部掌管，吏部下设劳功司具体负责。唐玄宗时，因发生考生与主考官冲突，主考官位秩较低，便改由礼部侍郎主考，后有时也以兵部尚书、户部侍郎、刑部侍郎等主持科考。⑤ 陈玺认为，唐代明法科的考试内容，主要考察律令各一部，采取的方法包括帖律令和试策两种，⑥ "每部试十帖，策试十条，律七条，令三条，全通者为甲，通八已上为乙，已下为不第"⑦。

---

① 蔡荣生：《唐代明法科考试制度研究》，硕士学位论文，南京师范大学，2011年。
② 金滢坤：《唐五代明法科与律学教育》，《河北学刊》2016年第3期。
③ 郑显文：《唐代明法考试制度初探》，《政法论坛》2000年第2期。
④ 李守良、时溪蔓：《唐代明法科管窥》，《青海民族大学学报》2009年第1期。
⑤ 郑显文：《唐代明法考试制度初探》，《政法论坛》2000年第2期。
⑥ 陈玺：《唐代律学教育与明法考试》，《西南大学学报》（社会科学版）2008年第1期；李守良、时溪蔓：《唐代明法科管窥》，《青海民族大学学报》2009年第1期。
⑦ 《唐令拾遗·考课令》第14。

（三）古代律学教育的特点和作用

尽管古代律学教育的地位不高，但其在中国古代法制建设中发挥着重要作用。何勤华认为古代律学教育的特点在于：法律教育始终未能达到独立法科大学职业化教育的程度；时断时续，律学教育发展不稳定；始终是偏学、小学，人数少，地位也低；法律世家比较多，且历史传承久远；私学比较发达。① 郑显文分析了唐代明法科的设置对我国古代法律教育的重要意义。唐代统治者非常重视对法律人才的培养和选拔，在中央设立了专门的法学教育机构律学馆，招收生员，还首次开设明法科，实行考试制度，公开从社会上选拔法律人才。明法科在中国历史上存在了六七百年，对于提高官吏的法律素质，减少官吏犯罪的发生起到了重要的作用。② 何勤华探讨了中华法系的法律教育为中华法系的发展、延续和传承所做出的贡献。其贡献具体体现在三个方面：为中华法系的成长和延续培养了人才；推动了立法和司法事业的进步；传承了法律学术。③ 魏淑君认为，律学教育对于传播中国法律文化、构建中华法系起到了很大的推动作用。即使对现代法学教育来说，古代律学教育中的精华，现在仍具有借鉴意义。④

七　对明代律学的研究⑤

对于明代律学，专门的研究成果较少，200 余篇研究律学的文献中，仅有 20 余篇研究明代的律学。如罗昶对明代律学做了一个基本的

---

① 何勤华、袁也：《中华法系之法律教育考——以古代中国的律学教育与日本的明法科为中心》，《法律科学》2018 年第 1 期。
② 郑显文：《唐代明法考试制度初探》，《政法论坛》2000 年第 2 期。
③ 何勤华、袁也：《中华法系之法律教育考——以古代中国的律学教育与日本的明法科为中心》，《法律科学》2018 年第 1 期。
④ 魏淑君：《中国古代律学教育探析》，《理论学刊》2004 年第 11 期。
⑤ 此部分内容已发表，详见马韶青《明代律学文献及研究综述》，载赵九燕、渠涛编《中外法律文献研究》第二卷，北京大学出版社 2008 年版。

介绍,① 杨一凡、刘笃才、张伯元等对律学文献进行了考证和介绍,②
吴艳红分析了影响明代官方和民间法律知识发展特点的原因,③ 何勤
华、陈煜分析了明代律学对日本和朝鲜的影响,笔者对明代律学的成
就和注释律学的新发展进行了一些粗浅的研究。④ 总体而言,学者们
对明代律学的研究主要集中在以下五个方面。

(一) 明代律学文献的考证与介绍

对律学文献的考证与介绍是学者们研究明代律学的重点。刘笃才
在《〈法缀〉——一份可贵的明代法律文献目录》一文中,详细介绍
了《法缀》的版本、所藏图书馆、内容、结构及其史料价值。他认
为,《法缀》是一束读书札记,全篇大抵由前后两部分组成,第32条
以前为官方文献,第33条以后为私人著述。两部分又分别以文献著
述形成的时间为序排列。"法"者表示其类别也,"缀"者显其系统
也。这就是说,它是对明代前期法律文献的系统记述。《法缀》所记
载的《刑统辑义》,可能是比较唐明律异同之书;《法缀》本条还为
我们提供了已失落多时的《刑统赋韵释》的作者名字,因此,《法
缀》一书具有重要的史料价值。⑤

张伯元在《陆柬〈读律管见〉辑考》一文中,考证了《读律管

---

① 罗昶:《明代律学研究》,博士学位论文,北京大学,1997年。

② 杨一凡:《明代十二种法律文献版本述略——〈中国珍稀法律典籍续编〉所辑文献
研究之一》,2019年2月18日,中国法学网 (www. iolaw. org. cn);刘笃才:《〈法缀〉——
一份可贵的明代法律文献目录》,载何勤华编《律学考》,商务印书馆2004年版;张伯元:
《〈大明律集解附例〉"集解"考》,《华东政法学院学报》2000年第6期;何勤华:《明代
律学的开山之作——何广撰〈律解辩疑〉简介》,《法学评论》2000年第5期;何勤华:
《明代律学的珍稀作品——佚名著〈律学集议渊海〉简介》,《法学》2000年第2期;李守
良:《明代私家律学著述探析》,《档案》2016年第5期。

③ 吴艳红:《国家政策与明代的律注实践》,《史学月刊》2013年第1期。

④ 马韶青:《明代律学的成就》,《安庆师范学院学报》(社会科学版)2012年第3期;
马韶青:《论明代注释律学的新发展及其原因》,《柳州师专学报》2010年第4期;马韶青:
《明代律学文献及研究综述》,《中外法律文献研究》第二卷,北京大学出版社2008年版。

⑤ 刘笃才:《〈法缀〉——一份可贵的明代法律文献目录》,载何勤华编《律学考》,
商务印书馆2004年版,第362—369页。

见》中所涉律注文献和《读律管见》的写作时间及其遗存，推断出
作者陆柬所探讨的明律注释问题有较强的针对性，具有考究原委、辨
析是非的鲜明特点。他认为该书着重探讨了法律术语解释的准确性及
其法理内涵，注重法律解释的完整性，注意到如何处理人伦道德与法
律乃至政治权力的关系问题，并对"例""会典"加以关注。①

　　张伯元在《〈大明律集解附例〉"集解"考》一文中，有侧重地
考证了与"集解"有关的三个问题：第一，《大明律集解附例》"纂
注"（集解）出于陈遇文的《大明律解》；第二，明代以"集解"命
名的本子有四种，用《大明律解》中所引"集解"与《大明律集解
附例》"集解"相对照，证明"集解"的来源不一；第三，考察《大
明律集解附例》"集解"中的引证材料，概括出"集解"具有的四个
特点，即结构分析法的运用，集中明代前、中期的注律经验，采用集
解的方法熔各家律注之优长于一炉，注重法律解释的综合性、一
致性。②

　　杨一凡和何勤华对何广所撰《律解辩疑》进行了考证和介绍。杨
一凡认为，《律解辩疑》是现见的明代较早的律注文献，著者对洪武
年间颁行的《大明律》进行了讲解和笺释，是一部研究洪武明律及
明代律学的宝贵文献。他进一步指出，关于现见《律解辩疑》刊本
刻于何时，检该书卷首"照刷文卷罚俸例"后有一篇类似"序"的
文字，内有"太祖高皇帝龙飞淮甸，肇造区夏"十三字，可知该书
非洪武时所刻。他肯定了何广是《律解辩疑》的作者，不仅该书前
有何广《自序》和郤敬《后序》可证，且明代其他史书也有记载。
如《明史》卷九七《艺文二》："何广《律解辩疑》三十卷。"③何勤
华介绍了《律解辩疑》的版本情况、编纂目的、结构体系、所运用

---

① 张伯元：《陆柬〈读律管见〉辑考》，《华东政法学院学术文集》，浙江人民出版社
2002 年版。

② 张伯元：《〈大明律集解附例〉"集解"考》，《华东政法学院学报》2000 年第 6 期。

③ 杨一凡：《明代十二种法律文献版本述略——〈中国珍稀法律典籍续编〉所辑文献
研究之一》，2019 年 2 月 18 日，中国法学网（www.iolaw.org.cn）。

的方法以及史料价值。①

张伯元在《张楷〈律条疏议〉考》一文中，介绍了《律条疏议》的书名、版本、内容以及该书作者张楷的生平。他考证了天顺本《律条疏议》，认为该版本有三十卷，卷一为名例律，以下各卷按六部分为吏、户、礼、兵、刑、工六律目。各律目之下分别列出职制、田宅、婚姻等小目。在《律条疏议》之卷首并无《御制大明律序》，无刑部尚书刘惟谦的《进大明律表》，也无"五刑之图""狱具之图""丧服之图""本宗九族五服正服之图"等所谓的"二刑图"和"八礼图"，更无"律条讲解"等。他认为天顺本《律条疏议》有三个特点：《律条疏议》的全书结构简单齐整、合情合理；既简且明，体现出著者很注重法律解释的实际应用性；对传统律学经验的继承和创新，继承了传统律学以"疏议"形式注释律文、设问答以辨其疑等传统注律方法，设立"谨详律意"一栏，开创了一种新的注律方法。②

何勤华在《明代律学的珍稀之作——佚名著〈律学集议渊海〉简介》一文中，通过举例介绍了《律学集议渊海》的结构体系和内容，并推测该书的作者及其成书年代。《律学集议渊海》的内容极为详尽，其对各家法律注释书予以广泛引用；该书作者应当是一位对律学有很深研究、手中掌握各家律学著作的律学家；同时，从其对犯罪自首实务等方面知识的熟悉程度，也可推断作者曾从事过审案实践工作；此外，大体可推定《律学集议渊海》成书于万历二十二年（公元1594年）与三十年（公元1602年）之间。③

日本学者高盐博在《东京大学法学部所藏的明律注释书》一文中，介绍了东京大学所藏的《大明律例谚解》《大明律例译义》《大

---

① 何勤华：《明代律学的开山之作——何广撰〈律解辩疑〉简介》，《法学评论》2000年第5期。

② 张伯元：《张楷〈律条疏议〉考》，载韩延龙主编《法律史论集》第3卷，法律出版2001年版，第534—548页。

③ 何勤华：《明代律学的珍稀作品——佚名著〈律学集议渊海〉简介》，《法学》2000年第2期。

明律例详解》三部明律注释书。他认为，榊原篁洲著《大明律例谚解》是目前所见的江户时代最早的明律注释书，由1卷目录和30卷正文组成。注释部分混合使用片假名，以语义解释为中心，首先对条文、条例进行点校，加上读音顺序符号并标写假名，然后将需要注释的语句抽出来，用边框框起来加以解释。注释部分被称为"谚解"，因其不只引用《大明会典》《大明令》等中国的法典，而且屡屡引用《律条疏议》《读律琐言》《大明律集解》等中国的明律解释书。高濑喜朴著《大明律例译义》，将明律的条文和问刑条例进行逐条翻译，由卷首、末卷和12卷正文共14卷14册组成。由于采用逐条翻译的方法，该书将条文的大意在各条的开始之处载明，同时对难以理解的语句再用双行小字随时加以注释，这种方法使本书明白易懂。高濑喜朴著《大明律例详解》，由目录1卷、律例详解21卷、问刑条例详解9卷组成。该书的注释方法是，首先载明明律的条文和问刑条例的本文，对其进行点校、加上读音顺序符号并标写假名，然后将汉字和假名结合起来进行全句翻译或个别语词翻译。与《大明律例谚解》一样，对应注释语句抽出并加框解释。在注释方法上，采用《大明律例谚解》和《官准刊行明律》《明律国字解》两相结合的方式，在注释的内容中更是折中采用两者内容。①

徐世虹在《日本内阁文库及其所藏明律书籍》一文中，介绍了日本内阁文库所藏的中国刊本和朝鲜、日本刊本的明代律学著作，中国刊本的有《大明律解附例》《大明律例附解》《大明律添释旁注》《大明律附例注解》《大明律附例笺释》《明律刑书据会》《大明律注释祥刑永鉴》《大明律致君奇术》《大明龙头便读旁训律法全书》《大明律例临民宝镜》；朝鲜、日本刊本有《大明律直解》《大明律》《大明律例译义》。②

---

① ［日］高盐博：《东京大学法学部所藏的明律注释书》，孟祥沛译，载何勤华编《律学考》，商务印书馆2004年版，第346—361页。

② 徐世虹：《日本内阁文库及其所藏明律书籍》，载韩延龙主编《法律史论集》第3卷，法律出版社2001年版，第556—574页。

（二）明代律学的整体状况

何勤华在《中国法学史》一书中，通过法学世界观的变化、立法的发展、法律教育的展开、法学研究及其作品、判例法研究的发展、法医学的发展、明代法学对其他国家的影响、衰落时期法学家列传等八个方面介绍了明代"法学"发展的整体状况。① 罗昶在其博士论文《明代律学研究》中，把明代的律学分为三个阶段：洪武——宣德年间是第一个时期，主要研究明代律学兴起的状况，通过分析《律解辩疑》和《律条疏议》，总结这一时期律学在注释方面的特征及学术成就，并对《明大诰》及《大明律》中"律""例"问题进行了探讨；正统——正德年间是第二个时期，主要探讨明代律学发展状况，研究了这一时期律学著述及其代表作品——《律解附例》，同时分析了这一时期"律""例"关系理论与实践，阐述了以弘治十年（公元1497年）《问刑条例》的修订为标志的明代"律例"关系理论的形成及其在制度上处理"律""例"关系问题的过程；嘉靖——崇祯年间是第三个时期，分析了这一时期的律学著述及其代表作品——《读律私笺》和《大明律附例笺释》，探讨了对嘉靖以及万历年间关于删订《问刑条例》的多次奏议与争议过程，并阐述了"律""例"关系的理论内容。②

（三）明代法律的考证和辑佚

台湾学者黄彰健在《〈律解辩疑〉〈大明律直解〉〈明律集解附例〉所载明律之比较研究》一文中，考证了上面三部著作所载大明律的异同，他认为，《大明律直解》所载明律系洪武二十二年（公元1389年）定，《明律集解附例》所载明律系洪武三十年（公元1397年）定，《律解辩疑》所载明律是洪武十八九年（公元1385—1386

---

① 何勤华：《中国法学史》，法律出版社2000年版，第308页。
② 罗昶：《明代律学研究》，博士学位论文，北京大学，1997年。

年）所行用的。①

　　杨一凡分别对《大明律》《明大诰》、明初重典、明代中后期重要条例进行了考证。在《洪武〈大明律〉考》中，他分别从定律三十年始末、《大明律》与律诰关系、明律与唐律及元代法律之比较、律典施行等四个方面，考证了《大明律》的修订始末、结构体系及其实施情况。② 他在《明大诰研究》一书中，从明大诰的版本和诰文渊源、颁行时间和条目内容、律外用刑和重点治吏、法律效力和实施状况等四个方面，详细研究了明初重要法律之一的《明大诰》。③ 另外，他在考证明初重典时，考证了律、诰之外的诸峻令，④ 以及洪武永乐两朝颁布的榜文。⑤

　　赵姗黎考证了《问刑条例》。她认为，明代三部《问刑条例》的修订是"度势立法"的结果。到明代中叶已对"依律以定例，定例以附律"的律例关系及例的作用有了明确的认识；通过比较《大明律》和《问刑条例》，得出无论从新增条款、扩展补充条款上，还是从修正条款上，《问刑条例》均与《大明律》保持一致的立法标准，同时，《问刑条例》继续打击宗藩势力、加重处罚几种特殊主体犯罪、扩大使用"赎刑""充军"两类刑罚；另外，从条例数量、新增条款内容以及处罚轻重等方面比较出三部《问刑条例》各自的特色之处。⑥

　　张伯元通过《条例全文》的残卷考证了《条例全文》。他在《〈条例全文〉残卷考略》中，考证了《条例全文》的遗存状况；介

---

　　① 黄彰健编著：《明清史研究丛稿》二卷，台湾商务印书馆 1980 年版。

　　② 杨一凡主编：《中国法制史考证》甲编第六卷《明代法制考》，中国社会科学出版社 2003 年版。

　　③ 杨一凡：《明大诰研究》，江苏人民出版社 1988 年版。

　　④ 杨一凡：《明初重典考》，湖南人民出版社 1984 年版。

　　⑤ 杨一凡主编：《中国法制史考证》甲编第六卷《明代法制考》，中国社会科学出版社 2003 年版。

　　⑥ 赵姗黎：《〈问刑条例〉考》，载杨一凡主编《中国法制史考证》甲编第六卷《明代法制考》，中国社会科学出版 2003 年版。

绍了《条例全文》的价值在于：提供了弘治朝制例的背景资料、揭示了条例拟议的前期准备情况、对《大明律》的补充、利用《条例全文》了解明例的立法程序和依据等四个方面；从条款的多少问题、"正编"与"附编"问题、《条法》所录条例题本的时间下限、书名问题、《皇明条法事类纂》与《条例全文》相与互补入手，分析比较了《条例全文》与《皇明条法事类纂》；比较《条例全文》与弘治《问刑条例》，指出《条例全文》和《皇明条法事类纂》是弘治《问刑条例》制定的重要依据之一，《皇明条法事类纂》为分类编集做好了准备，并提供了立法会议的充分材料。①

（四）国家政策对明代律学的影响

吴艳红指出，明代国家有关《大明律》律文注释的政策和实践，深刻地影响了这一时期官方和民间法律知识发展的特征。明洪武三十年（公元 1397 年）《大明律》修订颁布时，官方并没有出台统一的具有司法效力的注疏；在私家注律兴盛的明代中后期，国家也没有形成明文规定，对这一领域进行规范和管理。但是，从嘉靖十一年（公元 1532 年）发生的孙存案来看，在实践层面上，国家对于律文的注释和刊刻已有"成典"。都察院尤其是其中的巡按御史，还有地方的提刑按察司等官员，集风宪和司法功能于一身，具有专门的法律知识，实际承担了对各私家律文注释的甄别和筛选工作，成为以官方形式刊刻《大明律》律文注释的合法群体。②

（五）明代律学的影响

1. 对清代的影响

张晋藩指出，清代律学是在传承明代律学基础上的新发展。明代

---

① 张伯元：《〈条例全文〉残卷考略》，载杨一凡主编《中国法制史考证》甲编第六卷《明代法制考》，中国社会科学出版社 2003 年版。
② 吴艳红：《国家政策与明代的律注实践》，《史学月刊》2013 年第 1 期。

王肯堂的《律例笺释》对律文的解释被时人奉为解律的圭臬。他对以、准、皆、各、其、及、即、若八字的解释，对清代律学风气的形成具有极大的诱导和推动作用。清初律学家多以读王氏之书作为律学的起步。清律学对明律学的继受，体现了法文化上的传承吸收与发展的规律性。明代律学不仅在内容上为清代律学的发展奠下基石，就所采取的以裨益司法为目的，就律例释律例，就疑案释疑案，就刑罚释刑罚，不涉及国家大政，不评论政治事件与人物的注律方法，也对清代律学家深有影响。① 李守良探讨了明代私家律学著作对清代法典编纂的影响。明清私家律著是清代不同时期编纂法典的重要参考，其对疏解律意、补律所不及等，都起到了积极作用。②

2. 对日本的影响

何勤华指出了中国明代律学对日本德川幕府时期的全方位影响。日本德川幕府时期大量地吸收明朝律例以及律例注释学，从而使其法律和法学深受影响。明代律学对日本的影响主要表现为：首先，明代的律、例、令、会典等法律形式，以及明代律例的注释书，被日本当时统治阶级作为立法、司法和法律注释的范本。其次，在中国明代律例以及其注释书的影响下，日本发展并巩固了幕藩法律体系。再次，出现了日本学者自己翻译或编纂的大明律例注释书。这种注释书，不仅影响了日本的律学研究，也成为当时日本立法、司法时的重要参考资料。③

陈煜也认为明代律学对日本有着重要的影响。从幕府及其亲支近藩的角度而言，江户幕府几乎是一开始就对中国法产生了浓厚的兴趣，并且始终收藏有大量的律例及律学作品。德川吉宗继任幕府将军后，始终对明清律例的研究和传播持开明的态度。吉宗在藩主任上，曾派人往中国求购图书，其中就包括《大明律读法书》《读律琐言》

---

① 张晋藩：《清代律学兴起缘由探析》，《中国法学》2011 年第 4 期。

② 李守良：《律典之失与律学吸纳：明清私家律学与清代的法典编纂》，《江汉论坛》2018 年第 5 期。

③ 何勤华：《试论明代中国法学对周边国家的影响》，《比较法研究》2001 年第 1 期。

《读律私笺》《大明律管见》等律学作品。在幕府的推动和影响之下，各藩和民间也广泛译介、刊刻和传播明清律例，涌现了一大批律学成果，如榊原篁洲著《大明律例谚解》，高濑忠敦著《大明律例释义》和《大明律例详解》。荻生徂徕著《明律国字解》①，将明律的律文和例文用通俗易懂的日语表达出来，该书成为江户时代影响最大的权威律例注释本。②

日本学者高盐博认为，日本江户时代受到明律影响的各藩刑法典有数部之多。同时，亦存在以明律为补充法、认可其效力的情况。虽然目前所知的江户时代完备的地方刑法典不到 20 部，但其中就有六个藩的刑法典是在明律的影响下编纂而成的，此种情况在日本近代法制史上确属不可忽视的重要事实。③

3. 对朝鲜的影响

明代的律学，对朝鲜也产生了巨大的影响。何勤华认为明代律学对朝鲜的影响主要体现在：第一，朝鲜施行的《经国大典》，刊行的《续大典》和《大典通编》等，都是在大明律例的模式下制定的。第二，李朝编纂的法典，已经吸收了明代律注释学的技术和经验。比如，《续大典》就用双行小字逐句逐字对法典的条文作了解释，包括概念的界定和文意的阐述等。第三，将明律注释书改头换面一下，在朝鲜正式出版，作为官吏和民众学习、执行的依据。第四，强调臣民必须讲读律例，并将明代律学著作作为国家律官考试的正式科目。第五，受明代律学的影响，朝鲜于 18 世纪 80 年代前后还推出了自己编的律学著作《百宪撮要》。《百宪撮要》注解的虽然都是朝鲜的法律，但由于当时朝鲜法律的内容基本上以大明律例为范本，故该书也应视

---

① ［日］吉川幸次郎等校订：《日本思想大系·荻生徂徕》，岩波书店 1973 年版，第 281 页。

② 陈煜：《明清律例在日本明治维新前后的遭际及其启示》，《华东政法大学学报》2018 年第 2 期。

③ ［日］高盐博：《东京大学法学部所藏的明律注释书》，孟祥沛译，载何勤华编《律学考》，商务印书馆 2004 年版，第 346—347 页。

为朝鲜接受明代律学之影响的一个突出事例。① 张春海认为明代律学
著作的输入推动了朝鲜法制的"华化"进程。由于本国司法官员律
学水平不高，对《大明律》的理解有限，朝鲜人决定从中国输入各
种律学著作以明律意，并赋予它们法律效力，使律学著作的输入具有
了法律移植的特性。朝鲜从世宗到中宗的近百年间，每一阶段，都会
输入一两部有代表性的律学著作，与当时的"华化"进程呈正相关
关系，形成了一个解释各个版本《大明律》之完整的律学著作的
序列。②

① 何勤华：《试论明代中国法学对周边国家的影响》，《比较法研究》2001 年第 1 期。
② 张春海：《朝鲜王朝律学著作的输入与法制的"华化"进程》，《中南大学学报》
（社会科学版）2017 年第 6 期。

第二章　明及前代注释律学
发展的基本进程

　　法律解释在法律的制定、执行、实施以及遵守中都发挥着重要的作用。德国法学家拉伦兹指出："假使认为，只有在法律文字特别'模糊''不明确'或相互矛盾时，才需要解释，那就是一种误解，全部的法律文字原则上都可以。只要法律、法院的判决或契约不能全然以象征性的符号语言来表达，解释就始终必要。"① 在中国古代社会，由于准确适用刑律的需要，形成了自己独特的法律解释学，即注释律学。注释律学形成于先秦，在两汉时期，出现了"引经注律"和"律章句学"。魏晋时期，注释律学初步从经学中分离出来。《唐律疏议》的问世标志着注释律学在唐代趋于成熟。宋元时期注释律学进一步发展，开歌诀注律和音韵训诂的先河。在继承前代注律成果的基础上，明清注释律学达到了繁荣。明代注释律学的繁荣，取决于司法应用的实际需要、律例关系理论的形成以及明代统治者对讲读律令和普及法律教育的重视等众多因素。本章通过钩沉明及前代注释律学发展的基本进程以及分析明代注释律学繁荣的原因，来揭示明代注释律学在中国古代注释律学发展过程中所占据的重要地位。

---

　　① ［德］拉伦兹：《法学方法论》，陈爱娥译，商务印书馆 2003 年版，第 85—86 页。

一 明代以前注释律学发展的基本进程

注释律学产生于先秦，其代表文献为《法律答问》，两汉时期发展到一个新阶段，出现了"引经注律"和"律章句学"，魏晋时期，注释律学逐渐从经学中分离出来，成为一门独立的学问。唐代注释律学趋向成熟，产生了古代注释律学的重要代表作品《唐律疏议》。宋元时期，注释律学进一步发展，开歌诀注律和音韵训诂的先河。在前代成就的基础上，明清时期注释律学达到了繁荣。

（一）注释律学的产生时期——先秦战国

中国古代律学是关于律和律典的制定、诠释、实施以及律与其他法律形式关系的学说，它以刑名学为主要研究对象，以司法应用为主要目的。从律学的这一含义来看，注释律学的范围应严格界定在与"律"相关的内容方面，春秋时期的"法""刑"虽然与后来的"律"具有相通之处，但其意义并不相同，不能作为注释律学的内容。至于先秦法家对法的起源、本质、地位、作用等所作的理论探讨，属于法律学的内容，与注释律学注重法律的实用并不相同，因此，也不能作为注释律学的内容。注释律学形成的契机在于商鞅改法为律。商鞅改法为律，为注释律学的产生和发展提供了前提。睡虎地秦墓竹简中的《法律答问》采用问答的形式，对秦律的一些条文、术语和律文的意图做出了明确的解释，是注释律学产生的最好佐证。因此，《法律答问》的编纂，标志着至少在战国时期已经出现了注释律学。秦朝统一后，沿用秦国的法律制度，将注释律学定为官方之学，"以吏为师"，注释、解答法律的职责归于官府。《商君书·定分》中说："诸官吏及民有问法令之所谓也于主法令之吏，皆各以其故所欲问之法令明告之。"这不仅表明了法律的解释权由官府垄断，而且还表明了注释律学所讲求的就是"法令之所谓"，即以解释法条为根本特征。

（二）注释律学的发展时期——两汉

随着汉武帝独尊儒学政策的推行，用儒家经典的原则和精神来解释法律的活动也开始兴起，出现了董仲舒等引经释律的大师。董仲舒以《春秋》微言大义作为解释汉律和审断案件的依据，"引经注律"遂成为汉代注释律学的主流，其结果是推动了法律的儒家化，"三纲"成为立法的基石和司法的准绳，"德主刑辅"成为封建社会法制的正统指导思想。至东汉，研究儒家经典的章句之学广泛地运用于法律的注释之中。注律者用分章析句注释的方法注释律文，形成特殊的注释律学表现形式——律章句学。汉代废除了秦代严禁私学的法律，因此，随着法律注释活动的展开，那些参与法律制定以及编纂律注的律学家，开始广招学生，传授自己的法律知识，一时间儒生官吏习律成风，注律世家遂由此兴起，代代传承，如杜周、杜延年父子，于定国父子，郑弘父子，郭躬父子等。据《晋书·刑法志》记载，诸儒章句十有余家，[①] 以至于"言数益繁，览者益难"，为了解决律章句学派杂陈、莫衷一是的矛盾，曹魏明帝时期，下诏"但用郑氏章句，不得杂用余家"，正式确立了私家释律的合法性。汉代的注律作品有郑玄著《汉律章句》、应劭著《律略论》等，但这些作品现已散佚，无可考证。

（三）注释律学的独立时期——魏晋南北朝

魏晋南北朝时期是中国古代注释律学发展的重要阶段，由于魏晋立法的发展、玄学的浸润，注释律学逐步脱离经学的樊篱，成为一门独立的学科。这一时期的注释律学在注释方法和注释内容上有了重大的创新，主要表现在对法律名词术语、立法司法理论以及法律适用原则作出了准确而又详细的解释。魏晋时期，注律人才辈出，先后出现

---

① 《晋书·刑法志》载："叔孙宣、郭令卿、马融、郑玄诸儒章句十有余家，家数十万言，凡断罪所当由用者，合二万六千二百七十二条，七百七十三万二千二百余言。"

了曹魏时期的陈群、刘邵、卫觊，晋代的贾充、刘颂、张斐、杜预等人，他们在身份上都是国家重臣，既是法律的制定者，又是法律的执行者，由他们来注释法律，深得要领，洞悉渊源，容易博得国家的认可与推广。张斐和杜预对晋律的注释，经晋武帝认可，成为适用于全国范围的权威性解释，注释律学由私家注律复归于官方解释。注律作品主要有张斐撰《律解》《杂律解》《汉晋律序注》，杜预撰《律本》等。这些作品均已佚失，仅在《晋书·刑法志》中保留了张斐在注释《泰始律》后向晋武帝说明其要点而上奏的《律注表》①。这一时期注释律学的成就主要体现在以下三个方面：

其一，对立法原则和律典体例的注释。晋律家总结秦汉立法的经验和教训，对立法技术提出较为严格的要求，主张立法要简约，法典体例要统一，使百姓易避难犯，使官吏无以巧法。如杜预在《律本》中说："法者，盖绳墨之断例，非穷理尽性之书也。故文约而例直，听省而禁简。例直易见，禁简难犯，易见则人知所避，难犯则几于刑厝。"② 在"文约例直"的立法指导原则下，晋代律典的结构体例发生了实质性的变化。《泰始律》将《刑名》置于律首，并对二十篇律重新排列，使律典体例摆脱了原来那种缺乏整体逻辑关系的排列方法而变得更加科学合理。张斐专门解释篇目重新排列的原因以及重新排列的意义，"律始于刑名者，所以定罪制也；终于诸侯者，所以毕其政也。王政布于上，礼乐抚于中，故有三才之义焉。其相须而成，若一体焉"③。张斐还解释了《刑名篇》《法例篇》和其他各篇的关系："告讯为之心舌，捕系为之手足，断狱为之定罪，名例齐其制。自始及终，往而不穷，变动无常，周流四极，上下无方，不离于法律之中也。"④ 也就是说，《刑名》《法例》篇的内容是对定罪量刑的总则性

---

① 高恒认为，应称为"《律注要略》"，见高恒《张斐的〈律注要略〉及其法律思想》，载高恒《秦汉法制论考》，厦门大学出版社1994年版，第286页。

② 《晋书·杜预传》。

③ 《晋书·刑法志》。

④ 同上。

规定，体现了法律的原则和精神，其他篇目则是某个领域中的具体实施规范，是为实现刑法总则而服务的。

其二，对法律术语的规范解释。杜预解释了"律""令"之间的界限区分，他认为"律以正罪名，令以存事制"①，"律"指专门规定定罪量刑的刑事法律规范，"令"则成为规定国家制度的法律规范。该解释改变了以往律令相互混淆的状况，实现了律令界限的初步区分，为唐代二者的明确区分奠定了基础。张斐对"故""失""谩""戏"等20个法律概念作出了明确的解释，"知而犯之谓之故，意以为然谓之失，违忠欺上谓之谩，背心藏巧谓之诈，亏礼废节谓之不敬，两讼相趣谓之斗，两和相害谓之戏，无变斩击谓之贼，不意误犯谓之过失，逆节绝礼谓之不道，陵上僭贵谓之恶逆，将害未发谓之戕，唱首先言谓之造意，二人对议谓之谋，制众建计谓之率，不和谓之强，攻恶谓之略，三人谓之群，取非其物谓之盗，货财之利谓之赃"②。通过对法律术语的规范解释，厘清了相似罪名之间的区别，弥补了律条简单所造成的含义模糊的缺陷，为后代注释律学趋向科学奠定了基础。

其三，对司法原则的注释。张斐认为，审判活动应遵循"本其心、审其情、精其事"的原则，做到"理直刑正"。他认为："论罪者务必本其心，审其情，精其事，近取诸身，远取诸物，然后乃可以正刑。"所谓"本其心"，即定罪量刑务必要以行为人对其行为的危害结果所持的心理状态为根据；所谓"审其情"，即观察行为人的表情，并据此判断他的心理状态；所谓"精其事"，即详细查明案情。只有做到"本其心、审其情、精其事"，才能够保证定罪量刑的正确与合理，从而保证刑罚的宽严适中。同时，也应赋予司法者一定的自由裁量权，"或计过以配罪，或化略以循常，或随事以尽情，或趣舍

---

① 《太平御览》卷六三八。
② 《晋书·刑法志》所载张斐之《律注表》。

以从时，或推重以立防，或引轻而就下"①。

（四）注释律学的成熟时期——隋唐

以《永徽律疏》为代表的唐代注释律学，标志着中国注释律学趋向成熟。唐高宗永徽二年（公元 651 年）颁布《永徽律》，为了阐明《永徽律》的立法原则与精神实质，长孙无忌等人本着"网罗训诰，研核丘坟"的精神，对《永徽律》逐条逐句作出诠释和疏解，并设置问答，辨异析疑，申明其深义，补充其不周不达，经皇帝批准，于永徽四年（公元 653 年）颁行，称为《永徽律疏》。疏文附于律文之下，与律文具有同等的法律效力，"自是断狱者皆引疏分析之"②。《永徽律疏》既有对于法律精神、法律原则与名词术语的规范性解释，也有对实际操作中可能发生的问题的预见和处理，成为宋、元、明、清历代制定和解释封建法典的蓝本。隋唐时期注释法律仍以官方为主，也存在私家注律，目前可见的私家注律作品有隋人虞世南撰《论刑法》③、唐人王敬从等删订的《唐写本开元律疏名例卷》④，其他注律作品则无从考证。隋唐时期注释律学的成就主要体现在以下三方面：

其一，以"一准乎礼"作为注释律典的指导思想。唐律"一准乎礼"，《名例》篇明确指出："德礼为政教之本，刑罚为政教之用，犹昏晓阳秋相须而成者也。"⑤"礼律结合"成为唐代注释律学的指导思想。注律家通过释律将儒家关于修身养性、待人接物、家庭伦理、君臣纲常的道德训条直接注入律典之中。例如，《名例》篇"十恶"条在解释"大不敬"时指出，"礼者，敬之本；敬者，礼之舆。故《礼运》云：'礼者，君之柄，所以别嫌明微，靠制度，别仁义。'责

①　《晋书·刑法志》所载张斐之《律注表》。

②　《旧唐书·刑法志》。

③　杨一凡编：《中国律学文献》第四辑第二册，社会科学文献出版社 2007 年版。

④　杨一凡编：《中国律学文献》第二辑第一册，黑龙江人民出版社 2005 年版。

⑤　（唐）长孙无忌等：《唐律疏议》，刘俊文点校，中华书局 1983 年版，第 3 页。

其所凶既大，皆无肃敬之心，故曰大不敬"①。通过上面的解释，可以看出，唐代的注释律学以儒家正统思想作为指导思想。

其二，注释内容进一步成熟。《唐律疏议》采用律文、注文、疏文三位一体的注释体例，不但开创了注释律学的新体例，而且使注律观点、注释内容进一步趋向成熟。《疏议》的具体结构为：先列律文，接着是注文，最后是疏文。"注"夹嵌在律条文句中间或紧接于律条之后，用比律条相对小的字体书写，是对律文含义的补充及适用的解释说明；②"疏"则专门对律文进行逐条逐句的解释，不但对律文补充解释，而且对律注也进行解释。律疏采用"议""问答"等方式，"议"强调法律规定，"问答"强调司法运用。例如，《户婚律》第 189 条是关于违反"七出、三不去"方面的规定，"律疏"进行了详细的解释，先以"议"的形式解释了"七出""义绝""三不去"的内容，然后以"问答"的形式提出一个具体实例的处置办法，③ 使法律规定和司法操作相结合，有助于司法官吏更准确地理解和运用法律。律疏注一体的注释体例，使律典的内容趋于成熟、律注观点更加合理、律文的适用更具针对性，从而为后代注释内容的进一步完善奠定了重要的基础。

其三，采用多种注释方法。"疏议"以律文为经，按照十二篇的顺序，对 502 条律文逐条逐句进行了诠解和疏释。其释律方法之多样前所未有，主要有"问答"解释、比较解释、历史解释等。唐代注律家继承了秦汉时期的"问答"解释，在疏议中多用"问答"的形式解决有关法律的具体应用问题，例如，《贼盗律》第 284 条规定："诸故烧人舍屋及积聚之物而盗者，计所烧减价，并赃以强盗

①　（唐）长孙无忌等：《唐律疏议》，刘俊文点校，中华书局 1983 年版，第 10 页。
②　钱大群认为，注文对律文的补充解释作用主要体现在三个方面：第一，注文有对律文中罪名的罪状说明；第二，注文有对律文适用的解释；第三，注文对律文做其他具体解释。见钱大群《〈唐律疏议〉结构及书名辨析》，《历史研究》2000 年第 4 期。
③　（唐）长孙无忌等：《唐律疏议》，刘俊文点校，中华书局 1983 年版，第 267—268 页。

论。"在疏议之后,设问曰:"有人持仗烧人舍宅,因即盗取其财,或烧伤物主,合得何罪?"答曰:"依《杂律》:'故烧人舍屋,徒三年。不限强之与窃。'然则持仗烧人舍宅,止徒三年。因即盗取财物,便是元非盗意,虽复持仗而行事,同'先强后盗',计赃以强盗科罪。火若伤人者,同强盗伤人法。"① 通过设问答的形式,解释了"持仗烧人舍宅后盗取财物"的犯罪行为不以盗窃为犯罪目的,属于"先强后盗",因此,不以窃盗论罪,仍以强盗论罪,由此扩大了律条的适用范围。《唐律疏议》还采用了魏晋时期注律家广泛采用的比较方法,对相似罪名的异同进行辨析。例如,"疏议"详细解释了"斗杀"和"故杀"的区别:"斗杀"者,元无杀心,因相斗殴而杀人,处绞刑;"故杀"者,非因斗殴、也无宿谋,而临时起意杀人,处斩刑。② 即"斗杀"并没有杀人的故意预谋,而是在相互斗殴中致人死亡,所以处以绞刑;而"故杀",既没有杀人的故意预谋,也不存在相互斗殴,而是临时起意杀人,所以处以斩刑,惩罚重于"斗杀"。另外,《唐律疏议》还采用历史解释的方法,考辨了律典各篇篇目的来源,钩沉了律典发展的历史脉络;采用"训诂"的方式,对一些较为重要的法律术语做出解释。如《名例》篇对"笞刑"注释为,"笞者,击也,又训为耻。言人有小愆,法须惩戒,故加捶挞以耻之"③,即"笞刑"适用于轻微犯罪者,因其犯罪情节较轻,但又必须给予惩罚,所以采用棍杖击打的形式,使犯罪者知耻而不敢再犯。

(五) 注释律学的进一步发展时期——宋元

宋元时期,由于理学的兴起、统治者对法律的重视以及唐代奠定的良好基础,法释律学得到了进一步的发展,并且取得了很大的成

---

① (唐) 长孙无忌等:《唐律疏议》,刘俊文点校,中华书局1983年版,第359页。

② 同上书,第387—388页。

③ 同上书,第3页。

就。徐道邻指出："中国过去的朝代，官家所藏前朝及本朝的法典和法律书，要算宋朝为第一。"①

《宋刑统》的编纂，无论在体例上还是在内容上都有了很大的变化：在体例上，以刑律为主，律敕合编，篇下设门，十二篇共分为213门；在内容上，在律文、疏议后面附相关的令、格、式、敕和"臣等起请"。"《宋刑统》在律文、疏议的后面所附入的令、格、式、敕已多达一百七十七条，相近于全书条文的五分之二。附条依时次分列，语首均加'准'字以为标识，有作删节处理的，则注明'节文'二字，表明附条是经宋朝廷认可、核准而适用于现实者。"②"臣等起请"则是窦仪等修律者为适应宋时形势发展和专制集权统治的需要，对原有的内容予以审核详虑，并向朝廷提出变动的建议。"这些建议条文特标为'起请条'，以低三字格局附于令、格、式、敕之后，每条冠以'臣等详参'四字，作为新增条款，与附令、敕相区别。"③这些变化为注释律学的进一步发展提供了很大的空间。

宋代官方注律与私家注律并存。以《宋刑统》为代表的官方注律，将律文、注解、疏议、令、格、式、敕、起请等全部综合在一起，改变了以《唐律疏议》为代表的单一型律文注释著作的模式，为明清综合型的律例注释书奠定了重要的基础。宋代私家注律作品主要有孙奭撰《律附音义》④、王键辑《刑书释名》⑤、傅霖撰《刑统赋解》⑥、刘筠编著《刑法叙略》⑦、黄懋撰《刑法要例》、张员撰《法鉴》、张履冰撰《法例六赃图》、赵绪撰《金科一览》，等等。《律附音义》以音韵训诂方法注释律文中的字词，许多张斐和《唐律疏议》

① 徐道邻：《宋朝的法律考试》，《中国法制史论集》，台北：志文出版社1975年版，第297页。
② 薛梅卿：《〈宋刑统〉研究》，法律出版社1997年版，第36页。
③ 同上书，第37页。
④ 杨一凡编：《中国律学文献》第二辑第一册，黑龙江人民出版社2005年版。
⑤ 同上。
⑥ 杨一凡编：《中国律学文献》第一辑第一册，黑龙江人民出版社2004年版。
⑦ 杨一凡编：《中国律学文献》第二辑第一册，黑龙江人民出版社2005年版。

没有解释的法律名词和术语，在"律音义"中得到了解释，例如"斩"，即"侧减切，杀而殊其身首"；"支解"则为"佳买切，离析也。谓离析其支〈肢〉体"。王键辑《刑书释名》，详细介绍了自黄帝以后历代刑书（法典）中的刑名以及用刑方法。傅霖撰《刑统赋解》，以歌赋的形式，将《宋刑统》中一些重要的规定予以通俗的诵唱，开歌诀注律的先例。赵绪撰《金科一览》、刘高夫撰《金科玉律总括诗》均以歌诀的形式解释律意。刘筠编著的《刑法叙略》，对历代刑官的设置及其发展沿革作了比较系统、完整的叙述。

元人注重对《刑统赋解》的注释，注者有多家，沈家本认为作注者有五家之多，"有郄氏、王氏、孟氏、沈氏四家，今又得此别本（《别本刑统赋解》），自为一家言"①。其中以沈仲纬撰《刑统赋疏》②最为详尽，该书与《刑统赋解》相比，语言较为简练，除增加了疏文外，还引《唐律疏议》加以证明，并且在疏文后配有直解，直解后为通例，引元代断例及案牍加以佐证。元代的私家注律作品还有：此山贳冶子撰、王元亮重编《唐律释文》③、王元亮撰《唐律纂例五刑图》、郑汝翼撰《永徽法经》④ 等。《唐律释文》主要是用训诂的方式对三十卷《唐律疏议》中的字、词进行语音和词义上的解释。《唐律纂例五刑图》将《例分八字》等重要的律文内容做成图表，为明清两代大量采用图表解释奠定了基础。《永徽法经》则对唐律、金律进行比较，并对其异同详加分析，为明清时期比较律学的产生奠定了基础。

二　明代注释律学的繁荣及其原因

注释律学经过秦汉、魏晋、隋唐、宋元各代的发展，已经比较完

----

① （元）佚名：《别本刑统赋解》，《沈家本跋》，载杨一凡编《中国律学文献》第一辑第一册，黑龙江人民出版社 2004 年版。

② （元）沈仲纬：《刑统赋疏》，《黄荛夫跋》，载杨一凡编《中国律学文献》第一辑第一册，黑龙江人民出版社 2004 年版。

③ 杨一凡编：《中国律学文献》第二辑第一册，黑龙江人民出版社 2005 年版。

④ 《唐律纂例五刑图》和《永徽法经》两书均已佚失，不可考。

善，在继承前代注律成果的基础上，明代注释律学达到了繁荣。

（一）明代注释律学的繁荣

明代律学发展的一个突出特征就是注释律学的繁荣，主要体现在以下四个方面。

其一，注律文献的编纂大大超过前代。明代注释律学有官方形式，但更多的则是私家注律。这些注律家大部分都是地方官员，直接参与案件的审理，为了更好地适用法律，他们集合自己多年的办案经验和对法律的体会，编纂了大量的释律作品，如何广撰《律解辩疑》、张楷撰《律条疏议》、胡琼撰《大明律解附例》、陆柬之撰《读律管见》、雷梦麟撰《读律琐言》、高举发刻《明律集解附例》、王肯堂撰《律例笺释》、应㮦撰《大明律释义》、陈永辑《法家裒集》、姚思仁撰《大明律附例注解》，等等。

其二，注释理论和司法适用的进一步结合。明代注律家更加注重律文的理论诠释与司法应用。他们不但从理论上对律、例文作出详尽的解释，而且在律例文后以"审语""参语""判语""断语"等形式附上相关的案例，增强了注释作品的综合性和应用性，体现了明代注释律学与应用律学的共同发展，代表作品有：萧近高、曹于汴注释《刑台法律》、彭应弼撰《刑书据会》和苏茂相辑《临民宝镜》等。

其三，注释内容的进一步全面、合理。注律家用新的制律理论对明律新增条款和修订条款作出了诠释，并遵循律例关系理论对刑例进行了新的阐发。此外，明代注律家还对许多古代社会重要的罪名、刑名作出了新的理论阐发，扩大了明代注释律学的研究范围和研究领域。

其四，注释体例和注释方法的多样性。除沿袭前代的注释体例外，明代注释律学开创了一种新的注释体例，即在律文注释中附例作为参考。既释律又注例的注释风格，成为明代中后期直至清代律注文献编纂所采用的基本格式。明代的注律文献中采用丰富多样的注释方法，有"问答"解释、历史解释、歌赋解释、图表解释、律意解释、集解解释、比较解释、案例解释，如此多样的注释方法，说明明代注释律学的解释技术臻于完善。

（二）明代注释律学繁荣的原因

明代注释律学的繁荣取决于司法实践的迫切需要、律例关系理论的形成以及统治者对讲读律令和普及法律教育的重视等众多因素。

1. 司法实践的迫切需要

大明律是一部在古代法典沿革史上革故鼎新的法典，它适应了洪武十三年改革官制后中央政务分属六部的政治体制的态势，吸收了唐六典、元典章以职官分类的法典布局格式，改变了自《法经》起沿袭1700余年的古代法典的结构体系，创立了以六部分类的体例，结构更加严谨，内容更加高度概括。如何准确理解并在司法中准确适用大明律，成为一个迫切需要解决的问题，于是不仅形成了官方注律作品《律令直解》，而且为私家注律提供了广阔的发展空间。随着明代社会的发展，经济、政治、文化等各方面都有了很大的发展，人们之间的关系日趋复杂，司法实践中需要探讨和解决的问题日渐增多，出现了大量的司法案件。但作为"祖宗不变之法"的《大明律》及律中的小注无法适应新的形势，立法者遂用条例来补充大明律之未备。编纂条例次数的增多、数量的增大，引起了律例适用的问题。同时，明代还存在令、则例、事例等多种法律形式，如何处理各种法律形式的关系，保证法律的统一适用，也成为法律实施中亟须解决的问题。但明代统治者和立法者无暇组织较大规模的官方法律注释活动，因此，私家注律活动非常活跃，注律文献层出不穷，成为明代中后期直至清代注释律学发展的主要方向。

明代私家注律者的身份也体现了明代注释律学的繁荣是司法实践迫切需要的结果。明代注律家多为具体从事司法审判工作的官吏，他们根据多年司法实践工作所积累的经验，能够对律例做出较为合理的解释。例如，何广，"永乐二年三月擢御史，五月由浙江道监察御史升为陕西按察副使";① 张楷，"宣德年间拜江西监察御史，后历任陕西按察佥事、按察副使、右佥都御史";② 胡琼，正德年间，由慈溪知县入为御史，历任贵州、浙江监察御史;③ 唐枢，嘉靖年间，出任刑部陕西清吏司主事;④ 王樵，历任刑部员外郎山东佥事、浙江佥事，后因得罪张居正，罢职，张居正死后复出，历任大理卿、南京刑部右侍郎、右都御史;⑤ 王肯堂，因人推荐，补南京行人司副，官至福建参政;⑥ 雷梦麟，曾任刑部员外郎、刑部山东清吏司郎中、刑部主事、山东按察使等职;⑦ 欧阳东凤，万历年间任兴化县知县，后迁南京刑部郎中，擢平乐知府⑧。他们的身份和地位远不如魏晋、唐代的注律者之高，⑨ 在编纂律书过程中，他们更注重的是律、例在司法实践中的具体运用，因此，他们不但引用各种形式的法律规范，而且在律例文后附相关的司法案例，增强了注律文献的综合性和应用性，从而有利于保证国家法律在实际中的统一适用。

2. 律例关系理论的形成

洪武三十年（公元 1397 年）颁布《大明律》之后，朱元璋明令子孙后代世世遵奉，群臣有稍议更改，即坐以变乱祖制之罪。同时，提出了"律为常经，例为权宜措置"的律例关系思想。但是，随着时代和社会的发展变化，明代社会出现了诸多新情况、新问题，《大明律》的律文在许多方面已经无法适应。为了应对新情况、解决新问题，各朝颁布了大量的"例"来弥补律文之不足。例如，仅天顺八

① 刘海年、杨一凡主编:《中国珍稀法律典籍集成》乙编第一册，"点校说明"，科学出版社 1994 年版。
② 《慈溪县志》。
③ 《明史·胡琼传》。
④ 《明史·唐枢传》。
⑤ 《明史·王樵传》。
⑥ 同上。
⑦ 何勤华:《中国法学史》第二卷，法律出版社 2000 年版，第 427 页。
⑧ 《明史·欧阳东凤传》。
⑨ 魏晋、唐时期，注律家身兼国家法律的制定者和解释者双重身份，立法者直接参与法律注释，其解释具有普遍适用的效力。

年（公元 1464 年）到弘治九年（公元 1496 年）的 32 年间，上奏的
例文题本便达 1259 件。① 律和例均属于国家制定法，② 如何处理二者
的关系，就成为明代立法和司法所面临的一个重要问题。经过弘治、
嘉靖、万历三朝对《问刑条例》的修订，正式确立了"依律以定例，
定例以辅律"的律例关系理论。

　　其一，律是制例和修例的前提与基础。条例的制定和修改须体会
律的精神，以律为原则和指导。《问刑条例》的修订与律典保持了高
度的一致性。"以弘治条例而论，只有 4 条是与律相冲突的条款，其
余四类约 267 条，要么与律有松散联系，要么直接来源于律，要么完
全与律相同，总之在内容上并未'破律'。"③ 正如给事中杨廉所指出
的，"俾以例通律之穷，不以例淆律之正"。嘉靖和万历年间继续修
订《问刑条例》，但较之弘治《问刑条例》，其辅律的特征更加明显。
"嘉靖《问刑条例》中每条条目末尾已经附有相关的《大明律》条
目，例如，第 142 条'用强占种屯田'例条尾注'附盗卖田宅条
后'，其时条例虽未正式附于律后，但与律文已有——对应的关
系。"④ 万历《问刑条例》⑤ 则在题定之初，就确定了"立例以辅律，
依律以定例"的指导思想，并且以"律为正文，例为附注，凡三百
八十二条，刊布中外问刑衙门奉书从事"⑥。以律典指导条例的修订
与实施，可以在一定程度上减轻条例众多所带来的负面作用。

　　其二，例是律的补充规定。《大明律》制定后，随着社会的发展，
产生了许多新问题，如宗藩势力的膨胀严重影响到国家的统治，经济

---

　　① 杨一凡、齐钧：《〈皇明条法事类纂〉点校说明》，载刘海年、杨一凡主编《中国珍
稀法律典籍集成》乙编第四册，科学出版社 1994 年版。

　　② 王侃在辨析明清例时指出："明清例是因时、因地、因事制定的单行法规的统称，
是臣僚就国家各方面问题及其如何解决所提出的'奏本''题本'，经皇帝批准而奉为法
律。"见王侃、吕丽《明清例辨析》，《法学研究》1998 年第 2 期。

　　③ 赵姗黎：《明代〈问刑条例〉考》，载杨一凡主编《中国法制史考证》甲编第六卷
《明代法制考》，中国社会科学出版社 2003 年版，第 162 页。

　　④ 吴艳红：《明代充军研究》，社会科学文献出版社 2003 年版，第 79—81 页。

　　⑤ 万历十三年，刑部尚书舒化等撰《重修〈问刑条例〉题稿》。

　　⑥ 《明神宗实录》卷一六〇，万历十三年四月辛亥条。

领域犯罪的多样化、复杂化等，《大明律》无法及时有效地解决这些
新问题。由于条例具有具体性、针对性强的优点，可以补充和辅助律
典的不足，① 因此，明代成法与现实之间的矛盾主要通过例来解决。
《问刑条例》不但新增了一些条款以补律之所未备，而且还对律条做
出细节性补充，相当于现在的实施细则。以弘治《问刑条例》而言，
新增条款有 114 条，细节性补充条款有 131 条。新增条款对社会的新
情况、新问题做出有针对性的规定，填补了律的空白，例如，限制王
府权力方面的规定。细节性补充条款对高度抽象、高度概括的律文作
了细节性补充，使律文具体化，例如，对赎罪囚徒纳赎的追监办法做
出进一步明确的规定。② 丘濬指出："法者，祖宗所制百世之典；例
者，臣僚所建一时之宜。法所不载，而后用例可也。既有法矣，何用
例为。若夫其间世异势殊，人情所宜，土俗所异，因时救弊，不得不
然，有不得尽如法者，则引法与例取裁于上可也。宋之臣僚请取前后
所用例以类编修，与法有碍者去之，今日宜然。"③ 此番论述，很好
地揭示了例对律的补充作用。

其三，例是律的变通规定。条例具有灵活性和较强的针对性，能
够及时、准确地反映现实统治者的意志，因此，立法者、司法者多通
过条例对律典作出变通适用。陈绳祖指出，"律之外有例，例者所以
济律之穷而通律之变者也。事非一时，时非一事，九州岳牧，罔不期
于协中"④。明代条例对律文的变通主要体现在量刑标准、具体处罚
以及诉讼程序等方面，例如，弘治条例加重了对藩王犯罪的处罚，却

① 苏亦工指出："条例的修定与律典不同。律典是在上千年司法实践中，从无数相同
或相似案情中总结出来的、高度抽象化的原则；而条例则是现实统治者针对当时社会的一
个或多个案件制定的，虽然也具有一定的抽象力，但较之律典则更具体、详细得多。条例
的这种特点在实践领域则表现为对抽象的律典的补充和辅助。"见苏亦工《明清律典与条
例》，中国政法大学出版社 2000 年版，第 218 页。
② 赵姗黎：《明代〈问刑条例〉考》，载杨一凡主编《中国法制史考证》甲编第六卷
《明代法制考》，中国社会科学出版社 2003 年版，第 163—166 页。
③ 丘濬：《大学衍义补》卷一〇三，《定律令之制》下。
④ （清）陈绳祖：《成案所见序》，载马世麟《成案所见集》。

减轻了"选用军职"犯罪的处罚。① 再如，"收粮违限"条规定，"违一分不足者杖六十，每一分加一等，罪止杖一百。……若违限一年之上不足者，人户、里长杖一百，迁徙。提调部粮官、吏典处绞"，该规定为明初之制，到明代中后期，已经不能适应时代的需要，因此，明中后期有犯该罪者，均参照条例科断，对律文作出了变通适用。众多注律家都对该变通适用进行了解释，雷梦麟认为："迁徙处绞，国初时庶务草创，征输为急，故其法特重。今承平日久，藏富于民，惇厚博大，不为迫促之政，凡有违限，止照例拟断，不复用此律。"②

《问刑条例》的修订以及律例关系理论的形成，不仅开创了明清时代"以例辅律""律例并行"的先河，而且拓宽了明代注释律学的研究领域和研究范围。自弘治《问刑条例》修订以后，律、例成为注释律学的主要研究内容。明代注律家不仅以律例合编作为注律作品的体例结构，而且从法理上阐明律与例的关系、从司法应用角度解释律例的适用原则和适用范围，极大地推动了明代注释律学的发展。

3. 统治者注重讲读律令和普及法律教育

明代的统治者非常重视法律在治理国家中所发挥的重要作用。为了鼓励司法官吏研习律文、熟知律条，洪武三十年修订的《大明律》中专设"讲读律令"条。该条规定："凡国家律令，参酌事情轻重，定立罪名，颁行天下，永为遵守。百司官吏务要熟读，讲明律意，剖决事务。每遇年终，在内从察院，在外从分巡御史、提刑按察司官，按治去处考校。若有不能讲读，不晓律意者，初犯罚俸钱一月，再犯笞四十附过，三犯于本衙门递降叙用。其百工技艺，诸色人等，有能熟读讲解、通晓律意者，若犯过失及因人连累之罪，不问轻重，并免一次。其事干谋反、逆叛者，不用此律。若官吏人等，挟诈欺公，妄生异议，擅为更改，变乱成法者，斩。"③ 明确规定司法官吏负有讲

---

① 赵姗黎：《明代〈问刑条例〉考》，载杨一凡主编《中国法制史考证》甲编第六卷《明代法制考》，中国社会科学出版社 2003 年版，第 167—168 页。

② （明）雷梦麟：《读律琐言》，怀效锋、李俊点校，法律出版社 2000 年版，第 164 页。

③ 《大明律》，怀效锋点校，辽沈书社 1990 年版，第 35 页。

读律令的义务，并以"能否讲读律令""是否通晓律意"作为年终考核司法官吏的标准，对不能讲解律令、不晓律意者要进行罚俸、笞打及降职的处罚。但由于律文本身的高度概括性与抽象化，要达到"通晓律意"必须通过解释。

法律的明文要求使得学习法律渐渐成为生员应考和日后为官的必修课。《皇明立学设科分教格式》中记载了明初生员的学习科目和大致安排："选官分科教授。礼、律、书共为一科，训导二员，掌教礼、教律、教写字。于儒士有学行、通晓律令、谙习古今礼典、能书字者。乐、射、算共为一科，训导二员，掌教乐、教数、教射。于知音律、能射弓弩、算法者。""生员习学次第：侵晨，讲明经史、学律。饭后，学书、学礼、学乐、学算。未时，习弓弩，教使器棒，举演重石。学此数件之外，果有余暇，愿学诏、诰、表、笺、疏、议、碑、传、记者，听从其便。"由此可见，律和经史一道，要在早晨学习，充分体现了读律在生员学习中的重要的地位。① 这就成为明初注释律学勃兴的重要因素。

朱元璋不仅在立法上强调法律的重要性，而且强调法律的普及与宣传，"命大理卿周桢等取所定之律令，自礼乐、钱粮、制度、选法外，凡民间所行之事类，取类成编，训释其义，是为《律令直解》"②。《律令直解》是明代第一部官方释律作品，开一代注律之风。明代虽然没有专门的法律学校，但在中央和地方官学以及私学、书院中都设有法律课程，学习法律、法令。学习的内容以《大明律》《大诰》为主，还包括例、令及会典等。朱元璋非常重视《大诰》的普及，不但要求各级学校"聚生徒教授《大诰》"，而且明文规定"如家有《大诰》，若犯笞、杖、流罪者，每减一等，无者每加一等"。在这样的大力倡导下，讲读《大诰》蔚然成风，洪武三十年（公元

---

① 叶炜：《论魏晋至宋律学的兴衰及其社会政治原因》，《史学月刊》2006 年第 5 期。
② 《明史·刑法志》。

1397 年），天下讲读律令的师生来京觐见者多达十九万三千四百余人，① 成为在中国封建社会普及法律知识措施上空前绝后的盛举。王肯堂在《律例笺释》序中，介绍了明代的法律教育与普及情况："太祖高皇帝屡诏大臣更定唐律，至五六易不休，亲御宸翰为之裁定，而又特立'讲读律令'一条，百司官吏务要熟读讲明律意，每年终在内从都察院，在外从分巡御史、按察司官，按治去处考校，不能讲解、不晓律意者，罚笞降级，士子应举，必试五判，以观其明律与否。百工技艺诸色人等，有能熟读讲解通晓律意者，得以免罪一次。郡县里社岁时行乡饮酒礼，亦惟读律令为兢兢焉。"② 在这样氛围中，不仅官吏需要讲读律令，而且百姓也需知晓法律，就为注律作品的编纂提供了广阔的空间，从而促进了注释律学的发展。

---

① 《明史·刑法志》。
② （明）王肯堂撰，（清）顾鼎重编：《王仪部先生笺释》之"笺释原序"。

第三章　明代注律文献考

　　《明史·艺文志》记载明代的律学著作有："何广《律解辩疑》三十卷，卢雍《祥刑集览》二卷，陈廷珫《大明律分类条目》四卷，刘惟谦《唐律疏议》十二卷，张楷《大明律解》十二卷，应槚《大明律释义》三十卷，高举《大明律集解附例》三十卷，范永銮《大明律例》三十卷，陈璋《比部招拟》二卷，段正《柏台公案》八卷，应廷育《读律管窥》十二卷，雷梦麟《读律琐言》三十卷，孙存《大明律读法书》三十卷，王樵《读律私笺》二十四卷，林兆珂注《大明律例》二十卷，王之垣《律解附例》八卷，舒化《问刑条例》七卷，《刑书会据》三十卷，王肯堂《律例笺解》（按'解'当作'释'）三十卷，欧阳东凤《阐律》一卷，熊鸣歧《昭代王章》十五卷，吴讷《祥刑要览》二卷"。这一记载仅仅记录了明代律学文献的一小部分，而且，其中有些是否属于律学著作仍需进一步考证。本书根据国内各大图书馆所藏明代律学文献、《明史·艺文志》、《中国古籍善本书目录》、孙祖基著《中国历代法家著述考》①、张伟仁编《中国法制史书目》②、杨一凡编《中国律学文献》、怀效锋主编《中国律学丛刊》、何勤华著《中国法学史》③、杨一凡著《22种明代稀见法律文献版本述略》④、徐世

---

① 孙祖基：《中国历代法家著述考》，上海开明书店1934年出版。
② 张伟仁编：《中国法制史书目》三卷，台湾"中研院"历史语言研究所1976年版。
③ 何勤华：《中国法学史》卷二，法律出版社2000年版。
④ 杨一凡：《22种明代稀见法律文献版本述略》，载韩延龙主编《法律史论集》第1卷，法律出版社1998年版。

虹著《日本内阁文库及其所藏明律书籍》^① 等书的记载，制成《明代主要律学文献一览表》，比较详细地列举了明代律学文献。^②

根据明代注释律学文献撰写和刊刻的时间，明代注释律学的发展分为三个阶段，每个阶段都有其代表性的注律作品。明前期有周桢撰《律令直解》、何广撰《律解辩疑》。明中期有张楷撰《律条疏议》、胡琼撰《大明律解附例》。明代后期，注律作品极大丰富，嘉靖年间有王樵撰《读律私笺》、陆柬之撰《读律管见》、应槚撰《大明律释义》、雷梦麟撰《读律琐言》、陈永辑《法家裒集》；万历年间有舒化等奉诏纂修、高举发刻《明律集解附例》，王肯堂撰《律例笺释》，姚思仁撰《大明律附例注解》，萧近高等注释《刑台法律》；崇祯年间有彭应弼撰《刑书据会》、苏茂相撰《临民宝镜》等。这些注律文献对于研究明律的修订、变化以及明代律学有重要的价值，本章试图通过对现见的一些具有代表性的注律文献进行考察，来揭示明代注释律学的发展与变化。

一　明代前期的注律文献

洪武至宣德时期，是明代注释律学发展的第一个时期。这一时期官方注律与私家注律并存，律注作品主要沿袭前代的注释内容和注释结构，并根据明律的发展有所损益。为了保证《大明律》的统一适用，一方面朝廷组织修律大臣对所制定的律典逐条解释，申明律意，如吴元年（公元1367年）周桢受命作《律令直解》；另一方面，那些长期从事司法断案的官吏，根据自己的审判经验，也对律典也进行了详细的解释，代表作品有洪武时期何广所撰《律解辩疑》。

---

① 徐世虹：《日本内阁文库及其所藏明律书籍》，载韩延龙主编《法律史论集》第3卷，法律出版社2001年版。

② 详见本书附录《明代主要律学文献一览表》。

（一）《律令直解》

由于《律令直解》已经佚失，其内容不可考，《明史·刑法志》有简单的记录："明太祖平武昌，即议律令。吴元年冬十月命左丞相李善长为律令总裁官，参知政事杨宪、傅瓛，御史中丞刘基，翰林学士陶安等二十人为议律官，谕之曰：'法贵简当，使人易晓。若条绪繁多，或一事两端，可轻可重，吏得因缘为奸，非法意也。夫网密则水无大鱼，法密则国无全民。卿等悉心参究，日具刑名条目以上，吾亲酌议焉。'每御西楼，召诸臣赐坐，从容讲论律义。十二月，书成，凡为令一百四十五条，律二百八十五条。又恐小民不能周知，命大理卿周桢等取所定律令，自礼乐、制度、钱粮、选法之外，凡民间所行事宜，类聚成编，训示其义，颁之郡县，名曰《律令直解》。太祖览其书而喜曰：'吾民可以寡过矣。'"① 由此可见，《律令直解》是明初一部官方注律作品，由大理卿周桢编撰，编撰的目的是普及大明律，使众所周知。

（二）《律解辩疑》

《律解辩疑》，30 卷，何广撰。何广，字公远，华亭人，后徙上海。洪武间以明经为江西令，永乐二年（公元 1404 年）三月擢御史，五月由浙江道监察御史升为陕西按察副使。② 此书前有洪武丙寅（公元 1386 年）春正月望日松江何广自序，书末有洪武丙寅春二月四明郤敬《后序》。该两序对研究《律解辩疑》具有重要意义。首先，通过何广的自序和郤敬的《后序》可以证明该书确为何广所撰；③ 其

---

① （清）沈家本：《历代刑法考》卷二，中华书局 1985 年版，第 1221 页。

② 刘海年、杨一凡主编：《中国珍稀法律典籍集成》乙编第一册，《点校说明》，科学出版社 1994 年版，第 1 页。

③ 《后序》云："松江何公名儒，书通律意。未仕之暇，于我圣朝律内，潜心玩味，深究其理，参之于《疏议》，疑者而解之，惑者而释之，为别集，名曰《律解辩疑》。"同时，《明史·艺文志》记载，"何广《律解辩疑》三十卷"。因此，可以断定《律解辩疑》确为何广所撰。

次，由两序的时间来看，该书所载之《大明律》应为洪武十九年（公元 1386 年）以前的明律，黄彰健认为，"《律解辩疑》所载明律是洪武十八、九年所行用的"①。杨一凡对洪武年间所颁的明律进行了详细的考证后，也赞成黄先生的这一推断。②《律解辩疑》是对洪武初年所颁《大明律》的解释，因此，考证《律解辩疑》对研究《大明律》的变化及明代注释律学的发展有着重要的作用。

　　《律解辩疑》可以说是明代律学的开山之作，它继承了前代注释律学的成果，在《大明律》尚未定型时就对律文进行注释。③《律解辩疑》的内容主要包括两大部分，第一部分以歌赋的形式解释了明代一些重要的图表，例如，律条目总名歌、例分八字西江月、各种服制图、六赃总类歌、二死三流通为一减等；第二部分则对七篇律文加以注释。《律解辩疑》以"讲曰""解曰""议曰""问曰""答曰"等方式对律文进行注释，或不列律文、或简化律文、或只列律文中存疑的部分，解释较为简单，目的重在"解疑"。

　　关于《律解辩疑》的版本情况，杨一凡认为，"此书现只存一明刻本，原藏于北平图书馆，后曾被美国国会图书馆收藏，再之后又迁至台湾'国立中央'图书馆"④。张伟仁主编的《中国法制史书目》一书在介绍该书版本时说："洪武年间刊印，刊印者及刊印年份不详。"⑤ 黄彰健认为，今见"北平图书馆所藏这部书可能系永乐洪熙

---

① 黄彰健在《〈律解辩疑〉、〈大明律直解〉、〈明律集解附例〉所载明律之比较研究》一文中，考证了上面三部著作所载《大明律》的异同，他认为："《大明律直解》所载明律系洪武二十二年定，《明律集解附例》所载明律系洪武三十年定，《律解辩疑》所载明律是洪武十八、九年所行用的。"见黄彰健编著《明清史研究丛稿》第 2 卷，台湾商务印书馆 1980 年版，第 229 页。
② 杨一凡：《明代十二种法律文献版本述略》，2019 年 2 月 28 日，中国法学网（www.iolaw.org.cn）。
③ 《大明律》定型在洪武三十年（公元 1397 年），而该书所载明律为洪武十九年（公元 1386 年）以前的大明律。
④ 杨一凡：《明代十二种法律文献版本述略》，2019 年 2 月 28 日，中国法学网（www.iolaw.org.cn）。
⑤ 张伟仁主编：《中国法制史书目》，台湾"中研院"历史语言研究所 1976 年版，第 14 页。

宣德时的印本"①。本书作者在国家图书馆查到了《律解辩疑》的缩微胶卷，该胶卷所刻之《律解辩疑》的文字有多处残缺，还有相当多的文字模糊不清，难以辨认，杨一凡、田涛主编的《中国珍稀法律典籍续编》收录了明刊本②。由于没有相关的史料加以佐证，因此，关于这部书的版本及究竟最早刊刻于何时，仍需要进一步探讨。

由上可以看出，在明代前期，国家在官方注律的同时，也允许私家注律的存在，官方注律与私家注律并存。《律令直解》为官方律注作品，主要侧重于简明扼要。《律解辩疑》为私家律注文献，重在答疑。《律解辩疑》基本沿用《唐律疏议》的注释内容和注释格式，不但证明了明初对唐代法制的继承，而且反映了注释律学前后发展相继的过程，为明代注释律学的新发展奠定了重要的基础。

二 明代中期的注律文献

正统至正德年间，明代法制不断发展，那些长期从事司法断案的官吏，深谙律条适用技巧，积累了大量的司法经验，为了准确、合理地运用律条解决司法断案中的问题，他们对律典作出了较之前代更为详尽的解释。同时，以弘治《问刑条例》的修订为契机，确立了"以例辅律""律例并行"的律例关系理论，促进了明代注释律学的新发展，自此以后，律注文献多以附例的形式解释律文。这一时期，注律文献的主要代表作品有张楷撰《律条疏议》、胡琼撰《大明律解附例》等。

（一）《律条疏议》

《律条疏议》，30 卷，张楷撰。张楷（1398—1460），字式之，

---

① 黄彰健：《〈律解辩疑〉、〈大明律直解〉、〈明律集解附例〉所载明律之比较研究》，《明清史研究丛稿》第 2 卷，台湾商务印书馆 1980 年版，第 210 页。

② （明）何广：《律解辩疑》，载杨一凡、田涛主编《中国珍稀法律典籍续编》第 4 册，黑龙江人民出版社 2002 年版。

浙江慈溪县人；年四十为诸生，十七中乡试，永乐二十二年（公元 1424 年）进士；宣德年间（公元 1426—1435 年）拜江西监察御史，后历任陕西按察司金事、陕西按察司副使、都察院右金都御史；天顺四年（公元 1460 年）十一月卒于南京都察院右金都御史任上。① 此书前有倪谦所作序，序中解释了张楷编撰此书的目的在于通过对高度概括抽象的大明律条文作出解释，保证司法官吏在司法审判中准确适用法律。"（《大明律》）其为事则详且悉，其为文则奥且严，诚万世不刊之大典也。自非精究而讲明之，欲使邮罚皆丽于事，轻重不失其伦，盖亦难矣。四明张楷式之入官宪台，于法律之学精究讲明，深所练习，乃于听政之隙，特加论释……既成名曰《律条疏议》。"②

《律条疏议》采用《唐律疏议》的体例，按照明律七篇三十门的结构，逐篇、逐门、逐条对《大明律》进行详细注释，"于律篇则述其沿革之由，于各条则析其致辟之旨，事有可疑则设问答以剖之，意有未尽则为总说以该之，由是奥者、严者，切始瞭然明白而无余蕴矣"③。作者或根据《唐律疏议》的观点或根据自己的读律心得及司法经验，不但从法典编纂历史的角度详细说明了律目的变化及发展，而且以"疏议"的形式详细解释每条律文，另外，还以"问答"和"谨详律意"的形式来进一步揭示律意，申明情理。例如，"应议者犯罪条"之"谨详律意"规定："八议之人，在礼与法所当优待，故必先请以提后议，以决亲亲贵贵，崇德报功，礼之至也。其犯十恶，干纪既深，礼所不容，法所必诛，不议而刑，夫复何憾也？"④ 以"谨详律意"的形式解释了八议之人犯罪的定罪量刑标准：若犯普通罪须先上请，体现了亲亲尊尊原则，但若犯十恶重罪则为"礼所不

---

① 庞子朝、汤建英、王玉德、杨昶编：《明实录类纂》之《人物传记卷》，武汉出版社 1990 年版，第 472—473 页。

② （明）张楷：《律条疏议》，嘉靖二十三年黄岩符验重刊本。

③ 同上。

④ 同上。

容"，无须先请，"不议而诛"，充分体现了封建法律的指导思想与实施原则。

关于该书的版本，"倪谦序"中指出，"金宪宋儒宗鲁尝为板行于世，江浦县知县王迪，河间故城人也，得是书而爱重之，以为诚仕学之不可无者，虑其传之未广，乃捐俸偾工重刻诸梓"。由此可以得出，金宪宋儒宗鲁尝为板行于世，王迪则根据该刻本重刻。① 上海图书馆藏天顺年间刻本，《中国律学文献》收录了明嘉靖二十三年（公元 1544 年）黄岩符验据王迪刻本的重刊本②。天顺本与黄岩符验重刻本主要的不同在于重刻本增加了《律条讲疑》、五刑等图表、《律诰该载》和《钦定条例》等内容。

作为明中叶的重要注律文献之一，《律条疏议》继承了前代的注律成果，对《大明律》作出了详尽的解释，对明清两代注释律学的发展具有重要的影响。例如，明后期律注文献《大明律集解附例》中较多地吸收了《律条疏议》的内容，《明律集解附例》卷 1 "在京犯罪军民"条"纂注"后这样写道："《疏议》谓京师密迩宫阙，军民皆须供应。如经决杖是有玷污，故必迁之，不令给役。然则杖七十以下是无玷污而可供役者乎？实不其然。"清代注律家沈之奇在编撰《大清律辑注》时也参考了诸如《律条疏议》等律注作品的内容。

（二）《大明律解附例》

《大明律解附例》，30 卷，胡琼撰。胡琼，字国华，生卒年月不详，南平人，正德六年（公元 1511 年）进士；由慈溪知县入为御史，历任贵州、浙江，政绩显著；后因哭谏，受杖卒。③ 国家图书馆藏有该书明正德十六年（公元 1521 年）刻本，共 4 册。④ 此书前有作者

---

① （明）张楷：《律条疏议》，嘉靖二十三年黄岩符验重刊本。
② 杨一凡编：《中国律学文献》第一辑第二、第三册，黑龙江人民出版社 2004 年版。
③ 《明史·列传第八十》。
④ 国家图书馆所藏该书的检索题名为《大明律集解》，书内中页则为《律解附例》，因此该书的书名为《大明律解附例》。

正德辛巳（公元 1521 年）仲春所撰自序和何孟春正德十六年（公元 1521 年）辛巳十一月庚申所著《书九峰胡侍御律解后》。作者在自序中提到编撰该书的目的，"听政之暇，取诸家之说折衷之，删繁节要，略其所易知，补其所未备，而以条例附焉，名曰《律解附例》，盖卷帙谗兴《疏义》等而众说略备，将以资遐迩吏胥传写讲读之便"①。

《大明律解附例》的特点是在律条之后，以"解"释明律义，然后附与此律文相关的"条例"、《大明令》、"则例"等内容，以补充律文之不足。《律解附例》与《律解辩疑》《律条疏议》相比，在解释技术上更趋细腻，更加注重相近罪名的辨析。例如，比较解释了"二罪俱发以重论"和"徒流人又犯罪"的区别："本条（指"二罪俱发以重论"条）之旨盖谓犯二罪以上同时而发，或先发后露，俱系先发以前时所犯，故曰'先发''后发'，曰'一罪''余罪'；若徒流人则既决之后方犯，故曰'先犯''后犯'也"。即判决之前发现罪犯两个以上的罪，或者同时发现，或者先后发现，可界定为"先发现一罪""后发现余罪"，则以最重的那个罪论处；如果是已经判决执行徒刑、流刑的人再犯罪，则界定为"先犯徒流刑""后犯其他罪"，则按照累犯处理。

该书多处引用《律条疏议》《律解辩疑》的注解，并做出分析评价。例如，"殴受业师"条，张楷在《律条疏议》中认为"受业师"的范围包括儒者及僧道，胡琼则从律条的内在实质理解"受业师"的范围，批评《律条疏议》的注释范围过泛而不切实际，"此师不必专言儒者，且如木工之长，亦必称师，技艺之类亦必称业；若学而未成或迁易别业，则虽儒者，亦不坐此。惟习业已成，固守其学以终身赡家者，不分儒者、百工皆是观，'十恶'条内云：'受业师'，可知《疏议》引《学记》及僧道之论，可谓泛而不切者矣，此斩决不待时"②。"受业师"不一定专指儒者，木工之长、技艺之类"习业已

———————

① （明）胡琼：《大明律解附例》之"自序"。
② （明）胡琼：《大明律解附例》之"殴受业师"条。

成"者，均可以称之为"受业师"。

以弘治《问刑条例》的修订为契机，明代注释律学开创了一种新的注释体例，即在律文注释中附例作为参考，这在明代以前及明代初期都是没有的。胡琼率先以附例形式解释律条，首创了律例合编的注释体例，为万历十三年（公元1585年）律典采用律例合编的体例提供了范例。这种律例合编的注释体例为后世众多律学家所采用，成为正德以后注释律学的主流，并为清代所继承。

三 明代后期的注律文献

嘉靖和崇祯两朝，又对《问刑条例》进行修订。这两次修订后，"依律以定例、立例以辅律"的律例关系理论正式形成，成为制定律例的根本原则和指导思想。嘉靖到崇祯时期，是明代注释律学的繁荣时期，不仅有大量的注释律学作品问世，而且注释水平也达到明代最高峰。主要代表作品有：嘉靖年间王樵撰《读律私笺》、陆束之撰《读律管见》①、应槚撰《大明律释义》、雷梦麟撰《读律琐言》、陈永辑《法家裒集》等；万历年间高举发刻《明律集解附例》，王肯堂撰《律例笺释》，姚思仁撰《大明律附例注解》，萧近高、曹于汴注释《刑台法律》等；崇祯年间彭应弼撰《刑书据会》、苏茂相撰《临民宝镜》等。这一时期，由于学术文化环境的相对宽松，官方注律与私家注律并存。官方注律文献现见的仅有一部，即万历年间由地方官府刊刻的《明律集解附例》，其余皆为私家注律文献。下面对该时期现见的一些重要的代表作品逐一进行考察。

（一）现存嘉靖年间注律文献的代表作品

现存嘉靖年间注律文献的代表作品主要有雷梦麟撰《读律琐言》、

---

① 该书现藏不详，部分内容被《大明律附解》所引用。张伯元对该书进行了辑考，详见张伯元《陆束〈读律管见〉辑考》，《华东政法学院学术文集》，浙江人民出版社2002年版。

应槚撰《大明律释义》、陈永辑《法家哀集》等。

1.《读律琐言》

《读律琐言》，30 卷，附 1 卷，嘉靖时期刑部郎中雷梦麟撰，是明代影响较大的著作。雷梦麟，《明史》无传，生卒年月不详，嘉靖年间进士，曾任刑部员外郎①、刑部山东清吏司郎中、刑部主事、山东按察使等职。②《读律琐言》的特色之处在于该书不仅释律而且注例，于律文及《问刑条例》例文之后加数语以注解律文与例文之义。著者自谦其琐，故名"琐言"。同时，在 30 卷正文之后增加附录 1 卷，内容包括《原刑赎罪则例》《徒限内老疾收赎则例》《官司故失出入人罪增轻减重例》《奏行时估例》《服制》《题奏之式》《行移之式》《招议之式》等。

关于该书的版本，目前能见到的刻本有两种：一种为明嘉靖三十六年（公元 1557 年）庐州府知府汪克用刻本（简称汪刻本），另一种为明嘉靖四十二年（公元 1563 年）徽州府歙县知府熊秉元重刊本（简称熊刻本）。现在所见藏于国家图书馆善本室的汪刻本，卷帙已不完整，且部分篇幅字迹不清，辨认困难。怀效锋、李俊以熊刻本为工作底本，以汪刻本为主校本，点校整理了《读律琐言》，杨一凡编《中国律学文献》收录了熊刻本。③《读律琐言》对律例的注释，有助于更好地解决审判过程中律例适用所存在的矛盾，从而保证法律的统一适用。

《读律琐言》是现见的最早的"律例并注"的明代注律文献，④ 对当

① 《明实录》记载，雷梦麟曾以刑部员外郎身份于嘉靖三十四年（公元 1555 年）十二月前往江西恤刑。

② 张伟仁主编：《中国法制史书目》，台湾"中研院"历史语言研究所 1976 年版，第 19 页。

③ 杨一凡编：《中国律学文献》第四辑第二、三册，社会科学文献出版社 2007 年版。

④ 罗昶认为："王肯堂以前的律学者无一人对条例进行解释，此律学空白为王肯堂所填补。"见罗昶《明代律学研究》，博士学位论文，北京大学，1997 年。这一观点是不正确的，雷梦麟编撰《读律琐言》是在嘉靖年间，而王肯堂编撰《律例笺释》则为万历年间，《读律琐言》中已有对"条例"的注释，因此，虽然不能断定《读律琐言》是否是首部对"条例"进行注释的明代律注文献，但可以肯定地说，晚于《读律琐言》的《律例笺释》绝对不是首次注释"条例"的文献。

时及后世之司法应用及律学发展均产生了较大的影响。清代一些重要律学著作如吴达海辑、对哈纳校解《大清律例朱注广汇全书》、沈之奇著《大清律辑注》等，均直接援用了《读律琐言》的观点解说清律，薛允升所著之《唐明律合编》中引用《读律琐言》的内容多达63 处。

2.《大明律释义》

《大明律释义》，30 卷，应槚于嘉靖二十二年（公元 1543 年）辑释。应槚，浙江遂昌人，嘉靖五年（公元 1526 年）进士，授刑部主事，历知府、布政使，升右副都御史，巡抚山东，调山西；升兵部右侍郎，总督漕运；嘉靖三十二年（公元 1553 年）十一月卒于官。① 应槚在自序中交代了此书是自己在任职期间研究律文的一些心得和体会："槚自丁亥备员法曹，幸无多事而素性狭，不善应酬，乃得暇日究心于律文，每有所得，随条附记，积久成帙。"②《大明律释义》和《律条疏议》一样，逐条注释大明律，但较之于后者，其注释要简略得多。同时，《大明律释义》只是对律文注释，没有引用例的内容。应槚对律文的解释多是在《律条疏议》《大明律直引》的观点上损益而成，"大率本之《疏议》《直引》诸书而参之以己意而已"③。关于该书的版本情况，目前所见有两种，杨一凡所编的《中国律学文献》收录了嘉靖二十八年（公元 1549 年）济南知府李迁重刻本，④ 上海图书馆藏有嘉靖三十一年（公元 1552 年）广东布政使司刊印的刻本。

3.《法家裒集》

《法家裒集》，1 卷，陈永辑，嘉靖三十年（公元 1551 年）唐尧臣刻。此书前有嘉靖戊申（公元 1548 年）仲春望日苏祐撰《法家裒集题解》，后有嘉靖巳酉（公元 1549 年）季夏黄洪毗跋，以及南昌

① 《明世宗实录》卷四〇四。
② （明）应槚：《大明律释义》之"自序"。
③ 同上。
④ 杨一凡编：《中国律学文献》第二辑第一、二册，黑龙江人民出版社 2005 年版。

唐尧臣于嘉靖辛亥（公元 1551 年）七月七日所写《刻〈法家裒集〉》。该书已被收入《四库全书存目丛书·子部·法家类》，杨一凡编《中国律学文献》也收录了唐尧臣刻本①。《法缀》在介绍该书时指出，"是集出内台司籍潘氏智之手，几十六则，中间诸歌法十，皆易按；及十六字例分，盖已括收入字中，又疏议亦增'并''依'二字，义总不远；其'招议指南'，亦常行所共晓者，惟'律难引用''律颐断法''法家秘诀'甚精，虽或多前人之论，缕绪而综维之，不可以易而能构之也"②。

《法家裒集》的内容包括六个部分。第一，以七言歌诀的形式解释了六赃、诬告折杖、故出入人罪、杂犯、收赎、迁徙等罪名与刑名，通俗易记，具有普法性质。第二，在《例分十六字》中对"加""减""计""通""坐""听""依""从""并""余""递""重""但""亦""称""同"等十六个律例文中的关键词进行解释，例如，"加"字，"加者，数满乃坐。谓如窃盗，赃一贯，杖六十。至十贯，方加至杖七十。不及者，不加也"③，即"加"，达到规定的犯罪数额则处罚，如盗窃一贯钱，处"杖六十"，只有盗窃数额达到十贯钱时，刑罚才加至"杖七十"，如果不足十贯钱，则仍处"杖六十"。第三，《律难引用》。《律难引用》解释了 46 种情况下，无法引用原罪律文时如何定罪量刑问题，例如，"如两人相殴各成笃、废等疾，事发到官，虽问殴罪，《大诰》后仍引拟《名例律》云，某某各殴成某疾，俱依犯罪时未疾而事发时疾者，依疾论，各依律收赎，如此则律法至尽而招家不失也"④。两人相互殴打导致笃、废等疾，犯罪当时并未发现，事后发现告之官府，官府虽以"殴罪"定刑，但依照疾论，依律收赎，这样不仅符合律法的规定，而且也考虑了

---

① 杨一凡编：《中国律学文献》第一辑第四册，黑龙江人民出版社 2004 年版。
② （明）唐枢：《法缀》，明刻本，载杨一凡编《中国律学文献》第一辑第四册，黑龙江人民出版社 2004 年版。
③ （明）陈永：《法家裒集》之《例分十六字》。
④ （明）陈永：《法家裒集》之《律难引用》。

"笃、废之人"的特殊情况。第四,《招议指南》①。《招议指南》则是对法律用语的解释,例如"问得,乃问官之启语也;一名某人,乃犯人之供称也。招,首先以官吏为之,无以共犯罪重者,若妇人罪虽重,不得与也"。第五,《律颐断法》。该部分"设为问答,剖析异同",以问答的形式解释了相似条款、相似罪名的异同,例如,区分了"盗军器"罪与"凡盗"罪,"一盗军器者,以凡盗论,何断?盗应禁军器与私有罪同,亦不言其刺字,何断?答曰,前节盗军器,问常人领出,私家被人盗者,问窃盗,故曰凡盗;其盗应禁军器罪,虽照依私有亦当仍尽本法,与上文均刺盗官物三字"②。即盗窃"应禁军器"虽然也属于盗窃私有物,但其犯罪情节和社会危害性比普通的盗窃私有财物要严重,因此,不定"窃盗罪",而应定"盗军器罪",并刺"盗官物"三字。第六,《法家秘诀》。《法家秘诀》是对律例中的一些疑难问题做出较为详细的解释,例如,"亲属诬告不坐折杖。如全诬者照干名犯义加减,设或诬轻为重者,是卑幼犯尊长亦照干名加罪,若尊长犯卑幼者,亦以所剩罪照干名服减之为是"③。即亲属之间犯诬告罪:全部诬告的以"干名犯义"或加重或减轻处罚;如部分诬告者,卑幼诬告尊亲属者,以"干名犯义"加重处罚,尊亲属诬告卑幼者,则根据诬告不实的内容比照"干名犯义"减轻处罚。

(二)现存万历年间注律文献的主要代表作品

现存万历年间注律文献的主要代表作品有:高举发刻《明律集解附例》,王肯堂撰《律例笺释》,姚思仁撰《大明律附例注解》,萧近高、曹于汴注释《刑台法律》等。

1.《明律集解附例》

《明律集解附例》,30卷,著者不详,高举发刻,郑继芳等三人

---

① 《招议指南》部分在目录中写为"招议指南",而在正文中则写作"招拟指南",是潘智抄写之笔误,还是作者的原文即如此,抑或是刻本的错误,无可考证。

② (明)陈永:《法家衷集》之《律颐断法》。

③ (明)陈永:《法家衷集》之《法家秘诀》。

订正，洪启睿等十一人校。《明律集解附例》是一部由地方官府刊刻的律例注释书，此书"据万历间修会典所载律例，加以纂注成书。每一律后附纂注，说解律文及其意旨所在；如说解有未尽其意者，复加备考，释其疑义"①。同时，该书辑录了明神宗万历十三年（公元1585年）舒化等重修之《问刑条例》，并增辑万历十三年（公元1585年）以后至三十五年（公元1607年）间新版条例。作者主要采用"纂注"的形式解释律文，并在"纂注"后以"备考"补其未备，在犯罪的构成要件、定罪量刑的标准以及相似罪名的区分等方面都做出了较为详尽的解释。关于其版本，国家图书馆藏有万历三十八年（公元1610年）高举发刻本，目前较为常见的是修订法律馆据高刻本于光绪戊申（公元1908年）重刊的版本，中国社会科学院法学研究所图书馆藏有修订法律馆重刊本，台北成文出版社和台湾学生书局分别于1969年和1970年影印了该刊本②。"纂注"的作者究竟为何人，张伟仁认为是陈遇文撰写了《大明律解》，"本书内容全部被收入明神宗万历三十八年（公元1610年）之《明律集解附例》中为之'纂注'，仅少数字句稍有出入。该书后经沈家本于清德宗光绪三十四年（1908年）重刊"③。而现见的明律注释作品中，藏于日本内阁文库的郑汝璧所撰《大明律解附例》对《大明律》加以"纂注"，杨一凡指出，高举发刻本实际上是"根据郑本，内容有所增损"④，但目前没有相关的史料对前面的两种看法加以佐证，因此，《明律集解附例》的作者究竟何人，仍需进一步考证与研究。

2. 《律例笺释》

《律例笺释》，30卷，王肯堂在其父王樵所著《读律私笺》的基

---

① 刘兆祐：《大明律集解附例·叙录》，台湾学生书局1970年影印初版。

② 《明律集解附例》，全5册，台北：成文出版社1969年影印版；《大明律集解附例》，三十卷，精装5册，台湾学生书局1970年影印初版。

③ 张伟仁主编：《中国法制史书目》，台湾"中研院"历史语言研究所1976年版，第23页。

④ 杨一凡：《22种明代稀见法律文献版本述略》，载韩延龙主编《法律史论集》第1卷，法律出版社1998年版。

础上撰写而成。王樵，字明远，金坛人。嘉靖二十六年（公元 1547
年）进士，历任刑部员外郎、山东佥事。万历初起补浙江佥事，擢尚
宝卿。后因得罪张居正，出为南京鸿胪卿，罢职十余年。后复出，历
任南京太仆少卿、大理卿、右都御史等职，卒太子少保。王樵对经学
和律学均有颇深的造诣，著有《读律私笺》《尚书日记》《周易私录》
等作品。① 王肯堂，王樵之子，字宇泰，号仪部先生，举万历十七年
（公元 1589 年）进士，选庶吉士，授检讨。倭寇朝鲜，疏陈十议，疏
留中，因引疾归。后因人引见，荐补南京行人司副，终福建参政。王
肯堂不仅精通律学，而且精通医学，其所撰写的《律例笺释》和
《证治准绳》在后代广为流传。②

  王樵在任刑部员外郎时，曾因鞫狱引拟不当，受尚书苛责，于是
发奋读律，就律文作《读律私笺》，较为准确地解释了大明律例。王
肯堂在其父《读律私笺》的基础上，参酌会典诸书，撮集大明律诸
家注释，舍短取长以足《读律私笺》之未备，并将万历《问刑条例》
附于律后，详为注释。《律例笺释》原序交代了编撰的原因："《私
笺》仅存坊刻，讹不可读，而他家注释不得律意者多，且如大祀、中
祀、符验之类，皆不考国制，率而臆解；《问刑条例》，其精严不下
于律，而注释不及焉，皆缺典也。集诸家之说，舍短取长，足《私
笺》之所未备，以及见行条例，俱详为之释，而会典诸书有资互考
者，附焉。"③《律例笺释》在结合诸家律注观点的基础上对《大明
律》做出了精确的注释，同时，附有众多的参考资料。使用该书者，
不但能够查看到其他注律者对律文的注释，而且还可以看到与律文相
关的条例及《大明令》《明会典》的内容，增强了注释的综合性与全
面性，有助于更准确地理解和适用法律。因此，《律例笺释》成为明
代非常重要的注释文献，不仅内容为后代注释者多加引用，而且奠定

---

① 《明史·王樵传》。
② 同上。
③ （明）王肯堂：《律例笺释》之"序"。

了此后注释作品的整体风格，例如，薛允升在《唐明律合编》中引用《律例笺释》的内容达 120 多次，沈之奇对《律例笺释》的引用也达 20 多处。

关于《律例笺释》的版本，目前可见的有三种：第一种，明刻本，《大明律附例笺释》，30 卷，12 册，《慎刑说》一卷；第二种，清抄本，《大明律附例笺释》，30 卷，5 册；第三种，清康熙三十年（公元 1691 年）顾鼎重刻本，名为《王仪部先生笺释》，30 卷，首 1 卷，末 1 卷。①《律例笺释》的书名，各种版本不太一致。《明史·艺文志》记载为《律例笺解》，这可能是由于书中作者的落款处题为"王樵私笺、王肯堂集解"，《艺文志》记录时则将二者缩写为"律例笺解"。顾鼎重刻本为《王仪部先生笺释》，书中写作《王肯堂笺释》，顾鼎在扉页中指出："笺释为王宇泰先生述作之书，肯堂其名也。板废不存，遗书罕观。今得原本重编，而付之剞劂。因举世爱读此书，故不敢讳先生之名，即标于封面，阅是编者其恕余之妄，而鉴余之心，幸矣。"② 从这段话中可以看出，清代该书已非常罕见，顾鼎所得原本对《律例笺释》作者的记载是否有误，或者顾鼎重编是否是为了突出王肯堂而将此书写作《王肯堂笺释》，均无可考证。明刻本的第一页上明确地写着《大明律例笺释》，由于该版本较早，所以，该书的书名定为《大明律例笺释》较为适宜。

国家图书馆所藏清抄本与顾鼎重编本在结构和内容上有较大的差别。首先，结构上的差别。"清抄本"的结构为：《御制大明律序》《读律总目歌》《金科玉律》《律例笺释自序》《五刑之图》《狱具之图》《丧服总图》《本宗九族五服正服之图》《妻为夫服图》《妾为家长族服图》《出嫁女为本宗降服图》《外亲服图》《妻亲服图》《三父八母服图》《附六赃图》《附纳赎则例图》《附在外纳赎诸例图》《例

---

① 国家图书馆收藏了这三种版本，另外，杨一凡在《中国律学文献》第二辑中影印出版了顾鼎重刻本。

② （明）王肯堂撰，（清）顾鼎重编：《王仪部先生笺释》之"重编自序"，载杨一凡编《中国律学文献》第二辑第三册，黑龙江人民出版社 2005 年版。

分八字之义》《限内老疾收赎》《诬轻为重收赎图》①《附真犯杂犯死罪》《大明律总目》《进新刻大明律附例题稿》（舒化等著）、《大明律目录》、正文（三十卷）、《慎刑说》。而顾鼎重刻本的《王仪部先生笺释》的结构则为：笺释原序（王肯堂著）、重编自序（顾鼎著）、重编八则、王仪部先生笺释目次、图注②、正文（注释三十卷）、笺释重编闵瑛后序、笺释重编黄中致后序、附《慎刑说》、附《检验尸伤指南》、附《医救死伤法》。其次，内容上的差别。"清抄本"在注释中，先列律文，接着注律，然后附相关条例，并对条例进行注释，在注释中，引用《大明令》《明会典》的内容。而顾鼎重刻本之《笺释》，有独特的注释体例，只列律条名、条例名，不具体引用律文、例文，以"释曰"的形式对律文、例文进行注释。两个版本都根据清律作了一些改动，"清抄本"改动不大，而顾鼎重刻本重新编排，③一些律条的先后顺序有所改动。④

3. 《大明律附例注解》

《大明律附例注解》，30 卷，姚思仁撰。姚思仁，生平事迹不详，据《明史·食货志》与《明史·七卿年表》记载，知其于万历二十五年（公元 1597 年）至三十年（公元 1602 年）间任河南巡抚，天启二年（公元 1622 年）四月任工部尚书，三年（公元 1623 年）二月致仕，加太子少保。由于无法判断姚思仁究竟于何时撰写此书，因此，《大明律附例注解》也无从考证其详细的编撰年代，大致属于万历、天启年间的注释律学作品。北京大学出版社根据北京大学图书馆

---

① 后面有清人所撰《收赎图论》。

② 对《五刑图》《丧服总图》《九族五服图》《妾为家长服图》《三父八母图》《例分八字之义》《六赃图》《在外纳赎诸例图》《限内老疾收赎》《诬轻为重收赎图》等图进行注释。

③ 例如，明律有"泄露军情大事"条，而清律没有，因此，该版本的《笺释》也没有此条。

④ 例如，"信牌"条在明律中属于《吏律》之"公式门"，而在该书中则属于"职制门"，这也是大清律的"信牌"条的位置所在。

所藏之明刊本影印出版了该书。① 此书注解明神宗万历十三年（公元1585年）刑部尚书舒化等奏定之《大明律例》。《注解》分为上下两栏：下栏为《大明律》条文、律注及相关条例；上栏是作者对律条所作的注释，注释较为简单，多处引用前代注释律学的成果。

4. 《鼎镌六科奏准御制新颁分类注释刑台法律》

《鼎镌六科奏准御制新颁分类注释刑台法律》（以下简称《刑台法律》），18卷，前有首卷、附卷、副卷各1卷，明人沈应文校正，萧近高、曹于汴注释。沈应文，曾任刑部尚书，生平无可考。萧近高，字抑之，庐陵人，万历二十三年（公元1595年）进士，授中书舍人，擢礼科给事中，屡迁刑科都给事中，历工部左右侍郎等职。② 曹于汴，字自梁，安邑人，万历二十年（公元1592年）进士，授淮安推官。以治行高第，授吏科给事中，后历任太常少卿、大理少卿、左金都御史、左副都御史、左都御史等职。③ 此书前有明人徐鉴序，年份不详。《刑台法律》分上下两栏的格式注释明律。首卷辑录凌迟处死、斩罪、绞罪等律文，并附六赃、例分八字等图。附卷分上下两栏，上栏载关、问、招等目，下栏载各种行移体式。副卷上栏为《钦定时估则例》及比附杂犯罪律等内容，下栏为律文及条例。卷一至卷十六，也分两栏，下栏列律文、例文，并作解释，上栏载"告判体式""判语""具招条式""问答"等内容。卷十七到卷十八，载《洗冤录》，下栏载其正文，上栏则以实例说明《洗冤录》的具体适用情况。此书初步将注释律学与应用律学结合起来，有助于司法官吏直接将律文与具体案例相结合，增强了注律文献的司法应用性。关于该书的版本，现见的为万历三十七年（公元1609年）潭阳熊氏种德堂刊本，国家图书馆藏有此版本，中国书店也影印出版了该刻本。④ 另外，1974年，东京高桥写真株式会社根据日本尊经阁文库所藏之

---

① （明）姚思仁：《大明律附例注解》，北京大学出版社1993年影印本。
② 《明史·萧近高传》。
③ 《明史·曹于汴传》。
④ （明）萧近高、曹于汴注释：《刑台法律》，中国书店影印本1990年版。

熊刊本出版了影印本。①

（三）现存崇祯年间注律文献的主要代表作品

崇祯年间注律文献的主要特色在于进一步增强了注释的综合性和实用性，体现了注释律学和应用律学的共同发展，现存该时期的主要代表作品有彭应弼撰《刑书据会》、苏茂相辑《临民宝镜》等。

1. 《鼎镌大明律例法司增补刑书据会》

《鼎镌大明律例法司增补刑书据会》（以下简称《刑书据会》），12 卷，首 3 卷，彭应弼撰。② 彭应弼，生平无可考。书前有作者自叙及卢廷选序，年份不详。国家图书馆藏有明刻本，存十二卷（缺六、七、十卷），12 册。该书沿用《刑台法律》的注释体例，不但对大明律例做出详细的注释，而且辑录了明代与司法工作有关的典章制度。首卷包括《皇明祖训序》《祖训首章》《凡写题本格式规矩》《行移体式》《重修问刑条例题稿》《进新刻大明律附例题稿》《大明律目录》，五刑、狱具、服制、例分八字之义、六赃等图，以及《招议须知》《招由体段歌诀》《六赃掌诀图》《为政规模总论》《附真犯杂犯死罪》。《名例律》分为上下两栏，上栏载《新编刑统赋》、《新颁假如招式》，下栏为律文及注释。从《吏律》到《工律》也分为上下两栏，上栏载相关律条的"参语""判语""告示""补议""招式"等；下栏列律例条文，以"会解""臆见""议式""增议"等形式加以注释，并附《大明令》《明会典》以及相关的《则例》《事例》等的相关内容。卷末附《鼎镌大明律例刻量田量仓算法》，载明代各种量田、量仓之计算方法。

2. 《新刻大明律例临民宝镜》

《新刻大明律例临民宝镜》10 卷，首尾各 3 卷，苏茂相辑、郭万

---

① 张伟仁主编：《中国法制史书目》，台湾"中研院"历史语言研究所 1976 年版，第 14 页。

② 《明史·艺文志》所载"舒化《刑书会据》三十卷"，与彭应弼所撰《刑书据会》卷数不同，或者另有其书，不可考。

春注。据《明史·七卿年表》及《明史·艺文志》记载，苏茂相于天启七年（公元 1626 年）十一月任刑部尚书，崇祯元年（公元 1627 年）即免，著有《临民宝镜》16 卷，《名臣类编》2 卷。国家图书馆和中国社会科学院法学所图书馆藏有明崇祯年间书林金闾振业堂刊本，杨一凡、徐立志主编之《历代判例判牍》收录了该书标点本。①该书开头有崇祯五年（公元 1626 年）大理寺卿潘士良所题的序。潘士良在序中交代了称为"宝镜"的原因："是书也，字字笺释，句句注解，加以审、断、议、判、示，凡临民典则，莫不毕具，一开阅自明。如对镜自见，此书真为镜矣。官宦必镜，以断狱讼。考吏必镜，以定殿最。掾吏必镜，以备考试。书办必镜，以供招拟。业儒必镜，以科命判。检验必镜，以洗无冤。庶民必镜，以知趋避。此镜亦宝矣，其共珍之，因端其额曰'宝镜'。"②

该书的结构为：《临民宝镜序》，首卷，正文，末卷。首卷分为上、中、下三卷：上卷包括《为政规模论》《例分八字之义》《七杀总论》《六赃总论》《招议须知》等；中卷包括各种"行移体式"；下卷为大明律例目录。正文部分分为两栏：下栏是对大明律例的注释，不但在注释中引用《大明令》《明会典》以及前代的注律成果，③而且在每条律文后面附相关的"审语""参语""断语""议语""判语""告示"等；上栏辑居官临民之要法与程式，内有新官到任要览、吏部示谕新进士、谕民各安生理示、违禁取利示、新奇咨案劄付、吏部严禁私揭咨、丈量不均田地咨、清狱牌、新奇散体审语、新拟招议体式、新颁教民榜文、新编刑统赋等目。末卷载宪纲、官守、部约、洗冤平冤无冤录等内容。此书在律例注释后以"审语""参语""断语""议语""判语""告示"等形式附有关的案例，"案件

---

① 杨一凡、徐立志主编：《历代判例判牍》第 4 册，中国社会科学出版社 2005 年版。
② （明）苏茂相：《临民宝镜》，"潘士良序"。
③ 《临民宝镜》引用了《刑书据会》的内容，例如，在注释"十恶之内乱"时："'会解'：'犯十恶者，罪大恶极，先行拘系，参提问罪，覆奏不出取旨奏裁之律。但今王府虽犯十恶，亦奏请会议奏裁，亦如应议者。'"

涉及人命、婚姻、犯奸、盗贼、抢夺、诬告、吓诈、凶杀、匿名、产业、坟山、钱债、赌博、衙蠹、僧道、彝偏、杂犯等诸多方面",①突出了法律解释的司法实用性,体现了明代注释律学与应用律学的相辅相成,是明代后期非常有影响力的注律作品。

嘉靖至崇祯年间的注释律学已形成自己的体系,私家注律活动非常活跃,注律文献层出不穷,注律技术臻于成熟,注释律学达到繁荣。这一时期的注律文献,充分继承了前代的注律成果,例如,王肯堂父子撰《律例笺释》不但引用《律条疏议》《律解辩疑》等前代律学文献的内容,而且沿用集解解释、比较解释、律意解释等注释方法。同时,又形成了诸多发展与创新之处,例如,"律例并注"的注释体例不但阐发律文,而且诠释例文,解决了律例在具体适用中的矛盾;以《临民宝镜》为代表的注律文献,不但参考前代众家注律成果,而且将《大明令》《明会典》及各种则例等的内容附于律例文后,同时附相关的"审语""参语""断语""议语""判语""告示"等,进一步增强了注律作品的综合性和实用性,体现了注释律学和应用律学的相辅相成。明代注律文献的编纂对清代注释律学的发展有着重要的影响。因此,通过考察现见的明代有代表性的注律文献,有助于充分认识明代注释律学的成就,从而揭示明代律学在中国古代律学发展过程中所发挥的重要作用。

---

① 杨一凡、徐立志主编:《历代判例判牍》第 4 册,"点校说明",中国社会科学出版社 2005 年版。

第四章　明代注释律学对罪名的阐释

《大明律》较之前代的律典发生了很大的变化。它开创了律典编撰的新体例，以 7 篇 30 门作为律典的体例，从二级结构扩展为三级结构，使律典的结构更加系统、内容更加规范。为了正确地理解律文，明代立法者将律文中常见的八个字眼单独列出来，制成《例分八字之义图》，置于篇首。为了防止大臣之间的相互勾结，在律典中设置"奸党"罪，从法律上、制度上保证国家正常的统治秩序。同时，明代立法者根据时代背景和社会现实的需要，完善和发展了古代罪名的核心内容——"六赃"罪和"七杀"罪。针对这诸多的变化，明代注律家们进行了详细而又完备的注释。他们钩沉了律典的历史沿革，分析了明代律典体例的变化及其原因；详细解释了八个律母的具体内涵，并扩大了律母的范围；① 在"重典治吏"思想的指导下，分析了"奸党"罪和"六赃"罪的表现形式、适用范围及处罚原则；依据"情罪相当"的原则，把几种杀害、伤害犯罪系统地概括为"七杀"，并进一步细化了各罪的犯罪构成、转化形态和处罚原则。

一　对《大明律》体例的注释

明代立法者在制定《大明律》时，一改传统的编撰模式，采用新

---

① 除"以""准""皆""各""其""及""即""若"八字以外，还应包括"依""并""加""减""计""通""坐""听""从""余""递""重""但""亦""称""同"等十六字。

的六部名篇的体例，将律典分为《名例律》《吏律》《户律》《礼律》《兵律》《刑律》《工律》7 个部分。在各篇之下又分为 30 门，将相关内容归入同一门中，使律典结构更加合理、律条的内容更加全面，例如，将唐律的《厩库律》分为"仓库""厩牧"二门，分别隶属《户律》和《兵律》。这种变化，是我国传统法典编撰技巧上的一个进步，"将二级结构变为三级结构，使律典的层次显得更加分明而又合理，既增强了根目录的概括性，又提高了子目录归纳的准确度，法律条文的检索也有所便利，从总体上提高了传统律典的分类水平"①。明代律学家针对这些变化，钩沉了律典篇目的发展演变过程并分析了律篇在明代的变化及其原因。

（一）钩沉律典篇目的发展变化过程

中国古代律典的形成，始于魏文侯时李悝造《法经》6 篇。商鞅以《法经》相秦，"改法为律"。汉代承袭《法经》，另增加户、兴、厩 3 篇，是为《九章律》。曹魏时期，在因袭汉律的基础上，制定 18 篇《魏新律》。晋则增为 20 篇，名为《泰始律》。北齐律定为 12 篇。隋朝建立后，立法者吸收魏晋南北朝以来法典编纂的经验，以《北齐律》为蓝本，制定了《开皇律》。唐代则在《开皇律》的基础上，经过不断修改和调整，形成了中华法系的代表律典《唐律疏议》。宋代的律典称为《宋刑统》，在体例上模仿《大周刑统》，在内容上继承唐律。《开皇律》《唐律疏议》《宋刑统》均采 12 篇的编撰体例。到了明代，律典的体例结构发生了变化，除《名例律》保留外，其分则的内容则按当时 6 个中央部门的名称，即吏、户、礼、兵、刑、工来分类编排。律学家们详细解释了这一演变的过程。例如，张楷在《律条疏议》中解释曰："夏刑三千条，周礼五刑之属二千五百，魏文侯时李悝造《法经》六篇，汉更加户、兴、厩三篇，谓之九章。魏因汉律为十八篇，晋命贾充等增损汉魏律为二十篇，六百三十条。

① 苏亦工：《明清律典与条例》，中国政法大学出版社 2000 年版，第 101 页。

宋、齐、梁、后魏篇数不改，北齐定为十二篇，后周武帝又增至二十五篇。至隋开皇，复为十二篇。唐命长孙无忌等因隋旧为议疏十二篇，共五百条。宋神宗修律令格式，自名例以至断狱十二篇，皆为敕，是仍唐旧书也。国朝宪天下敷治五刑，一本唐律。"① 通过钩沉律典的发展演变过程，张楷指出，自夏至明，律典的发展有前后相继的过程，后代均是在继承前代的基础上继续发展；明代的律典虽然体例上有了重大变化，但其内容仍然沿袭了前代，尤其是唐律的内容。

（二）解释律篇在明代的变化及其原因

从唐代到明代，社会环境发生了很大的变化，适用于唐、宋、元的有些法律规定在明代不再适用，同时，明代社会的一些新变化也需要制定新的法律规范。由于社会的进步以及《唐律疏议》本身所具有的时代局限性，明代律典的体例和内容均需要根据社会需要进行新的调整。张楷通过分析《唐律疏议》存在的问题，来解释明律修改的原因。"（《唐律疏议》）比类未周，分和无统，如《户婚律》：'妻无七出，义绝离之'，本同一义而分作二条；'祖免以上之亲'，有本宗外姻之异而混为一律。盗贼既不收乎人命，职制并取乎赃赇。至于杂律所收，举宜定类。奸从奸律，债立债条，坐赃宜入赃论，铸钱必归钱属，而乃既为杂律，溃乱纷纭，条虽五百而合并者多。篇虽十二而宜分者众。"② 他认为，《唐律疏议》对内容的分类并不周严，部分篇名与其内容并不一致，尤其是杂律篇，内容较为杂乱，系 500 条不太相关的律文合并而成，因此，应根据具体的内容，对 12 篇的体例结构进行修改合并。

在这样的情况下，明代的立法者在继承唐律的基础上，结合本朝的社会实际状况，对律典进行了改革。张楷进一步论证了《大明律》体例内容的修改。"今皆厘而正之，定为吏、户、礼、兵、刑、工六

---

① （明）张楷：《律条疏议》。

② 同上。

类，而以其篇分隶之。析职制为二条，是为吏律；增户婚为六事，爰入户；刑采唐律诸条；为祭祀、仪制而属礼；取禁卫、厩牧，加军政、关驿而为兵。刑之属十一，唐律仅有其三。工之目二条，唐律皆收杂犯。正其条理，削其繁芜，铲矩为圆，琢雕成璞，此皆我太祖高皇帝志惩三辟，心慕八刑，虑罚弗协于时中，恐民无措其手足，于是详加删定，断自宸衷，立万世之准绳，为百王之宪度也。"①　因此，《大明律》采用吏、户、礼、兵、刑、工六类的编撰体例，将职制的内容归入吏律；将户婚的内容归入户律；刑律则沿用唐律诸条，并增加了条目；祭祀、仪制则属礼律；取禁卫、厩牧，加军政、关驿而为兵律；将唐律杂律中部分内容归入工律。经过修订的《大明律》，则成为"万世之准绳，百王之宪度"。

二　对"例分八字之义"的注释

"例分八字"，即"以""准""皆""各""其""及""即""若"这八个字。《宋刑统》对"例分八字之义"做出了解释，元人王元亮所编撰的《唐律纂例五刑图》，首次以图表的形式注释了《例分八字》。明代立法者将这八个关键字作为律母单独列出，制成《例分八字之义图》，置于律首，以便更好地理解大明律，"八字例皆取之律辞所原。……律正条有限而其变化，并八字之设无穷"②。明代注律家不但进一步解释了这 8 个重要的律眼，而且扩大了律眼的范围，将其扩大为 10 字或 24 字，如张楷认为，8 字之外还应包括"依""并"2 字；陈永则认为，除此 8 字外，还应包括"依""并""加""减""计""通""坐""听""从""余""递""重""但""亦""称""同"等 16 字。经过律学家的阐释，有助于司法官吏从整体上把握律文、理解律意，从而更好地运用律例来进行定罪量刑。

---

① （明）张楷：《律条疏议》。
② （明）唐枢：《法缀》。

（一）对"八字"的详细解释

以张楷撰《律条疏议》和《大明律例附解》为代表的一些注律文献，均以列举的方式详细而又具体地注释"八字"律母。① 王肯堂所撰的《律例笺释》则从理论上作出进一步的阐发，"例分八字，乃制律之本意也。世传谓之'律母'，能知其义，期真善读律者矣"。② 增加了"八字"的理论高度，使其更加抽象和概括。

其一，注释"以"字。"以"指所犯并非本罪，但情节与本罪相同，因此以本罪定罪量刑，如"监守贸易官物，以枉法论"。王肯堂和张楷对"以"字做出了解释。王肯堂认为，"'以'者，非真犯也，非真犯而情与真犯同，一如真犯之罪罪之，故曰'以'"③。张楷在《律条疏议》中指出："今详'以'字有二义，其曰'以监守自盗'，'以枉法论'，'以常人盗仓库钱粮论'者，恶其迹而深治之也；又如《厩牧律》曰：'牛马拴系不如法因而伤人者，以过失论'，《斗殴律》曰：'因公务急速而驰骤伤人者，以过失论'，此皆矜其失而轻贷之，亦'以'字例也。"④ 根据他们的解释，"以"字包含两种意思：一种指对那些虽非犯本罪但情节与本罪相同的故意犯罪，用"以……罪"的本罪来处罚，有助于从根本上严厉惩治这些犯罪行为；另一种指一些犯罪情节与本罪相同的过失犯罪，由于犯罪时主观方面是过失而非故意，所以具有可矜情节，虽也用"以……罪"的本罪来确定罪名，但在具体处罚时则适当从轻、减轻。

其二，注释"准"字。"准"指犯罪情节和犯罪事实均与本罪不同，但由于犯罪结果与本罪有相同的地方，因此，"准"本罪来定

---

① 《大明律例附解》对"以""准""皆""各"四字的注释完全同于《律条疏议》，虽对"其""即""及""若"进行了补充解释，但也是采取举例的方式，并没有更深的见解，由此可以看出，明代注释律学有一个前后相袭的过程，前期的注律成就被后代的注律家继承并进一步完善。

② （明）王肯堂：《律例笺释》。

③ 同上。

④ （明）张楷：《律条疏议》。

罪，但在量刑时则与本罪有所区别，一般从轻或减轻。王肯堂指出："'准'者，与真犯有间，用此准彼也，所犯情与事不同，而迹实相涉，算为前项所犯，惟合其罪而不概加其实，故曰'准'。"① 即"准……罪"中，与本罪不同，虽用"本罪"来定罪，但其犯罪情节和犯罪事实与本罪并不相同，只是犯罪结果有所涉及，因此，虽定本罪，但量刑时则有所区别。张楷认为："'准'字亦二义，其曰'准窃盗论'，'准枉法论'，此则但准其罪，不在除名刺字之例也。又如《人命律》：过失杀伤人者，各准斗杀伤人罪依律收赎，则但准其罪名不加刑罚，止令如数收赎而已。此又一例也。"② 也就是说，张楷认为，"准……罪"，只确定本罪的罪名，量刑时与本罪不同，或者从轻、减轻，如"准窃盗论""准枉法论"，或者不加刑罚，只收赎即可，如"过失杀伤人者，各准斗杀伤人罪依律收赎"。可见，"准……罪"轻于"以……罪"。

其三，注释"皆"字。"皆"，指犯罪者实施了某一犯罪行为，在定罪量刑时，不分主犯、从犯，一律科以本罪，如"监临主守职役同情，盗所监守官物并赃满贯，皆斩之类"。王肯堂指出："'皆'者，概也，齐而一之，无分别也，不行分别，惟概一其罪而同之，故曰'皆'。"③ "皆……罪"即指不区分犯罪主体，只要实施了犯罪行为，均给予相同的处罚。张楷认为："'皆'字亦有二义。其曰'强盗皆斩''谋叛皆斩'之类，则是不分首从也；又如'犯罪自首'条曰'余皆征之'，'增减官文书'条曰'若无规避错诀者，皆勿论'之类，是又一例也。"④ 张楷所认为"皆"的"二义"，即指不分首从全部处罚和不分首从全部不予追究。

其四，注释"各"字。"各"指分别的意思，数人犯罪，以其所犯的罪分别定罪量刑，如"诸色人匠拨赴内府工作，若不亲自应役，

---

① （明）王肯堂：《律例笺释》。
② （明）张楷：《律条疏议》。
③ （明）王肯堂：《律例笺释》。
④ （明）张楷：《律条疏议》。

雇人冒名私自代替及替之人，各杖一百之类"。王肯堂在《律例笺释》中指出："'各'者，各从其类，义取乎别也，万类不齐，流品各别，比类而观，实同一致，故用'各'字以别之。"①即对不同犯罪主体虽定相同的罪名，但要分别实施具体的惩罚。张楷根据犯罪所涉及的不同对象来解释"各"的意思，有人对人的，有物对物的，还有事对事的："'各'字为义不一，有以人对人为'各'者，如'漏使印信'条：'当该吏典对同首领官并承发各杖八十'；有以物对物为'各'者，如'盗卖田宅'条'盗卖过田价并花利，各还官给主'；有以事对事为'各'者，如《厩牧律》：'放犬杀伤他人畜产者，各笞四十'之类，字义虽同，取用不一。"②

其五，注释"其"字。"其"字，指在上下文中，承接上文意思，指代上文所涉及的主体、内容等，如"论八议罪犯，先奏请，议其犯十恶，不用此律之类"。王肯堂指出："'其'者，更端之词也，承乎上文，为之更端，而竟本条所未尽，则用'其'字以发挥之。"③即"其"字是为了承接上文，补充本条所未包含的情形。《大明律例附解》则以举例的形式解释"其"字："'其'字，律内有'其子归宗''其养同家之人''其遗弃小儿三岁'之类，是也"④，这里的"其"字，均指代上文中的主体。

其六，注释"及"字。"及"字，指事情连后，本罪适用于与本罪相关的其他人或其他物，如"彼此俱罪之赃及应禁之物，则没官之类"。王肯堂认为："'及'者，推而及之也，大约凡系人与事各有不同，而罪无分别者，则皆以'及'字联属之。"⑤即虽然犯罪主体与犯罪情节各有不同，但所触犯的罪名相同，因此用"及"字联系二者。具体例子包括："及因人连累""及其役日漫""及有过之人"

---

① （明）王肯堂：《律例笺释》。
② （明）张楷：《律条疏议》。
③ （明）王肯堂：《律例笺释》。
④ （明）佚名：《大明律例附解》。
⑤ （明）王肯堂：《律例笺释》。

"及久占在家"之类。

其七，注释"即"字。"即"字，指犯罪构成和犯罪事实明确易见，根据既有犯罪行为即可定罪量刑，不需要再进行别的考察和证明，如"犯罪事发在逃者，众证明白，即同狱成之类"。王肯堂认为："'即'者，显明易见，不俟再计之意。"① 意思是"即"表示犯罪事实清楚，证据确凿，直接定罪量刑即可。《大明律例附解》指出，律内的例子有"'即时救护''即时放从良''即是奸党'之类"②。

其八，注释"若"字。"若"字，指犯罪事实适用本罪，但犯罪情节却有可变更之处，因此，用"若"来扩大、引申律意，如"犯罪未老疾，事发时老疾，以老疾论。若在徒年限内老疾者，亦如之之类"。王肯堂认为："'若'者，亦更端之词，乃设为以广其义，虽意会乎上文，而事变无穷，欲更端以推广之，连类以引申之，则不得不设为以竟其意，故曰'若'。"③ 即"若"者，虽然意思与上文符合，但犯罪事实却有所不同，应进一步推广、引申律意。《大明律例附解》指出，律内的例子有"'若奉旨推问''若庶民之家''若追问词讼'之类"④。

（二）对"八字"之外其他一些重要字眼的解释

律学家们认为，"八字"并未完全概括所有律母，此外还有一些重要的字眼应该作为律母使用，主要包括"依""并""加""减""计""通""坐""听""从""余""递""重""但""亦""称""同"等字。

其一，张楷增加"依""并"二字。张楷在《律条疏议》中指出，"依""并"二字在30篇中也是经常出现的字眼，也应将其与前

---

① （明）王肯堂：《律例笺释》。
② （明）佚名：《大明律例附解》。
③ （明）王樵、王肯堂：《律例笺释》。
④ （明）佚名：《大明律例附解》。

8个字一样，作为"律母"使用。"窃详八字之外，复有可为例者二字：曰'依'，曰'并'。……凡此二者于三十篇之内层见叠出，其字义关举非泛泛者，故特表而出之。"① 他以列举的形式解释了"依"字和"并"字。"依"指不同的犯罪行为根据各自的本律定罪量刑，无所增减，如《名例律》"任满得代改除，官依职官犯罪拟断"。张楷解释曰："'共犯罪而首从本罪各别者，各依本律首从论'之类，谓之'依'者，依据其律，无所增减也。"② 即"依……论"，指在共同犯罪中，根据不同的犯罪主体和犯罪情节分别予以处罚，不可增减刑罚。"并"则指通贯前后，"理同一致"，如《婚姻律》规定："'娶父母之舅姑、两姨姊妹之类者，杖一百；娶己之姑舅、两姨姊妹者，杖八十，并离异'。"张楷认为："'以妻为妾、以妾为妻者，杖九十，并改正'；'娶部民妻女及娶为事人妻妾者，杖一百，女家并同罪'之类，谓之'并'者，通贯前后，理同一致也。"③

其二，陈永认为在"八字"之外，还应包括16字。陈永在《法家裒集》中认为，除了前述"八字"之外，还应该有16字，即"加""减""计""通""坐""听""依""从""并""余""递""重""但""亦""称""同"。④ "加"字，指触犯某一刑罚，若犯罪情节超过一定的范围，则加重一等处罚。"加者，数满乃坐，如窃盗赃一贯杖六十，至十贯方加至杖七十，不及者不加也。又如，笞满加杖，杖满加徒，徒满加流，流满加绞，本条无加入死者，不得加入于死，罪止流三千里之类。"⑤ "减"字，指从轻之法，若犯罪主体存在某些可适用减刑的犯罪情节，则适用"减"。"减者，从轻之法。谓如律不言皆为从者，减失觉察者，减失出入人罪者，减无禄人者，

---

① （明）张楷：《律条疏议》。
② 同上。
③ 同上。
④ 这16字包括了张楷在《律条疏议》中所增加的"依""并"，并进一步扩充出其他14字。
⑤ （明）陈永：《法家裒集》。

又如，斩绞各减一等，减至流也；三流各减一等，减至徒也；故曰二死、三流同为一减之类。"① "计"字，与"并"字不同，前者指分别计算犯罪所得进行定罪量刑，不合并犯罪所得，而"并"则不考虑犯罪所得的数目、种类，而一并科罪。"计者，于'并'言有间，谓如各律有称'计赃者，乃计其所得之数科罪，不并赃也'，'计所在征财物'之类。"② "通"字，指全面考虑犯罪情节与犯罪过程，将前罪与后罪通同合并起来定罪量刑。"通者，总计一罪也。谓如，'通计前罪，先后并拟，贴徒、贴杖也'，'通减二等，诰减一等，遇例又减一等也'，'通考者，绩九年而考也'，'通奸者，纵容私合奸夫'之类。"③ "坐"字，相当于处罚，即指若触犯刑罚则要对犯罪分子科罪。"坐者，应得连坐之罪。谓如，'逃叛自首，减罪二等坐之'，'家人共犯罪，坐尊长'，'罪坐夫男'，'不知者不坐'，'以所隐之罪坐之'之类。"④ "听"字，指听从、允许、放任之意，由双方当事人自主决定。"听者，由其自欲。谓如，'犯流，父子欲随者，听'，'妻妾犯奸，愿留者，听'之类。"⑤ "依"字，指依据，陈永的解释同于张楷在《律条疏议》中的解释，即对不同的犯罪行为根据各自的本罪进行定罪量刑。"依者，欲附诸条。谓如，'造魇魅杀人，各依本杀法'，'依常人一体充赏'，'已徒而又犯徒，自依杀伤尊长卑幼本律'，'依老疾论'、'依幼小论'之类。"⑥ "从"字，指遵循、依据的意思。"从者，归一科罪之意。谓如，'二罪俱发从一科断'，'从重论'，'从夫嫁卖'，'从新拘役'，'从本邑发落'，'从尊长遗言'之类。"⑦ "并"字，与《律条疏议》的解释相同，指不分犯罪主体与犯罪对象一并处罚。"并者，指数事均得本罪。谓如，'论军

---

① （明）陈永：《法家裒集》。
② 同上。
③ 同上。
④ 同上。
⑤ 同上。
⑥ 同上。
⑦ 同上。

征讨、行粮违限不完、临敌缺乏承调、不进兵策及承差告报军期违限因而失误军机者，并斩'之类。"① "余"字，指剩余的、别的，指主要的犯罪行为和犯罪情节之外的其他非主要犯罪行为和犯罪情节。"余者，事后之意。谓如'余罪后发'，'余皆征之'，'余皆勿论'，'余人余罪收赎'，'别言余罪'，'余为从论'之类。"② "递"字，逐级、逐次的意思，指根据不同的犯罪情节与危害结果逐级增减刑罚。"递者，如平地登梯之意。谓如，'官司失出入人罪，吏减犯人一等，首领减吏一等，佐贰减首领一等，正官减佐贰一等，是曰递减'，又如，'卑幼于尊长坟墓内熏狐狸烧尸者，缌麻加凡人一等，小功加二等，大功加三等，期亲加四等，是曰递加'之类。"③ "重"字，指从重之法，指在处罚过程中，针对犯罪首要分子、主犯、惯犯等人实施重于常人犯该罪的处罚。"重者，诸罪之魁。谓如，'余罪后发，重者更论之'，又如，'犯罪已发，又犯罪，从重科断'，'以重论'，'因首重罪'，'免其重罪'，'本应罪重'之类。"④ "但"字，指"只要"的意思，即只要发生"但"所规定的情况，则一律予以处罚。"但者，不分事之大小，物之多寡是也。谓如，'强盗已行而但得财者，皆斩'，'子孙告父祖，但诬者绞'，'男女婚姻，但曾受聘财亦是'之类。"⑤ "亦"字，"挽承上文之意"，指若出现某些情节，也适用"亦"后面的规定，如"'人在徒，年老疾，亦如老疾论'，'亦总徒不得过四年'，'亦各依上减罪'，'亦各依数决之'，'无赋役者，亦杖八十'，'亦准罪人自首收赎原免法'之类。"⑥ "称"字，指进一步解释律文所载的具体内容。"称者，称律所载之文也。谓如，'称子者，男女同'，'称祖者，曾高同'，'称孙者，曾玄同'，'称

---

① （明）陈永：《法家裒集》。
② 同上。
③ 同上。
④ 同上。
⑤ 同上。
⑥ 同上。

道士女冠僧尼同''称日以百刻'','称监临者,但有事在手','称嫡、继、慈、养母,亲母同'之类。"①"同"字,指"相同",即犯罪情节与危害结果相同,则适用相同的刑罚。"同者,一体科罪也。谓如,'各律有与同律者,则同得其罪','充军、迁徙亦得同也,惟至死者,减一等'之类。"②

三　对一些重要罪名的阐释

明代在继承前代罪名的基础上,又新增了许多罪名,如"奸党罪""文武官犯公罪""文武官犯私罪""杀害军人罪""处决叛军罪"等。在这些新罪名中,"奸党罪"作为明代独创的罪名,与明代社会的变革有着重要的联系,反映了明代的"重典治吏"思想。明代的"六赃罪"和"七杀罪"同前代一样,也是刑法罪名的核心,但较之前代,其具体内容和适用范围都有了很大的变化。因此,为了保证在司法审判中有效地适用《大明律》,明代的注律家们针对这些内容进行了详细的注释,形成了有关这些罪名的独具特色的注释理论。

(一) 对"奸党罪"的注释

《大明律·吏律》规定了"奸党罪":"凡奸邪进谗言、左使杀人者,斩。若犯罪律该处死,其大臣小官,巧言谏免,暗邀人心者,亦斩。若在朝官员,交结朋党、紊乱朝政者,皆斩。妻子为奴,财产入官。若刑部及大小各衙门官吏,不执法律,听从上司主使出入人罪者,罪亦如之。若有不避权势,明具实迹,亲赴御前执法陈诉者,罪坐奸臣。言告之人,与免本罪。仍将犯人财产,均给充赏。有官者,

① (明)陈永:《法家衰集》。
② 同上。

升二等；无官者，量与一官，或赏银二千两。"①"交结近侍官员"条
与"上言大臣德政"条的规定也属于"奸党罪"的内容。"交结近侍
官员"条的内容为："凡诸衙门官吏，若与内官及近侍人员互相交
结，漏泄事情，夤缘作弊，而符同奏启者，皆斩。妻子流三千里安
置。"②"上言大臣德政"条的内容为："凡诸衙门官吏及士庶人等，
若有上言宰执大臣美政才德者，即是奸党。务要鞫问，穷究来历明
白，犯人处斩，妻子为奴，财产入官。若宰执大臣知情，与同罪。不
知者，不坐。"③ 另外，"私受公侯财物"条也是防止官员的相互勾
结。《读律琐言》注释该条时指出："私受公侯财物，防其结私恩
也。"④《律例笺释》也指出："此正杜渐防微之意也。"⑤ 注律学家们
根据这些律文，对"奸党"罪的表现形式和处罚结果进行了详细的
注释。

1. 对"奸党罪"的表现形式进行注释

注律家们认为，"奸党罪"包括三种表现形式：第一，"奸邪进
谗言、左使杀人""暗邀人心"；第二，"交结朋党"；第三，"听从上
司主使故出入人罪"。针对不同的表现形式，适用不同的惩罚手段。

第一种，"奸邪进谗言、左使杀人""暗邀人心"者，科罪分首
从。指若奸邪之人或进谗言使杀人者，或行私不由正理使杀人者，以
及暗地里收买人心者，区分主犯、从犯，并按各自的罪行处以不同的
刑罚。律学家们详细解释了"谗言""左使""暗邀人心"各自的含
义及量刑。"訾毁人行"谓之"谗言"，"不由正理"谓之"左使"，⑥
"进谗言而罔上，行私不由正理，矫诬谮害杀人，使怨归于上者"，⑦
进谗言而欺瞒君主，不由正理、诬陷他人而使人被杀，这些使人怨恨

____

① 《大明律·吏律》"职制门"，怀效锋点校，辽沈书社1990年版，第33—34页。
② 同上。
③ 同上书，第34页。
④ （明）雷梦麟：《读律琐言》，怀效锋点校，法律出版社2000年版，第431页。
⑤ （明）王肯堂：《律例笺释》。
⑥ （明）张楷：《律条疏议》。
⑦ （明）彭应弼：《刑书据会》。

君主的行为，均要处以斩刑。"暗邀人心"也就是指收买人心，指
"为人解纷，要人知感者"①，"左使巧言谏免，私自结媾则德归于己
为"②。例如，有人犯了罪，依律本该处死，有一些执政大臣或一些
下级官吏为了给罪犯开脱，使其免于死刑，巧释言辞，曲为进谏，使
罪犯对他们感恩戴德，这些官员就因具备了"暗邀人心"的犯罪形
态而构成"奸党罪"。

第二种，"交结朋党，紊乱朝政"，不分首从皆斩。即文武官员如
果相互勾结、紊乱朝政，则不分主犯、从犯，一并处以斩刑。张楷认
为："若在朝文武官员，交相结构，朋党互为异议，以紊乱朝廷之政
事者，不分首从皆斩。妻子入官为奴，家财产业入官掌隶。"③ 彭应
弼解释为："交结朋党，紊乱朝政，则党比祸国，无首从皆斩，而奴
没之产。"④ 由此可见，"交结朋党、紊乱朝政"危害统治者的统治和
国家安全，具有严重的危害结果，因此，针对这种犯罪形式，给予严
厉处罚，不分主犯、从犯一并处以斩刑，妻子和子女也要没为官奴
隶，财产充公，以此起到威慑作用，防止朋党的形成。

第三种，"听从上司官吏故出入人罪"，区别三种情况分别对待。
其一，若司官听堂官、问官听本管上司主使故出入人罪，适用"交结
朋党不分首从奴没"之律，不分主犯、从犯，一律处斩，妻子和子女
没为官奴隶，财产充公，并常赦所不原。雷梦麟在《读律琐言》中
指出："若刑部及内外大小问刑衙门，职专执法者，有不执律法，听
从上司官主使，故出入人罪，已论决者，是亦背上之法，行己之私，
党人之恶，罪亦如朋党者，不分首从，上司官与问刑官皆斩，妻子为
奴，财产入官。"⑤ 其二，若听非本部堂官、非本管上司者，则"量
情定罪"，指若下级听从非直接领导的上级的命令故出入人罪，则根

① （明）张楷：《律条疏议》。
② （明）彭应弼：《刑书据会》。
③ （明）张楷：《律条疏议》。
④ （明）彭应弼：《刑书据会》。
⑤ （明）雷梦麟：《读律琐言》。

据不同的情节定罪量刑。彭应弼在《刑书据会》中做了进一步解释："听非本部堂官、非本管上司者，并依听嘱枉重者，量情定罪，听从主使必当堂分付方坐，若暗地或令人传说，或通书札者，则依监临官为人嘱托，若问刑之际，上司属官所见不到一，特听从别无私曲者，依失出入论，言告之人，虽是已从施行，亦照自首免罪，均给充赏。"① 其三，若不避上司权威，将主使情由开具实迹陈奏者，止坐主使之人，告言之人充赏。如果下级能够不惧怕上司的权威，将上司主使之事详细向皇上禀明，虽然该下级官吏实施了"故出入人罪"的行为，但并不受法律的惩罚，有时还根据情况给予适当的奖励，目的也是防止朋党之间的相互勾结。张楷在《律条疏议》中指出："若有下司官吏不避上司威权势力，将其主使情由明白开具实迹，亲赴御前执定法律以陈奏者，其罪止坐主使之奸臣，告言之人与免本罪，仍将奸臣所有财产均给充赏，均给者，谓如下司执法陈奏之人众多，将犯人财产均平分赏。若止一人执法陈奏，全给一人，原有官职者，擢二等，原无官者，酌量大小与其一官，或给银二千两充赏。"②

2. 对"奸党"罪的处罚原则进行注释

奸党之乱具有严重的社会危害结果，因此，无论犯"奸党"罪的哪一种情形，都予以重刑处罚，"会赦不原"，且不适用赎刑。注律家们认为："进言谗譖，左使杀人，则仇快于己，怨归于上矣。人有罪愆，曲为谏免，则明蔽于上，恩归于己矣。二者所犯虽异，利己罔上则同，皆处极刑以诛其罔。朝官朋党乱政，未免鼓逆扇奸坏法，欺君莫此为甚，斩戮其身，殃及妻子，非不幸也，宜也。下司不执法律，听从上司主张，则是国纳下移、福自恣身，刑奴辱匪曰过诛。若不避势以陈欣，是知有国而无身，罪坐奸臣，断财给赏，非幸也，亦宜也。"③ "进谗言、左使杀人"不但削弱了法律的权威，使无罪的人

---

① （明）彭应弼：《刑书据会》。
② （明）张楷：《律条疏议》。
③ 同上。

获罪，使有罪的人开脱，而且影响了君主的权威，使那些无罪而获罪的人怨恨、仇视君主，使那些有罪而开脱的人因蒙蔽君主而逍遥法外。"朋党交结"破坏了国家的法律与制度，紊乱了朝廷的管理秩序，严重影响了君主的统治地位。因此，对触犯"奸党"罪的犯罪分子一般均处以斩刑。苏茂相在注释"奸党"条时指出："参得某大张羽翼，互为标榜，应列腹心，相继登庸。若非豺狼当道，必误鹿马，欺君驾言，君子有明窃附欧公之论。罪犯虽然未者，正法亦宜重惩。"① 同时，犯"奸党"罪，本犯"会赦不原"，且不适用赎刑。如《大明律直引》："凡奸邪进谗言、左使杀人者，遇大赦不在原免。"②《临民宝镜》也指出："审得某职专刑狱而阿媚上官，故入刑名而亏枉公道，拨于法律，有违实以典刑，莫赎。"③

（二）对明代"六赃罪"的注释

"六赃"是我国古代概括窃盗、强盗、官吏犯赃等罪的一个刑法概念。具体地说，就是指故意使用暴力抢劫，或不为人知的方式秘密窃取，或利用管理、监督的职权便利等手段非法攫取公私财物，侵害社会经济秩序和公私财产的六种犯罪行为的总称。西晋张斐注释《泰始律》时解说"赃"即为"货财之利"。唐律首置"六赃"罪名，即强盗、窃盗、受财枉法、受财不枉法、受所监临及坐赃。④ 宋元沿用。明代在"重典治吏"和"重典惩贪"思想的指导下，更加注重职务犯罪，因此，立法者不仅在《大明律》中专设"受赃"一门，列有

---

① （明）苏茂相：《临民宝镜》。
② 《大明律例附解》"奸党"条所引《大明律直引》的内容。
③ （明）苏茂相：《临民宝镜》。
④ 唐"六赃"的具体内容为：受财枉法，谓所司得嘱请，枉曲断事，故出入人罪；不枉法，谓虽以财行求，官人不为曲判者；受所监临，指统摄案验及行案主典之类，受有事人财而曲法处断者；强盗，谓以威若力取财者；窃盗，谓潜行隐面而取财者；坐赃，谓非监临主司因事受财，而罪由此赃者。见（唐）长孙无忌等《唐律疏议》，刘俊文点校，中华书局1983年版。

官吏受赃、坐赃致罪等 11 条，而且将"六赃"制成图表，置于律首。① 明六赃的内容不同于唐六赃，其包括监守自盗、常人盗、枉法、不枉法、窃盗、坐赃，量刑明显重于唐、宋、元律。如监守自盗，明律规定不分首从，并赃论罪，1 贯以下杖八十，40 贯就处斩；而唐、宋律规定 30 匹才绞，元律定为 300 贯处死刑。明代律学家们从适用范围、量刑等级、处罚原则等方面对"六赃"进行了详细而又精确的注释，极大地丰富了明代的六赃理论。

1."六赃"的适用范围

明代"六赃"为："监守自盗赃，常人盗赃，枉法赃，不枉法赃，窃盗赃，坐赃。"② 律学家们认为，除了法律正条规定外，律典还规定了"以""准""各"等赃，也属于"六赃"的范围。陈永在《法家裒集》中指出："除法律正条外，尚有六律称以、准、各赃，科并理同一致。"③ "六赃"是结果犯，以"受财""得财"为必要条件，如"官吏受财"是枉法、不枉法的前提条件，"得财"则构成"监守自盗罪"的必要条件。雷梦麟指出："监守不言不得财者，既称监守，则财自己掌，有意为盗，既无不得财者。若不得财，何以为盗？"④ 具体而言，根据犯罪主体的不同，明"六赃罪"的适用范围包括官吏犯罪和非官吏犯罪两类。

（1）官吏犯罪

《明律·受赃律》之"官吏受财"条曰："凡官吏受财者，计赃科断。无禄人，各减一等。官追夺除名，吏罢役，俱不叙用。说事过

---

① 张楷在《律条疏议》中解释了"受赃"门的历史沿革及其形成原因："昔李悝造《法经》六篇，不廉载于《杂律》。汉立九章，虽无其制，景帝元年，诏吏受所监临即坐，免官爵为重，是亦有其目也。晋分李悝《杂律》为《请求》，梁易为《受赇》，后魏、北齐皆去其目，后周复位《请求》，隋又去之，以其事系职制。唐因之。国朝以赃为蠹政之由，特立其目。而于无禄、有禄、枉法、不枉法之制，尤加详密。取唐律职制下篇'有事以财行求'……诸条，而易其目，又审其未备，增立'家人求索''风宪犯赃''赳留盗赃'等条，总名曰《受赃》。"见（明）张楷《律条疏议》之"受赃门"。

② （明）何广：《律解辩疑》之《六赃总类歌》。

③ （明）陈永：《法家裒集》。

④ （明）雷梦麟：《读律琐言》。

钱者,有禄人,减受钱人一等;无禄人,减二等,罪止杖一百。各迁徙。有赃者,计赃从重论。"官吏犯赃罪,指"在官之人"收受他人财物,不论枉法、不枉法,均受到处罚,按照其所得财物量刑,同时,官除名、吏罢役,均不得再任用。"在官之人"不仅包括所有官吏,而且包括一切能够"判断事情"之人,如雷梦麟指出:"凡在官之人,若里老之类,得以判断事情者,皆是。故皆有枉法、不枉法之分,盖主判断而言之也。"① 借鉴明代的注释成果,薛允升在《唐明律合编》中也指出,明代的枉法、不枉法犯罪中的官吏,包括所有"役于官责之守法,而得财卖放者"②。明"六赃"中,适用于官吏犯罪的有枉法、不枉法、监守自盗、坐赃四种形式。

枉法,指"在官之人"收受他人财物而逆理曲法、枉断枉为。"官吏人等受为事人财物,若有逆理枉断枉为者,是谓枉法赃者","此枉法赃者,各主通算全科"。③ "枉法赃"的犯罪主体是官吏人等,即"能判断事情者";犯罪主观方面是故意,收受了他人的财物而故意枉法枉为;犯罪对象是他人的财物;犯罪客体具有双重性,既包括他人的财物所有权,也包括官吏的廉洁性。因此,对犯"枉法赃"的官吏,不论每个人得财多少,均按照财物总数进行处罚,意在严惩官吏的贪污犯罪,保证朝廷的廉洁性。

不枉法,指官吏人等收受为事人财物而不曾违法,"此不枉法赃者,凡官吏人等受为事人财物不曾违法是也。各主通筹,折半科罪"。"不枉法赃"的犯罪构成是:犯罪主体、犯罪主观方面、犯罪对象均同于"枉法赃",犯罪主体为官吏人等,犯罪主观方面为故意,犯罪对象为他人的财物;犯罪客体只有一个,即他人的财物所有权,这一

① (明)雷梦麟:《读律琐言》。

② "《户律》'检踏灾伤田粮'等十九条,各项受财当问枉法之人,皆非专指官吏也。是以在京法司,及在外司府等衙门,自来凡遇皂隶、里长、总甲等项,役于官责之守法,而得财卖放者,皆作无禄人以官吏受财条内计赃科断。"见(清)薛允升《唐明律合编》,怀效锋、李鸣点校,法律出版社1999年版,第248页。

③ (明)陈永:《法家裒集》。

点不同于"枉法赃"，也是构成二罪区分的关键因素。犯"不枉法赃"，鉴于其"得财而不枉法"，量刑轻于"枉法赃"，即每个人按全部财产的一半来量刑。例如，"关隘弓兵及总甲人等，捉获罪人得其财，仍将犯人送官，官吏得人财，歇案仍行提之类，及受有事人财未曾枉法，皆各不枉法，若公差人员于所差去处得久，常例既不可作，非因事受财，又不可作求索，自当以不枉法拟之可也。"①

监守自盗，指"有职役之人，或监管、或专主官府及仓库钱粮等物而自偷者"②。《大明律》"监守自盗仓库钱粮"条规定："凡监临主守，自盗仓库钱粮等物，不分首从，并赃论罪。"律注解释"并赃"为："谓如十人节次共盗官钱四十贯，虽各分四贯入己，通算作一处，其十人各得四十贯罪，皆斩；若十人共盗五贯，皆杖一百之类。""监守自盗赃"的犯罪构成为：犯罪主体是"有职役之人"，犯罪主观方面是故意，犯罪对象是自己所监守的财物，犯罪客体是国家对公有财物的所有权。对犯"监守自盗赃罪"的人，不论犯罪人数的多少，也不论每人得财的多少，均按财物的总数进行处罚。监守自盗的适用范围很广，苏茂相在《临民宝镜》中指出，"但系经营经收及临时差遣，管领提调人员，并佐贰首领官同署文案者，皆是。如库子收头粮、长经收钱粮、侵欺借贷俱为主守；如监放应给俸月、银米、工食、布绢，并给赏银两等项，尚未给与，有侵克者；如已给散军人而科取入己；如通资赌博及各项违禁货物与应入官之赃物，侵匿者"③。即凡属于经营经收或临时差遣、管领提调、与首领官共同签署文案的人员，若自偷所管之物，均适用该罪名。如果"监守之人"与"常人"共同盗窃其所监守之仓库钱粮，则根据犯罪主体不同确定不同的罪名。雷梦麟认为，"库子引贼人盗库银，库子问监守盗，贼人问常人盗"④，即监守之人问"监守盗"，而贼人问"常人盗"。

---

① （明）苏茂相：《临民宝镜》。
② （明）陈永：《法家裒集》。
③ （明）苏茂相：《临民宝镜》。
④ （明）雷梦麟：《读律琐言》。

另外，根据不同的犯罪情节和犯罪对象，监守盗可以转换成其他犯罪形式。雷梦麟进一步指出，"斗级盗别仓粮，问常人盗"，即监守之人盗自己所监守范围之外的仓库钱粮等物，则依"常人盗"问罪。

坐赃，指官吏非因事受财而获得赃物，《大明律》"坐赃致罪"条规定："凡官吏人等，非因事受财，坐赃致罪，各主者，通算折半科罪。""坐赃罪"的犯罪构成为：犯罪主体是"官吏人等"，犯罪主观方面是过失，犯罪对象是超出正数之外的公私财物，犯罪客体是公私财物的所有权。律注列举了"坐赃致罪"的适用范围，如被人盗财、或殴伤，若赔偿及医药之外，因而受财之类；又如擅科敛财物，或多收少征钱粮而不曾入己，或造作虚费人工物料之类。张楷在《律条疏议》中对此作了详细注释："官吏人等非因事受财则坐赃之罪，如被人偷盗而追还原赃，或被殴伤而给医药，正数之外，因而别受财物之类。但系各主出之物，并通算作一处，折半以科罪，因其取与之人，两相和同，故出钱人减受钱人罪五等。又如擅科敛财物，或多收或少征粮米，或造作虚费人工物料之类，凡罪由此赃者，皆为坐赃。"[1] 举"多收或少征粮米"一例，官吏征收粮米之数超出规定之数额，多收的部分即属于"坐赃"，计算多收的数额，对该官吏折半量刑，但由于多收部分系被征收粮米之人同意给予，因此，被征收之人也要科罪，减该官吏五等处罚。《临民宝镜》作了补充，"此坐赃者，除正条外，如新任、新役接受部属拜见银两及诸色人员无事受人馈送之外，多取财物者"[2]，即新上任的官吏接受下属的银两或见其他礼物，也属于坐赃的范围。"馈送土宜"不属于坐赃的范围，但"若取而受者，不分银物，俱为求索之赃也"，即该土特产为官吏要求而收受的，则属于"求索之赃"。

（2）非官吏犯罪

适用于非官吏犯罪的主要由常人盗、窃盗，二者的主要区别在

---

① （明）张楷：《律条疏议》。
② （明）苏茂相：《临民宝镜》。

于：“常人盗”盗窃的是官府财物，侵犯了公共财物的所有权；“窃盗”盗窃的是私人财物，侵犯的是私人的财物所有权。

常人盗，“凡人偷官府及仓库钱粮等物，是谓常人盗赃者”①。《大明律》“常人盗仓库钱粮”条规定：“凡常人盗仓库钱粮等物，不得财，杖六十，免刺。但得财者，不分首从，并赃论罪。”犯“常人盗”，根据是否得财进行处罚，不得财者，杖六十，免刺字；若得财者，不分主犯、从犯，也不分每人得财的数量，均按财物的总数一体处罚。律注解释“并赃”为：“谓如十人节次共盗官钱八十贯，虽各分八贯入己，通算作一处，其十人各得八十贯罪，皆绞；若十人共盗一十贯，皆杖九十之类。”即如果十人先后共同盗窃官钱八十贯，虽每人只分得八贯，但仍然按照共同盗窃的钱数确定罪名及刑罚，十人皆处以绞刑；如果十人共同盗窃官钱十贯，则对每人给予杖九十的处罚。该罪的犯罪构成为：犯罪主体为常人，犯罪对象为官物，犯罪主观方面为故意，犯罪客体为侵犯了国家的财物所有权，犯罪行为不仅仅是偷盗，还包括取受、侵欺、借贷等多种形式。该罪也适用于“同仓库官攒、斗级、库子盗本库本仓非自己经收之物，及擅取衙门中官造什物、砖瓦之类，御葬碑兽、后湖鱼珠、池宫山内树木、车船上所载官物”等犯罪。②常人盗在不同的情况下，可能转化成其他的犯罪形式，例如，常人盗库内给主之赃银，依窃盗论，“常人盗库内给主之赃银，合贴常人盗官物，本应罪重，犯时不知，本应轻者，听从窃盗，已行得财一百二十贯，罪止律杖一百流三千里，此贯引之法最良，不必作除罪也”③。即常人盗窃官府所没收的赃银，虽然形式上符合常人盗窃官府的财物，但由于犯者不知情，应按照“窃盗”从轻处罚，如已获得钱财一百二十贯，则最高刑不得超过“杖一百流三千里”。

窃盗，指不分昏夜白日，踪迹诡秘，以秘密手段非法窃取他人财

① （明）陈永：《法家哀集》。
② （明）苏茂相：《临民宝镜》。
③ 同上。

物者。陈永认为:"潜形隐面穿窬取者,是谓窃盗者。"① 雷梦麟注释"窃盗"条进一步扩大了该罪的适用范围,"乘事主之不觉而掏摸人财者"也属于"窃盗"。"夫曰窃盗,谓其潜隐踪迹,行之于昏夜者。若夫白日之间,乘事主之不觉而掏摸人财者,其踪迹诡秘,与窃盗无异,故罪与窃盗同。"②"窃盗"的犯罪构成为:犯罪主体为常人,犯罪主观方面也是故意,犯罪对象是私人财物,犯罪客体是他人私有财物的所有权,犯罪手段是秘密窃取。《明律·贼盗律》之"窃盗"条规定对"窃盗"犯罪的处罚原则是:"凡窃盗已行而不得财,笞五十,免刺。但得财者,以一主为重,并赃论罪。为从者,各减一等。初犯并于右小臂膊上,刺'窃盗'二字。再犯,刺左小臂膊。三犯者,绞。以曾经刺字为坐。掏摸者,罪同。若军人为盗,虽免刺字,三犯一体处绞。"即凡实施盗窃行为,但没有获得财物者,笞五十,免于刺字;如再次犯罪,则在左小臂膊刺字;三次犯盗窃罪者,处以绞刑。掏摸他人财物者,与窃盗同罪。军人盗窃者,虽然免于刺字,但若犯三次以上者,亦处以绞刑。"窃盗"罪附加适用刺字,并以是否得财作为量刑的标准:若不得财,笞五十,免刺;若得财,则又区分主犯、从犯,初犯、再犯和惯犯,主犯以所有赃物论罪,从犯各减一等,初犯于右小臂刺"窃盗",再犯于左小臂刺"窃盗",三次以上的惯犯则处绞刑。"窃盗"犯者除老幼、妇女外,一般不适用赎刑,雷梦麟指出:"窃盗不许赎罪,故不审力,惟老幼妇女犯者,依律收赎。"③

2. "六赃"的处罚原则

明代"六赃"罪的处罚原则,根据不同的适用对象可分为两种:"计赃定罪"和"并赃论罪"。"计赃定罪"和"并赃论罪"均是在有赃的情况下才适用的原则,若官吏没有受财、常人没有盗得财物,

---

① (明)陈永:《法家裒集》。
② (明)雷梦麟:《读律琐言》。
③ 同上。

则处笞、杖、徒、流等刑罚，不存在"计赃""并赃定罪"。"计赃定罪"原则适用于枉法、不枉法、坐赃，"并赃论罪"则适用于监守自盗、常人盗、窃盗。雷梦麟在《读律琐言》中认为："凡问枉法、不枉法赃，各计入己之赃坐罪，与窃盗并赃论罪不同。盖窃盗得财之罪，为失主被害者而设，故以一主为重，并赃论之；官吏受财之罪，为官吏贪利者而设，故计入己之赃论之。虽或三五人共受一人之财，亦各计其入己，以枉法、不枉法论，不在为从减一等之律。"① 即凡以枉法、不枉法定罪，因其为官吏贪污所致，所以不论各主体在犯罪中的地位和作用，均按照所赃的财物各自定罪，且不适用减一等的量刑情节。如五人共同收受一人的财物，不考虑每人接受的数额，只按照五人共同获得之财物的总额，分别对五人按枉法罪、不枉法罪论处，且不得适用减刑。

（1）计赃定罪原则

计赃定罪原则，指按照每一犯罪者所得赃物的多少来分别量刑的一项处罚原则。在六赃犯罪中，主要适用于枉法、不枉法、坐赃三种形态。《明律·受赃律》之"官吏受财"条曰："凡官吏受财者，计赃科断。无禄人，各减一等。官追夺除名，吏罢役，俱不叙用。""计赃科断"，指不论官吏枉法、不枉法，只要受财，就根据每个人受财的多少来分别确定量刑标准，"官吏判问公事，而受有事人财物，或因受财而枉法，或虽受财而不枉法，各计其入己之赃科断"②。

计赃定罪，分有禄和无禄两种情况，"但枉法、不枉法，不分'以''准'论，要分有禄、无禄"。有禄人，指享有国家俸禄之人，一般指官吏；无禄人，也属于"在官之人"，但不享有国家俸禄，"无禄人者，不曾食禄之人，如今无米吏典、承差人材、监生及里老、军民之类"③。雷梦麟指出，根据犯罪主体受否有禄、是否枉法，给

---

① （明）雷梦麟：《读律琐言》。
② 同上。
③ （明）张楷：《律条疏议》。

予不同的处罚。"枉法者，有禄人八十贯，无禄人一百二十贯，各绞。无禄人不及一百二十贯者，仍引八十贯律，无禄人减一等。不枉法者，有禄人、无禄人各一百二十贯，罪止杖一百、流三千里。官追夺诰身，除去名籍，发回为民；吏罢役，俱不得叙用。若所受系各主财物，枉法者，则通算而全科之；不枉法者，亦通算而折半科之。各计其入己之赃，照前科断。"① 有禄人犯"枉法罪"，计赃八十贯处绞；犯"不枉法罪"，罪止杖一百、流三千里；无禄人犯"枉法罪"，计赃一百二十贯处绞；犯"不枉法罪"，罪同有禄人，罪止杖一百、流三千里。根据是否"枉法"，也给予不同的处罚，接受他人财物"枉法"者，按照收受财物的总额量刑；接受他人财物"不枉法"者，按照收受财物总额的一半量刑。

另外，在计赃定罪中，还分受钱之人和过钱之人。《明律·受赃律》记载："说事过钱者：有禄人，减受钱人一等；无禄人，减二等，罪止杖一百。各迁徙。有赃者，计赃从重论。"律学家们详细解释了二者的不同，"受钱人"就是受贿之人，而"过钱人"则指介绍行贿之人。计赃定罪中，不但处罚"受钱人"，而且处罚"过钱人"。若"过钱人"只是说事引送而不接受有事人财物，处罚轻于"受钱人"，即有禄减"受钱人"杖一等，无禄减二等，罪止杖一百，各迁徙。雷梦麟进一步解释了处罚"过钱人"的原因，"盖恶其引送之奸，故加以此刑，指过钱者未得赃而言"。若过钱人收受有事人财物而后引送，则依"官吏受财"条计赃论罪，并加重处罚，"若过钱人因与过送而亦受有事人财物，以计入己赃科罪，仍从其重者论之"②。

（2）并赃论罪原则

并赃论罪，指根据赃罪所涉赃物的总数来量刑的一种处罚原则。在六赃犯罪中，主要适用于监守盗、常人盗、窃盗三种形态。《大明律》"监守自盗仓库钱粮"条规定："凡监临主守，自盗仓库钱粮等

① （明）雷梦麟：《读律琐言》。
② 同上。

物，不分首从，并赃论罪。"即监临之人盗窃自己所监临仓库的钱粮等物，不分主犯、从犯，一并按照所得赃物总额论处。"常人盗仓库钱粮"条规定："凡常人盗仓库钱粮等物，不得财，杖六十，免刺。但得财者，不分首从，并赃论罪。"即常人盗窃官府仓库钱粮等物，如果没有得到财物，处杖六十得刑罚，免于刺字；如果得到财物，则不分主犯、从犯，一并按照所得赃物总额论处。"窃盗"条规定："凡窃盗已行而不得财，笞五十，免刺。但得财者，以一主为重，并赃论罪。为从者，各减一等。"即已经实施了盗窃行为，但没有得到财物，笞五十，免于刺字；如果得到了财物，则区分主犯、从犯，主犯则根据所得赃物的全部金额论处，从犯则减一等论处。

并赃论罪，即指量刑时不考虑犯罪的人数，也不考虑每人分得赃物的多少，而是以共同犯罪所得总赃数为标准确定一个刑罚等级，并将该刑罚运用于共同犯罪的每一个个体。"并赃者，其赃虽分，仍并作一处，通计论之……夫以所失者计赃，则亦不论分赃与否，皆坐得财之罪。"① 例如，"窃盗"罪中，十人共同盗窃，盗得赃物共计四十贯，虽然每人分了四贯，但在处罚时，以四十贯总赃数确定一个刑罚等级，然后适用于共同盗窃的每一个人；"常人盗"罪中，十人依次共盗窃官银八十贯，虽然每人分得八贯，但在处罚时，通算作一处，每人以盗八十贯定罪，全部处以绞刑；"监守自盗"罪中，十人依次共盗窃官钱四十贯，虽然每人分得四贯，但在处罚时，通算作一处，每人以四十贯罪，全部处以斩刑。

3. "六赃"的量刑等级

明代的注律家在自己的注律文献中解释了"六赃"罪的量刑等级。例如，何广把"六赃"分为五个等级，从重到轻依次为：监守自盗、常人盗、枉法、不枉法与窃盗、坐赃；王肯堂则分为四等，从重到轻依次为：监守自盗、枉法与常人盗、不枉法与窃盗、坐赃。归纳而言，可分为四个等级，从重到轻依次为：监守自盗、枉法与常人

①　（明）雷梦麟：《读律琐言》。

盗、不枉法与窃盗、坐赃。

第一等，监守自盗，处罚最重，盗一贯，杖八十，两贯五钱加一等，至四十贯则处以斩刑。"监守自盗罪须知，一贯以下八十推，二贯五上加一等，四十满贯斩无疑。"① 王肯堂在《律例笺释》中解释了对"监守盗"处以重刑的原因："监守盗，则盗者甚易，故重其罚以严之，盖仓库设监守之人以司之，乃所以重储积而防人之为盗耳。自为监守而复自盗之，渐岂可长，且稽考未易，防之更难，非严其罚不足以示警，故较常人盗而复倍之，因自杖八十始，重以二两五钱，即加一等之条，终于四十两，即拟杂犯斩，恶之至也。"② 监守盗，盗窃对象为自己所监管的财物，比一般的盗窃具有更有利的条件，且不容易被人发现，事后也难以追查，因此，为了防止监守之人自盗，必须严加处罚。

第二等，枉法与常人盗，二者处刑相当。受财枉法是盗天下之大法，侵犯的是国家权力的严肃性；常人盗是盗天下之公物，侵犯的是国家公共财物的所有权。因此，二者从本质上是相同的，应适用于同一等量刑标准。王肯堂解释了二者在本质上的一致性："受财枉法，大法紊矣，是盗法也，盗天下之大法，与盗天下之公物何异？故枉法与常人盗齐等。"③ "常人盗"的处罚标准为：常人盗一贯，杖七十，五贯以上加一等，八十贯则处绞刑，"常人盗官罪微轻，一贯以下七十征，五贯以上加一等，八十满贯绞相应"。"枉法"的处罚同于常人盗，但分有禄、无禄，有禄之人枉法赃，八十贯处绞刑，无禄之人枉法赃，一百二十贯处绞刑，"官吏受赃名须多，枉法各主通算科，论拟罪同常人盗，无禄之人减等科，枉法八十得绞罪，无禄一百二十（得绞罪）"④。

第三等，不枉法与窃盗，二者处于同一个量刑等级。《律例笺释》解释了二者处于同一个量刑等级的原因："若不枉法，虽未盗法，孟

① （明）何广：《律解辩疑》。
② （明）王肯堂：《律例笺释》。
③ 同上。
④ （明）何广：《律解辩疑》。

子有言，'举非其有而取之，盗也'。其所受者，岂其所应得者耶？
欲则不刚，虽不枉法，但经受财，将勿深畏人知，而更惧罪人之挟持
假借乎？此正孔子所谓譬诸小人，其犹穿窬之盗者流也，故不枉法与
窃盗同科。"① "不枉法赃"，虽未曲法枉为，但收受他人财物，"举非
其有而取之"，广义上也属于盗窃行为，因此，与窃盗同罪。具体处
罚标准为，一贯以下杖六十，每多十贯加一等，至一百二十贯流三千
里，"不枉法中又有例，各主通算折半罪，一贯以下六十刑，每逢十
贯加一倍，一百二十流三千，窃盗之赃同相配"②。

第四等，坐赃，因犯罪情节轻微，所以处罚最轻。"按坐赃之义，
本不得谓之赃，而坐之以为赃者，故曰坐赃，其情轻，故其罚薄，皆
以数满十两，方加一等，而更宽以折半科罪之法。"③ 具体处罚标准
为，每人按总赃数的一半科罪，即十贯以下笞二十，每多十贯加一
等，至一百贯杖一百，最高刑为徒三年，出钱之人减受钱之人五等，
"坐赃致罪容易省，各主通算折半整，一主还从一并科，出钱之人减
五等；十贯以下笞二十，十贯以上加一等，一百满贯一百加，五百罪
止徒三整"④。

（三）对明代"七杀罪"的注释

"七杀"是明代关于杀害、伤害犯罪的七种表现形态，即劫杀、
谋杀、故杀、斗杀、戏杀、误杀、过失杀。古代注释律学很早就对这
几种犯罪意识形态进行解释，魏晋时期，张斐就对"故""失""戏"
等20个法律概念作出了规范解释，"其知而犯之谓之故，意以为然谓
之失，两讼相趣谓之斗，两和相害谓之戏，不意误犯谓之过失"，张
斐的解释长久地为后世注律者所沿用。《唐律疏议》在前代注释律学
的基础上，将杀害、伤害犯罪的几种形式概括为"六杀"，即"谋

---

① （明）王肯堂：《律例笺释》。
② （明）何广：《律解辩疑》。
③ （明）王肯堂撰，（清）顾鼎重编：《王仪部先生笺释》。
④ （明）何广：《律解辩疑》。

杀""斗杀""故杀""误杀""戏杀""过失杀",并作出了较为详细的注释。① 明代注律家为了强调"罪刑相当"的重要性,将"六杀"扩充为"七杀",从一个整体的角度来研究这几种犯罪的具体形态,②不但进一步细化了各罪的犯罪构成,而且详细解释了各罪的转化形态及处罚原则。

1. 劫杀

劫杀,"见人有财肆力劫掠杀人者"③,指为了得到别人的财物而杀害、伤害他人的犯罪。犯罪构成为:犯罪主体是一般主体,犯罪主观方面是故意,犯罪对象是他人人身,犯罪客体是他人的生命权,犯罪目的是夺取他人财物,犯罪表现形式是采用杀人等暴力手段非法抢夺他人财物。属于劫杀范围的有强盗聚众用强公然劫掠人财物,或在车船上公然劫掠他人财物,若为了得财而谋杀他人者,也属于劫杀的范围。"不持仗打劫人也"④,雷梦麟解释曰,"若因谋杀人而得所杀人财物者,则意在得财,乃劫杀之徒耳,故同强盗不分首从论"⑤。

2. 谋杀

谋杀,"与人致仇、设心不善、积虑百端,掩其不设、用计而杀者",指处心积虑、蓄意杀人的一种犯罪。"谋杀罪"一般情况下属

---

① 《唐律疏议》:"谋杀人者,谓二人以上;若事已彰露,欲杀不虚,虽独一人,亦同二人谋法,徒三年。已伤者,绞。已杀者,斩。"谋杀分"造意"和"从而加功":造意者,"谓元谋屠杀,其计已成,身虽不行,仍为首罪";从而加功者,"谓同谋共杀,杀时加功,虽不下手杀人,当时共相拥迫,由其遮遏,逃窜无所,既相因籍,始得杀之,如此经营之类皆是"。斗杀者,"元无杀心,因相斗殴而杀人者","若因斗殴而误杀伤旁人者,以斗杀伤论"。故杀者,"即有害心,非因斗争,无事而杀","虽因斗而用兵刃者,与故杀同","虽因斗,但绝时而杀伤者,从故杀伤法"。戏杀伤人者,"谓以力共戏,因而杀伤人,减斗罪二等,若有贵贱、尊卑、长幼,各依本斗杀伤罪上减二等"。过失杀伤人者,"谓耳目所不及,思虑所不到;共举重物,力所不制;若乘高履危足跌及因击禽兽,以致杀伤之属",过失杀伤,依律收赎。
② 例如,苏茂相在《临民宝镜》篇首列《七杀总论》,从法理的层面解释"七杀"罪的具体内容。
③ (明)陈永:《法家裒集》。
④ (明)苏茂相:《临民宝镜》。
⑤ (明)雷梦麟:《读律琐言》。

于共同犯罪，即指二人以上"计议筹策，潜圃贼害，或以刀刃、或以毒药、或驱赴水火、或诬陷刑狱之类。但有仇嫌，故行杀害者，俱谓谋杀"①。但特定情况下也可以指单独犯罪，如雷梦麟解释："律称谋者，二人以上。其本注又云，'谋状显著，虽一人同二人之法'。故凡有仇怒而欲杀人者，或谋诸心，或谋诸人，先定其计而杀之，皆谓之谋杀。若出于一人之心，一人之事，则造意、加功皆自为之，径引谋杀人斩罪。"② 犯罪主观方面是故意，"积虑百端，或谋于心，或谋诸人，先定某计而杀之"。犯罪对象是他人的人身，犯罪客体是他人的生命权。犯罪形式多种多样："或以刀刃，或以毒药，或驱赴水火，或陷刑狱，或于隐蔽处即时打死之类。"③

"谋杀罪"属于共同犯罪，其犯罪主体包括"造意者""加功者""不加功者"，造意者属于主犯，加功者和不加功者属于从犯。唐代"谋杀罪"的犯罪主体只包括"造意者"和"从而加功者"者，明代增加了"从而不加功"者，扩大了"谋杀罪"的适用范围。律学家们解释，因造意者为"祸端所起，不以其不行而宽之也"，所以，但凡"造意"之人，不分是否实施犯罪行为，也不论是否达到犯罪目的，均按主犯处置，"原造意之人，身虽不行，而为从者下手，不问已伤、未伤、已死、未死，皆以造意之人为首论罪"④。"同谋而为从之人"包括"加功者"与"不加功者"两种。"加功者"，也就是现代刑法意义上的帮助犯，"谓助力下手也。虽不下手，但于谋杀之时，或相推逼、或相恐吓、或为其瞭望、或指点去处，曾助一言一指者，俱为加功"⑤，不但参与犯罪谋划和犯罪预备，而且在犯罪实施过程，帮助主犯实施犯罪行为。"不加功者"，指仅仅参与犯罪谋划和犯罪预备，在犯罪行为实施过程中没有实施任何犯罪行为，"止于同谋同

---

① （明）张楷：《律条疏议》。
② （明）雷梦麟：《读律琐言》。
③ （明）苏茂相：《临民宝镜》。
④ （明）张楷：《律条疏议》。
⑤ 同上。

行，而于杀人之时不曾有分毫助力之事者"①。

注律家们根据《大明律·人命律》"谋杀人"条②的规定，解释了"谋杀罪"的处罚方法。根据犯罪结果，"谋杀罪"分为"已杀死""已伤而未死""已行而未伤人"三种情况，不同的伤害结果适用不同的处罚标准。在"已杀死"的情况下，造意者处斩，加功者处绞，不加功者杖一百、流三千里。王肯堂指出："造意为首，处斩；从而加功，绞；不加功者，减一等。不加功者，非致命之因，故减一等。"③ 在"已伤而未死"的情况下，造意者处绞，加功者杖一百、流三千里，不加功者杖一百、徒三年，"若谋事虽行但伤其人而未致死者，造意之人处绞，从而加功者，杖一百、流三千里，不加功者，杖一百、徒三年"④。在"已行而未伤人"的情况下，造意者杖一百、徒三年，加功者与不加功者均杖一百，"若谋虽已行而犹未曾伤人，谓其人或拒斗而获免，或隐匿而自全者，其造意之人，杖一百，徒三年，为从者，各杖一百，但与同谋者皆坐，以未伤人，故无加功、不加功之别，此谋而同行者之罪，然也"⑤。

3. 故杀

故杀，"如事有怀恨心无宿谋，彼无因斗之机，我有临时之怒，径情而杀者"，指本无杀人之意，在特定情况下激愤杀人的一种犯罪。犯罪主体是一般主体，犯罪客体是他人的生命权，犯罪表现形式是临时起意、激愤杀人，"此故杀者，误如事有忿恨，心无害谋，但逞一时之怒，径情而杀者，是谓故杀也"⑥。张楷指出，"若故杀人者，或

---

① （明）王肯堂撰，（清）顾鼎重编：《王仪部先生笺释》。

② 该条规定："凡谋杀人，造意者，斩；从而加功者，绞；不加功者，杖一百，流三千里。杀讫乃坐。若伤而不死，造意者，绞；从而加功者，杖一百，流三千里；不加功者，杖一百，徒三年。若谋而已行，未曾伤人者，杖一百，徒三年；为从者，各杖一百。但同谋者，皆坐。其造意者，身虽不行，仍为首论。从者不行，减行者一等。若因而得财者，同强盗，不分首从论，皆斩。"

③ （明）王肯堂撰，（清）顾鼎重编：《王仪部先生笺释》。

④ （明）张楷：《律条疏议》。

⑤ （明）王肯堂：《律例笺释》。

⑥ （明）苏茂相：《临民宝镜》。

有手足，或有他物、金刃，故意重殴而杀之，原其凶心，已欲致人于死，而其人果即时身死，则坐以斩罪。在被杀者，虽尚全其身躯，而故杀者，已断其尸首，所以诛凶心也"①，即"故杀人"者，如果用手足或其他器物故意重殴他人而致其死亡，考量其主观方面，已有致人死亡的故意，而确实也发生了死亡的结果，因此处以斩刑来惩罚其凶残的犯罪意图。"故杀罪"是单独犯罪，不包括从犯，若多人同谋共同殴打某人，其中一人临时起意将被殴者打死，则对该人定"故杀罪"，处斩刑，而其他同谋共殴之人，仍按照"同谋共殴律"定罪。"此故杀虽不言从，然共殴之人，临时亦有故杀者，故杀自依故杀律，共殴自依同谋共殴律。"若双方当事人本系相互争斗，一方争斗不过另一方，临时起意杀死对方，则属于临时起意、激愤故杀，适用"故杀罪"，"或谓斗殴杀，如争斗不过，持刀刃、他物赶去，即时杀死又为故杀"②。"故杀"在"有从者"的情况下转化为谋杀，"言故杀者，非人之所能知，亦非人之所能从。若意欲杀人，先以告于为从者，使随我而杀之，则为谋杀，非故杀也"③，即意欲杀人者将其意图告诉他人，他人随同其实施犯罪，则构成二人相谋而杀人，并非"故杀"。

4. 斗杀

斗杀，"如两讼相趣，彼此交殴而打死者，勿分金刃、他物，是谓斗杀者"，指无杀人之心，但在相互争斗交打过程中致人死亡的一种犯罪形态。犯罪行为人对危害结果的发生持一种疏忽大意或过于自信的过失，从而导致危害结果的发生。苏茂相对"斗杀"进行了详细的解释："此斗杀者，尔我争雄谓之斗，彼此交打谓之殴，初无故害之意，无分首足、他物、金刃，或当时、或限内死者，或谓斗殴杀。"④ 即指并无杀人的故意，在相互争斗交打的过程中致人死亡，

---

① （明）张楷：《律条疏议》。
② （明）苏茂相：《临民宝镜》。
③ （明）雷梦麟：《读律琐言》。
④ （明）苏茂相：《临民宝镜》。

不分是否使用凶器，也不分被害人是当时死亡、还是事后死亡，均属于"斗殴杀"范畴，均处以绞刑。雷梦麟解释了处以绞刑的原因："斗殴杀人者，谓本因忿争，与人相斗而殴，虽无杀人之心，若其人被斗而死，实我杀之也，不问手足、他物、金刃，并绞。虽所殴之物不同，其致人于死一也。彼既伤生，此亦殒命，庶几其相抵矣。"①即"斗殴杀人者"，虽然没有杀人的故意，但被害人因其斗殴而死，既然被害人已经死亡，为了公平起见，给施害者处以绞刑，以一命抵一命也。"斗杀罪"还适用于一些间接故意犯罪，《大明律·人命律》"戏杀、误杀、过失杀、伤人"条规定，"若知津河水深泥泞，而诈称平浅，及桥梁渡船朽漏，不堪渡人，而诈称牢固，诳令人过渡，以致陷溺死伤者"，也以"斗杀伤"论罪。

在因相互斗殴而致死的情况下，存在"同谋共殴"而致死的特殊情况。"同谋共殴而致死"，指"与人谋止于殴，而其人因伤重而死"②，具体而言，即两人或两人以上共同谋划殴打他人，并不希望死亡结果的发生，但被殴之人因殴打而致死的一种犯罪行为。雷梦麟认为"同谋共殴"分同谋而不共殴、共殴而不同谋、既同谋又共殴三种情况。"'同谋共殴'四字，有分有合，分而言之，有同谋而不共殴者，有共殴而不同谋者；合而言之，始既同谋，终又共殴者。"③无论哪种情况，均以"致命之伤"为量刑的标准，"要皆以致命之伤为重，若不系致命去处，虽重不以为重也，而究其下手殴伤致命去处之人，坐以绞罪"。若受害者有"致命之伤"，对下手殴伤致命之处的行为人处以绞刑，对谋划之人则处以徒刑，这是因为，谋者所谋划之事在于殴人而无意于杀人，死者盖因殴者而死，"所谋者，殴人之事，初无意于杀人，不意殴者杀之，是殴为重，而谋为轻，故殴者绞而谋者徒焉"④。

---

① （明）雷梦麟：《读律琐言》。
② （明）王肯堂撰，（清）顾鼎重编：《王仪部先生笺释》。
③ （明）雷梦麟：《读律琐言》。
④ 同上。

5. 误杀

误杀，"本欲害于甲，误中于乙，（邂逅而致死者），谓之误"①，具体指犯罪对象上的认识错误，即预想对象与事实对象有所偏差，例如，企图杀害张三而杀死李四。《大明律》中分两种情况：一种是因为斗殴而误杀，以"斗杀伤"论；另一种是因为谋杀、故杀而误杀，以"故杀"论。王肯堂解释了分别以"以斗杀伤、故杀伤"论罪的原因："误则出于不意矣，然其初意，欲殴、欲杀此人而不意误及傍人，虽杀伤非所殴之人，即其杀伤之由罪之。故由斗殴而误者，以斗杀伤论；由谋杀、故杀而误者，则以故杀论。"②"误杀"是由于认识对象的错误而误杀伤他人，犯罪人所持的犯罪心理仍然是故意，因此，仍应区分不同情况，以故意犯罪来定罪量刑，若因斗殴而误，则以"斗杀伤"论罪，若因谋杀、故杀而误，则以"故杀"论罪。苏茂相在《临民宝镜》中进一步解释，误杀要根据被害人的身份来确定量刑的尺度，尊卑亲属与常人处罚不同，被害人若为尊长，从重处罚，若为卑幼，从轻处罚，"凡谋故杀、斗杀而误杀者，要查被害之人是否尊卑常人，系尊长从重，卑幼从轻，不可概作常人。如父殴子、夫殴妻，而误杀傍人皆是，又如父谋杀人而误杀己子，当除故杀子，问谋杀人已行未曾伤人，徒罪。弟因斗而误伤兄，当以殴伤兄论，谋杀兄而误杀堂侄，除故杀堂侄绞罪，问谋杀期亲尊长已行，斩罪。谋杀外祖而误杀傍人，除故杀人秋后，谋杀外祖已行，斩罪，决不待时。"③

6. 戏杀

戏杀，"如立约相打或水火兵刃相戏，两和相害而致死者"，"谓以堪杀人之事为戏，如比较拳棒之类，明许相击搏以角胜负者也"④，具体指双方当事人均无害人之心，因相互戏打而导致对方死、伤的一

---

① （明）苏茂相：《临民宝镜》。
② （明）王肯堂撰，（清）顾鼎重编：《王仪部先生笺释》。
③ （明）苏茂相：《临民宝镜》。
④ （明）王肯堂：《律例笺释》。

种犯罪形态。该罪的主观方面是过于自信的过失，即行为人已经预见到某种危害结果可能发生，但轻信能够避免而导致该危害结果的发生，例如，"立约相打以决胜负，及于危险、桥船、水火、兵刃之上，推戏而致死者"①。因"两和相害"②而致人死亡者，以"斗杀伤"论罪，"故晋人谓之'两和相害'，言知其足以相害而两相和以为之。则其杀伤非出于不意，故以斗杀伤论"③。

7. 过失杀

过失杀，"凡初无害人之意，而偶致杀伤人者"，"如因公驰骤，或共举重物、或行船使风力不能支、或耳目不及、思虑不到而致死者"，具体指因行为人的无法预见而导致危害结果发生，类似于现代刑法的意外事件。"过失杀"所持的意志因素不同于"戏杀"之过于自信的过失，也不同于"斗杀"之疏忽大意的过失。注律家们解释此"过失"为"耳目所不及、思虑所不到"，并列举了"过失"的几种情况：如弹射禽兽、因事投掷砖瓦，不期而杀人者；或因升高险，足有蹉跌，累及同伴；或驾船使风，乘马惊走，驰车下坡，势不能止；或共举重物，力不能制，损及同举物者。苏茂相进一步补充"耳目不及、思虑不到"的范围，"或雇人扛抬木石，不期堕伤，雇人身死；如人用药酒毒虫鼠之类，其父兄亲属不知，食，死，皆是。如罪人拒捕，捕者格杀，而误伤傍人，正合思虑不及也"④。犯"过失杀伤罪"，准"斗杀伤"科罪，并根据《大明律》的规定适用赎刑。⑤雷梦麟在《读律琐言》中解释其原因为："过失杀伤人者，耳目之所不及，思虑之所不到，原其心非杀伤人之心也，即其事非杀伤人之事也，但其人由我而死伤，故准斗杀伤科罪。"过失杀伤人，依照《老

---

① （明）苏茂相：《临民宝镜》。
② 西晋时期，张斐在注释《泰始律》时指出："两和相害谓之戏。"
③ （明）王肯堂：《律例笺释》。
④ （明）苏茂相：《临民宝镜》。
⑤ 《大明律·人命律》"戏杀、误杀、过失杀伤人"条规定："若过失杀伤人者，各准斗杀伤罪，依律收赎，给付其家。"

小笃废收赎则例》纳赎，所纳钱钞用于被害人的埋葬费或医药费，"过失伤人者，亦依斗殴伤拟罪，照老小笃废例收赎"①，"收赎钱钞，给付被杀伤之家，以为茔葬医药之资"②。

---

① （明）苏茂相：《临民宝镜》。
② （明）雷梦麟：《读律琐言》。

第五章　明代注释律学对刑名的阐释

从奴隶制五刑逐渐演化而成的封建制五刑，是中国古代刑罚体系的核心，在中国古代法律制度中占据着重要的地位。奴隶制五刑包括墨、劓、剕、宫、大辟。西汉文帝十三年（公元前 167 年），开始了以"废除肉刑"为核心的刑制改革，历经魏晋南北朝诸代的探索与实践，肉刑逐渐被排除于法律之外，以劳役刑为中心的封建制五刑初步形成，至隋文帝开皇元年（公元 581 年），将笞、杖、徒、流、死作为正刑列入《开皇律》，标志着封建制五刑的最终确立。唐代进一步完善五刑制度。到了明代，由于"重典治国"方略的实行、律例关系理论的形成，以及唐宋以来赎刑制度的发展，传统五刑制度已经不能适应时代的需求。因此，明代根据自身司法实际的需要，对五刑体系不断进行调整，到弘治《问刑条例》颁布以后，《大明律》中五刑制在实际行用中的变化基本完成。变化后的五刑制最为关键的在于传统流刑的废而不用与徒刑惩治范围的拓展。[1] 五刑之外，还包括凌迟、迁徙、充军等法外刑。[2] 赎刑的广泛运用，使五刑的具体处罚在

---

[1] 由于真犯、杂犯死罪的区分、《大诰》减等的适用，以及充军刑和赎刑的运用，传统流刑废而不用。"二死三流同为一减"，使得徒刑在原来五个基本刑等的基础上，增加徒四年、徒五年两个等级。唐枢对此作了解释，"律以大诰之减，无三流，又三流总徒四年，杂犯死准徒五年。"见（明）唐枢《法缀》。

[2] 《大明律释义》对五刑之外的刑罚作了解释，"若凌迟处死、充军、迁徙，又五刑之外者。国初笞杖决、徒流配，其赎铜钱之类，特为老幼、妇人、医乐户及诬轻为重者设耳，追后始有力纳米诸例，盖因时足国取汉人入粟赎罪之遗法，然终非太祖立律之本意，而民之所以易犯也。"见（明）应槚《大明律释义》。

实际执行中以纳钱、纳物或服劳役的形式予以抵免。明代注律家们在"慎刑恤刑"思想的指导下，详细解释了这些重大变化，他们不但分析明代五刑的历史沿革、具体内容、与唐五刑的区别，而且对作为"降死一等重罪"的充军刑的性质、分类、原因、适用对象等进行了充分的论述。同时，采用多种注释方法，从赎刑的历史沿革、目的、"律赎"与"例赎"的区分以及赎罪方式等方面诠释了赎刑制度。另外，注律家们还根据大明律所列《狱具图》的内容，对与实施刑罚有重要关系的明代的各种刑具进行了解释。

一　对五刑的阐释①

明代五刑制度的基本刑为笞、杖、徒、流、死五种。笞包括五等，从笞一十到笞五十；杖包括五等，从杖六十到杖一百；徒包括五等，从徒一千里到徒三千里；流包括三等，从流二千里到流三千里；死刑包括二等，绞、斩。律学家们从历史沿革、具体内容、与唐五刑的区别等方面详细解释了明代的五刑制度。

（一）钩沉明代以前五刑制度的历史沿革

封建五刑制度渊源于三代的奴隶制五刑，其名为墨、劓、剕、宫、大辟，"释曰，墨、劓、剕、宫、大辟，始于三代。刻颡曰墨，割鼻曰劓，刖足曰剕，淫刑曰宫，死刑曰大辟，是也"②，即在脸上刺字为墨，割鼻为劓，砍脚为剕，割去生殖器为宫，大辟为死刑。由于奴隶制五刑残苛，西汉进行以"废除肉刑"为核心的刑制改革，"汉文帝十三年，始因缇萦上书诏除肉刑，③ 而以髡钳代黥，以笞三

---

① 由于后面有专文研究明代五刑之外的刑罚，因此，这里只研究明代五刑的基本刑。
② （明）王肯堂：《律例笺释》。
③ 《汉书·刑法志》记载，汉文帝十三年，齐太仓令淳于公有罪当刑，其女缇萦上书曰："妾父为吏，齐中皆称其廉平，今坐法当刑。妾伤夫死者不可复生，刑者不可复属，虽后欲改过自新，其道亡繇也。妾愿没入为官婢，以赎父刑罪，使得自新。"文帝怜之，于是下令"其除肉刑，有以易之；及令罪人各以轻重，不亡逃，有年而免"。

百代劓，以笞五百代斩左趾。景帝元年，诏言孝文皇帝除宫刑，重绝人之世，则知文帝并宫刑除之"。文帝的刑制改革虽然废除了肉刑，但后代间有反复，"中元以后，肉刑间用。光武二十八年，诏死囚皆以蚕室，犹肉刑也。梁武天监中，定为赎绢、罚金之制，未免失于宽纵。北齐、后周法网浸密"①。直到隋文帝时期，才完全废除肉刑，建立以劳役刑为主的封建五刑，"至隋文帝始制笞、杖、徒、流、死之五刑，尽除前代枭首、轘裂一切惨酷之法"②。唐代进一步完善五刑制度，"唐因隋制，太宗命长孙无忌等定律五百条，于隋氏旧律减大辟入流九十二条，减流入徒七十一条，其余互相增损"③。宋代五刑制度有较大变化，创"折杖"、配役之法，传统五刑均可以折杖刑、配役刑代替，"宋艺祖一洗五代之苛，以隋制尚重改，自加役流至二千里，并决杖脊、配役有差；自徒三年至徒一年，并决杖脊而尽免其徒；自杖一百至六十，自笞五十至一十，悉易以臀杖而减其数，犯大辟者，宥其一死，俯从决配而省刑之意，遂冠百王。是隋五刑之名存而实则改也。"④ 明代五刑制度因袭隋唐五刑制度，"今之五刑，乃笞、杖、徒、流、死，始于隋唐，至今因之"⑤。

（二）注释明代五刑制度的具体内容

《大明律》规定的五刑为：笞刑、杖刑、徒刑、流刑、死刑。笞刑包括五等，笞一十、笞二十、笞三十、笞四十、笞五十；杖包括五等，杖六十、杖七十、杖八十、杖九十、杖一百；徒刑包括五等，徒一年、徒一年半、徒二年、徒二年半、徒三年；流刑包括三等，流二千里、流两千五百里、流三千里；死刑包括二等，绞、斩。张楷指出，《大明律》中涉及"五刑"的条文数为1156条，其中"笞刑二

---

① （明）张楷：《律条疏议》。
② 同上。
③ 同上。
④ 同上。
⑤ （明）王肯堂撰，（清）顾鼎重编：《王仪部先生笺释》。

百二十七，杖刑五百八，徒刑一百四十七，流刑六十八，绞刑九十三，斩刑一百一十三。"① 弘治《问刑条例》颁布以后，实际行用的五刑体系发生了很大变化：流刑废而不用，由充军取而代之;② 徒刑的惩罚范围由原来的五等拓展到七等，"流犯或以纳赎或以发递运水夫四年的方式进行发落，传统的以发远为特征的流刑不再实施。在流罪以徒四年的形式进行惩治的同时，死罪中区分出来的杂犯死罪也以徒五年的形式发落"。③ 死刑除包括斩、绞两个基本刑罚外，还包括凌迟、枭斩、戮尸等。

1. 笞刑和杖刑

明代笞刑沿用唐代的五等，从笞一十开始，止于笞五十，刑罚最轻。王肯堂指出，"按笞者，耻也，薄惩示辱，所以发其耻心也，其刑轻，故数止于五十"④，即该犯罪情节轻微，后果不严重，但又侵害了社会所保护的某种权益，因此实施笞刑，其实是为了羞耻犯罪者，令其不再犯，所以处罚也轻。杖刑重于笞刑，也包括五等，从杖六十开始，止于杖一百，"杖则重于笞，两笞折一杖，凡所犯有重于笞五十者，即出笞以入乎杖，其罚则自杖六十始"⑤，犯罪情节或犯罪结果比"笞刑"严重者，则适用杖刑。笞刑和杖刑均属于轻刑，其处罚目的在于羞辱罪犯以达到预防犯罪的效果。同时，律学家们对执行笞刑和杖刑的刑具进行了解释，唐枢指出："笞之荆条，大头径二分七厘，小头径一分七厘，长三尺五寸。杖之荆条，大头径三分二厘，小头径二分二厘，长三尺二寸。必小以轻其力，必长以缓其势，决用小头，姑以示辱之意。"⑥ "笞刑"用的荆条，属于细长型，较粗

---

① （明）张楷：《律条疏议》。
② "《大明律》定以流罪的条目基本以'宽'、'减'的形式，以徒役或赎免的方式得到落实。而流刑所承担的司法任务则由五刑之外的口外为民与充军，主要是充军来完成。"见吴艳红《明代流刑考》，《历史研究》2000 年第 6 期。
③ 吴艳红：《明代充军研究》，社会科学文献出版社 2003 年版，第 183 页。
④ （明）王肯堂撰，（清）顾鼎重编：《王仪部先生笺释》。
⑤ 同上。
⑥ （明）唐枢：《法缀》。

的一头直径为二分七厘，较细的一头直径为一分七厘，长三尺五寸；"杖刑"所用的荆条，属于短粗型，较粗的一头直径为三分二厘，较细的一头直径为二分二厘，长三尺二寸。用较细的一头执行刑罚，其意在于使犯罪者感到羞耻而不再犯罪。

2. 徒刑

徒刑是一种劳役刑，以强迫犯人服劳役的形式对犯罪者进行处罚。"徒者，即古之所谓城旦舂也，拘系其身心，使力供乎劳役，故配发于冲繁水陆邮驿中，一听驿吏为驱使，凡罪浮于杖一百者，特设此减杖加徒之法以通之。"① 徒刑源自秦代的城旦舂，即限制罪犯的人身自由，使其服劳役的一种刑罚措施。徒刑基本刑分为五等，从徒一年至徒三年，明代徒刑附加适用杖刑，每加一等徒刑，则附加一等杖刑，即徒一年、杖六十；徒一年半、杖七十；徒两年、杖八十；徒二年半、杖九十；最重者为徒三年、杖一百。王肯堂指出："盖罪浮于杖一百，则减其实杖之四十而益以徒一年。倘更有重焉，则层累递加以复乎杖一百而止，此徒刑五等之说也。"② 此外，由于"二死三流同为一减"，明代徒刑还包括闰徒三等：犯三流者，准徒四年；杂犯斩、绞罪者，准徒五年；罪犯需迁徙者，准徒二年。"又有所谓闰徒者三流，准徒四年，杂犯斩绞，准徒五年，迁徙比流减半，准徒二年是也。"③

3. 流刑

流刑，指将罪犯流放到远离故地的边远地区，即"使不居于故地，取古投诸四裔之义也"④。明代流刑同唐代流刑相同，也分为三个等级：流二千里、流两千五百里、流三千里。适用范围包括缘坐流刑和实犯流刑两种，惩治力度居于徒刑和死刑之间。⑤ 王肯堂解释了

① （明）王肯堂：《律例笺释》。
② 同上。
③ 同上。
④ （明）应槚：《大明律释义》。
⑤ 《大明律·人命律》"谋杀人"条规定："凡谋杀人，……若伤而不死，造意者，绞；从而加功者，杖一百，流三千里；不加功者，杖一百，徒三年。"见《大明律》，怀效锋点校，辽沈书社1990年版，第149页。

流刑从流两千里开始，分为三等的原因："流罪之制始自上古，舜流共工，则其始见，然三流之制独以二千里为始，何哉？盖五服之地各以五百里为限，由渐而至要荒，去王畿益远，皆所以处置罪人，罪有轻重，地亦有远近也，故流二千里，则迁之要服矣，二千五百里，则荒服矣，若三千里，则居于荒服之外矣。"① 流刑的最低刑从流两千里开始，这是由于五服之地以五百里为限，越往外离开王畿地区就越远，因此，根据罪犯所犯罪行的轻重，流放之地也分远近，流两千里即流放到要服之地，流两千五百里即流放到荒服之地，而流三千里就流放到荒服之外的地区。

流刑又根据是否附加适用"杖刑"而分为"杖流"和"不杖流"。一般的流刑，附加适用杖刑，每一等流刑均附加杖一百，"流从徒增，流必加杖，定律也。故律凡属流罪，必冠以杖一百"，例如，"谋杀人"条规定，"从而不加功者，杖一百，流三千里"②，即"谋杀人"的共同犯罪中，从犯没有实施杀害行为，对其流三千里，附加杖一百。"不杖流"罪由缘坐，处罚时不加杖，仅流边、流远，且不适用赎刑。"不杖流者，乃律中复有止曰流若干里，而并不冠以杖者，即所谓不杖流也。不杖流者，罪由缘坐，罪非其罪，无应杖之情也。夫既不加杖矣，乃复不在收赎之例，更重之以常赦所不原，会赦犹流者何？正犯备极穷凶，虑遗余孽，故重其法以遣之。"③ 由于"不杖流"罪的正犯实施了社会危害性极大的犯罪，造成了恶劣的社会影响，为了防止正犯的余孽实施罪大恶极的犯罪，故对受正犯牵连的"不杖流"者加以重罚，遇到国家赦免罪犯时，仍不能被赦免，需要继续服刑。明代流刑作为"降死一等"的重罪，仅适用于明初，洪武以后，由于真犯、杂犯死罪的区分、《大诰》减等的行用，以及赎

---

① （明）王肯堂撰，（清）顾鼎重编：《王仪部先生笺释》。
② 《大明律·人命律》"谋杀人"条规定："凡谋杀人，造意者，斩；从而加功者，绞；不加功者，杖一百，流三千里。"见《大明律》，怀效锋点校，辽沈书社1990年版，第149页。
③ （明）王肯堂：《律例笺释》。

刑和充军刑的广泛适用，流刑在实际执行中废而不用，其司法功能主要由充军刑来完成。

4. 死刑

明代死刑基本刑包括两种：斩刑和绞刑，"刑至于死，则刑居其极，斩、绞是也。绞全其身，斩异其身也"①，绞刑保其全身，而斩则身首异处。除基本刑之外，还包括等而下之的"杂犯斩、绞"和等而上之的凌迟、枭斩、戮尸，"二死之外，有等而下之曰杂犯斩绞；……又有等而上之曰枭斩、曰凌迟、曰戮尸"②。杂犯斩罪、绞罪，准徒五年，可折赎，"准徒五年，统著折赎图内，不为各分非真斩真绞也"。枭斩、凌迟、戮尸为刑外之刑，适用于罪大恶极的犯罪分子。凌迟，"刑外之刑也"，指千刀万剐直至罪犯死亡。枭斩，指枭首示众，"枭斩者，斩其首，暴其罪，著其名，标之以竿，即其地而悬之，用以示警乎众也"。戮尸，指死后鞭尸，"谳狱定例，如罪犯身死，则曰已服天刑，不复更为推讯，其余罪大恶极，死犹难恕者，虽服天刑而法有不容不尽，则仍即其尸而戮之，以彰国典也"③。

（三）注释明代五刑对唐代五刑的调整与修改

明代五刑因袭唐代五刑，但由于明代社会条件的发展和变化，唐五刑的时代局限性日益显现，因此，明代立法者和司法者"因时损益"，对传统五刑进行了修改和调整。张楷认为，调整和修改主要在于三个方面："更定轻重""补益弗迨""芟裁繁芜"，④并举例说明了这三点变化。第一，"更定轻重"，唐五刑对某些犯罪的处罚失轻失重，因此，明代进行适当的改革，以保证罪责刑相适应。例如，

---

① （明）应槚：《大明律释义》。
② （明）王肯堂撰，（清）顾鼎重编：《王仪部先生笺释》。
③ 同上。
④ "今律之有异于唐者三事，曰'更定轻重'，曰'补益弗迨'，曰'芟裁繁芜'。"见（明）张楷《律条疏议》。

由重刑改为轻刑的有："御药误犯"和"御膳误犯"，唐律处绞，明律则杖一百，"原其误而非本心也"①；再如，驿者或枉道而行，或稽留，唐律处徒刑，明律则处杖刑②。由轻刑改为重刑的有：妻妾骂舅姑、奴婢骂家长，唐律徒刑为最高刑，明律则处以绞刑；③ 再如，盗"大祀神御"者，唐律流罪，明律则处斩。④ 可见，明代加重了对危害皇权和家长权的犯罪，进一步强调了儒家思想所确立的"亲亲、尊尊"原则。第二，"补益弗迨"，明代出现一些新的犯罪，而唐五刑的内容无法适应，因此，明代对针对这些新出现的犯罪，修改了传统五刑。例如，增加了迁徙、充军、凌迟处死等法外刑，"结揽写发称小里长之类，则迁徙；根官蔽役私□□□之类，则充军；迟错文卷、祭祀有违，是过之小者，则为轻制而各罚俸钱；谋反、大逆、采生杀人，是恶之大者，则特立重条而凌迟处死。凡此皆唐律五刑之弗迨，今则补而益之"⑤。第三，"芟裁繁芜"，唐律中对有些犯罪进行重复规定，例如，谋反罪，唐律先规定"谋反皆斩"，后又规定"词理不足动众，威力不足杀人者，亦皆斩不分"，这是关于谋反罪的重复规定，因此，明律删其繁芜，只规定"但谋即坐"，不分犯罪意图、犯罪情节、犯罪结果等，只要实施或参与了谋反，即给予严厉处罚。对于这些刑律中重复出现的规定，"议令悉芟而去之"，根据时代发展变化对律文进行相应的调整和修改，保证明五刑的简约与完备。⑥

---

① "御药误不依本方，御膳误犯于食禁，既云误矣，而犹论绞，今则并坐以一百。"见（明）张楷《律条疏议》。

② "□□驿而枉道，事应行而稽留，是违慢之小者，昔则徒配，今者杖科。"（明）张楷《律条疏议》。

③ "妻妾骂舅姑、奴婢骂家长，是□□□而止徒罪，今则各论以处绞。"（明）张楷《律条疏议》。

④ "大祀神御而盗□□□而奸是奸盗之甚者，昔皆坐流，而今则处斩。"见（明）张楷《律条疏议》。

⑤ （明）张楷：《律条疏议》。

⑥ "大抵一代之兴，必有一代之制，制之繁简，皆因时以损益，而五刑之轻重，则又不可不正者。此我朝之律所以为万世不易之通制欤？"见（明）张楷《律条疏议》。

二 注释五刑之外的闰刑

闰刑，指笞、杖、徒、流、死五刑之外的刑种，因为处于常刑之外，"犹夫历之致闰以成岁"①，故称为闰刑。明代五刑之外，还有许多刑罚，"若凌迟处死、充军、迁徙，又五刑之外者"。②《明史·刑法志》列举了五刑之外的刑种："徒有总徒四年，有准徒五年，流有安置，有迁徙，有口外为民，其重者曰充军。……二死之外，有凌迟。"即徒刑还有"三流准徒四年""杂犯绞、斩准徒五年"；流刑的替代刑为充军刑；介于徒刑和流刑之间还有迁徙刑；死刑除绞、斩外，还有凌迟③等。"三流准徒四年"、"杂犯绞、斩准徒五年"、充军、迁徙、凌迟都是五刑之外的闰刑，不包括在《大明律》所规定的五刑制度中，是在实际行用中对传统五刑的补充。明代注律家们对这些闰刑作了详细的解释，下面主要分析注律家们对迁徙刑和充军刑的注释。

（一）对迁徙刑的注释

明代在徒刑与流刑之间增加了迁徙刑，是五刑之外的刑罚。"迁徙"，指迁于千里之外。"迁徙原来千里外，笞杖不同途，今拟比流为减半，却准两年徒，诬告加徒不加杖，诰须减杖不踈徒，情重律轻添此制，不入五刑图。"设置该刑罚的目的在于，在法律无规定的情况下，处罚那些所犯罪名较轻但情节严重的犯罪分子，从而弥补法律的漏洞，防止犯罪的发生，"以待罪轻而情重者，大率防五教之不及，

---

① （明）王明德：《读律佩觽》卷三之《充军》。
② （明）应槚：《大明律释义》。
③ 明律凌迟刑共13条，"凌迟之法，不列五刑，明律中为大逆、恶逆、不道等项，所犯非常，故意非常之法处之"［（清）沈家本：《历代刑法考·刑制总考》，中华书局1985年版，第63页］。原来处绞刑、斩刑的谋反、大逆、恶逆、不道等重罪均改为凌迟极刑。

以底刑期无刑之化"①。

《大明律》涉及"迁徙"的条目共有 4 条：卷 2《吏律》"滥设官吏"条，"若吏典、知印、承差、祗候、禁子、弓兵人等，额外滥充者，杖一百迁徙"；卷 4《户律》"禁革主保里长"条，"若有妄称主保、小里长、保长、主首等项名色生事扰民者，杖一百迁徙"；卷 7《户律》"收粮违限"条，"收粮若违限一年之上不足者，人户、里长杖一百迁徙"；卷 23《刑律》"官吏受财"条，"说事过钱者，有禄人减受钱人一等，无禄人减二等，罪止杖一百，各迁徙"。

注律家们从迁徙刑的历史渊源、属于闰刑的原因、迁徙的距离及其和流刑、徒刑的区别等方面进行了注释。第一，注律家们认为迁徙制度渊源于宋代的刺配。"迁徙自秦汉至唐并无其制，宋元丰刑部格，始有编配之目，政和立编配格。宁宗开禧元年，臣僚言国朝以人之难离乡井也，于是有配隶羁管之条。今之迁徙即配隶之类也。其制实原于宋。"② 第二，迁徙刑是介于徒刑和流刑之间的闰刑。张楷指出，其触犯的罪名虽然较轻，但其犯罪情节严重、社会影响恶劣，因此其处罚重于徒刑，轻于流刑，将罪犯发配至千里之外，终身不得返回家乡，"大概以冒法之人，罪虽轻而情则重，由其罪轻坐三流则为过刻，由其情重坐五徒不足以惩，故立此制，使之编配千里之外，终身不得迁乡，亦流放之意也。"③ 王肯堂也指出，由于迁徙刑迁至千里，是第五等徒刑五百里的一倍，而又是第一等流刑二千里的一半，因此，既不属于徒刑的五等，也不属于流刑的三等，单独以迁徙命名："若迁徙则止以千里为限，比于徒之五百里者，则倍增，较于一等流之二千里者，则倍减，但今其一去而不返耳。所以迁徙之法，既不得列于三流之中，复不得列于五徒之列，因特别而名之迁徙。"④ 第三，迁徙的距离。迁徙的距离为一千里，迁徙地不出本省，"迁徙者，挈此之彼

_____

① （明）陈永：《法家哀集》。
② （明）张楷：《律条疏议》。
③ 同上。
④ （明）王肯堂撰，（清）顾鼎重编：《王仪部先生笺释》。

曰迁，舍此之彼曰徙。孟氏曰迁其重器，又曰死徙无出乡，乃知迁徙之法，即不出本省之流法耳"①。第四，迁徙刑与徒刑、流刑的区别。迁徙刑与徒刑、流刑的区别在于：徒刑的距离不超过五百里，迁徙地为隔府、邻县，"盖五徒发配，近在隔府邻封，不出五百里之外"②；迁徙刑的距离为一千里，迁徙地不超过本省的界限；而流刑的距离为二千里到三千里，迁徙地不仅在本省之外，还有可能跨省甚至跨数省，"而流则不独出乎本省，且以越乎他省，或更越数省而远之"③。

（二）对充军刑的阐释

充军是明代独创的刑罚制度，居于五刑之外，是为了弥补刑制的漏洞而产生的。《明史·刑法志》记载："五刑之外，其重者曰充军。充军，明初为边防屯种，后定制，分极边、烟瘴、边远、边卫、沿海、附近。军有终身、有永远。"明代充军与明代军政相辅相成，"不同时期的军政状况为充军的行用提供了不同的背景和条件，也为衡量充军发挥的作用提供了不同的标准"④。充军的具体确定方式为：按律确定本罪，按条例或奏准事例定发充军，它没有明确的量刑标准，在惩治过程中，根据本罪在事实上的危害程度确定充军与否。⑤由于充军的灵活性弥补了传统五刑的缺陷，因此，充军逐渐代替流刑成为"降死一等"重罪的处罚方式。明代的律学家从充军的性质、充军的形成原因、充军的分类、充军的适用对象等方面对充军制度进行了详细的注释。

1. 充军的性质

充军是闰刑的一种，为五刑之外的刑罚制度，在实际司法行用中，代替流刑作为"降死一等"的重刑。《大明律》"军官军人犯罪

---

① （明）王肯堂撰，（清）顾鼎重编：《王仪部先生笺释》。
② （明）王肯堂：《律例笺释》。
③ 同上。
④ 吴艳红：《明代充军研究》，社会科学文献出版社2003年版，第230页。
⑤ 同上书，第200页。

免徒流"条规定："凡军官军人犯罪，律该徒流者，各决杖一百，徒五等，皆发二千里内卫分充军；流三等照依地里远近发各卫充军。"军官、军人犯徒流罪，以充军来代替，表明充军具有明显的重刑特征。同时，由于五刑中流刑的废而不用，充军成为仅次于真犯死罪的刑罚，所以，充军刑的性质为"降死一等"的重刑。充军作为"降死一等重刑"的说法在天顺时期就已出现，张楷在《律条疏议》一书中指出，"充军邻于死罪，岂可妄加平人"①，即充军刑仅轻于死刑，不可妄加于人。弘治以后，充军"降死一等"已经成为时人的常识。高举发刻《明律集解附例》和王肯堂所撰《律例笺释》中，《刑律》"诬告充军及迁徙"一条皆注曰："充军下死罪一等，在法中为至重也。"② 此外，充军不能减等发落，"常刑下的发落按《大诰》与恩例可以减等，充军本罪可以减等，充军本身则不能减等"，③"若律应仍尽本法及例该充军为民、立功、调卫等项，有罪虽遇例减等，仍照依律例发迁拟断"④。充军原则上也不能赎免，其赎免的对象严格限制在老小废疾之人。《律条疏议》对老小幼疾充军赎免作了解释，"今残疾老幼之人诬告人充军，虽合抵充及发边远，今既笃废残疾及老幼不堪发遣，亦合准故入人流罪条，杖一百流三千里，仍准名例收赎"⑤，老小幼疾之人因笃废残疾及老幼不堪发遣，因此不予抵充及发边远，按照"故入人流罪"给予其流三千里、附加杖一百的处罚，而且可以收赎。《律解辩疑》进一步解释，"今残疾老幼不堪充军及有事故难以调发，若果不妨科决，民人杖一百，余罪收赎钞二十四贯；军人免流，止杖一百。如妨科决，民人收赎钞三十贯；军人收赎钞六贯。"⑥ 因残疾老幼无法充军者，若不影响判决结果，普通

---

① （明）张楷：《律条疏议》卷二二，《刑律》"诬告充军及迁徙"条下"谨详律意"。
② （明）高举：《明律集解附例》卷二二；（明）王肯堂：《大明律例笺释》卷二二。
③ 吴艳红：《明代充军研究》，社会科学文献出版社 2003 年版，第 195 页。
④ 《皇明条法事类纂》卷三五"诈欺官私取财"。
⑤ （明）张楷：《律条疏议》。
⑥ （明）何广：《律解辩疑》，载杨一凡、田涛主编《中国珍稀法律典籍续编》第四册，黑龙江人民出版社 2002 年版。

人杖一百，剩余的罪即可以纳钞二十贯而赎免，军人免于执行流刑，仅杖一百；如果影响判决结果，则普通人杖一百，剩余的罪纳钞三十贯赎免，军人除杖一百外，还须纳钞六贯才能赎免。嘉靖十年（公元1531年），给事中王玑上疏请行赎军之法，提议被否决，《明实录》记载："上曰，律听赎者，徒杖以下小罪耳，未开以充军赎也。且死刑矜疑减从谪发，若一概听赎，则富者玩法纵横，是教之犯也，何以惩后？"①

2. 充军产生的原因

明代律学家认为，充军制度产生的原因主要有以下三个。

首先，为了防止军伍的流失，补充军伍的需要。"明代军队大量缺员，是充军发展的主要原因。"② 如姚思仁认为："军官有世勋，军人有定额，若犯罪者皆充徒流，则军伍渐乏，故止定其里数调发充军。"③ 在高举发刻的《明律集解附例》中，释律者指出："军官免徒流者，优其前绩，亦冀其后功也；军人免徒流者，悯其劳役，亦实其行伍也。"④ 王肯堂在注释"充军"时也充分揭示了充军补充军伍的作用："充军之令，从古未有。始自明时，分隶老师宿将，屯镇边隘，世守其地，以为外捍内卫之资，继而屡经调拨征战，什伍怕缺，故特设此令以补之，其所谓军者，即此荷戈执戟之行，列而充者，即充此逃故伤亡之什伍也，故统其名曰充军。"⑤

其次，为了弥补五刑制的漏洞。《明史·刑法志》记载："初置流罪三等，视地远近，边卫充军有定所。概降死一等，唯流与充军为重。然《名例律》称二死三流各同为一减。如二死遇恩赦减一等，即流三千里；流三等以《大诰》减一等，皆徒五年。犯流罪者，无不减至徒罪矣。故三流常设而不用。而充军之例为独重。"明代《大

---

① 《明世宗实录》卷一二五："嘉靖十年五月癸巳条"。
② 尤韶华：《明代司法初考》，厦门大学出版社1998年版，第196页。
③ （明）姚思仁：《大明律附例注解》卷一，《名例律》"军官军人犯罪免徒流"。
④ （明）高举发刻：《明律集解附例》。
⑤ （明）王肯堂撰，（清）顾鼎重编：《律例笺释》。

诰》减等，遇恩赦也减刑，"二死、三流同为一减"，犯绞、斩罪的罪犯，减刑后适用流三千里，而三等流刑减等后皆为徒五年，因此，死罪犯者可以减为"准徒五年"，三流罪犯可以减为"准徒四年"。由此可见，无论是从死刑减为流刑，还是实犯流刑者，均可减至徒刑，五刑中的三流不能实现"降死一等"重刑的司法功能，因此，流刑在实际中废而不用。为了弥补五刑的不足，明代运用充军作为"降死一等"的重刑。应槚在《大明律释义》中进一步解释了充军刑在实际中的替代作用，"律中所谓流三千里、二千五百里、二千里者皆不可用矣，故有罪重律轻者，则立为充军之例"①。

最后，体现恤刑的原则。充军犯者，犯罪情节严重，有较大的社会危害性，处以徒刑不足以惩戒犯罪，但处以死刑又过于严苛，因此，将犯罪分子发配到边远地区，让其戍守边防，一则能够有效地惩戒犯罪，二则体现了慎刑的原则。王肯堂认为："律例若曰，'彼乃凶恶无知，不自悛改之顽民，留之既虑其扰我善良，杀之不忍其遽罹惨裂，驱而远之，戍彼他方，彼固本非军也'。今则罚之以充其数，举凡罪出乎常律之外，不忍即加诛戮者，特设此例以开生路，乃所以恤之，非厉也。"②

3. 充军的分类

明代充军按照不同的标准可以分为不同的类型，以时间的长短为标准，可分为终身充军和永远充军，"在按名虽总曰充军，而核其实则有终身、永远之别"③；以距离的远近为标准，则可分为附近、沿海、边卫、边远、极边、烟瘴。

其一，以时间的长短分为终身充军和永远充军。永远充军处罚重于终身充军，永远充军一般适用于真犯死罪免死之人，而终身充军一般适用于杂犯死罪及徒流犯罪。弘治《问刑条例》第47条规定：

---

① （明）应槚：《大明律释义》卷一，《名例律》，"加减罪例"下。
② （明）王肯堂撰，（清）顾鼎重编：《王仪部先生笺释》。
③ 同上。

"凡真犯死罪免死，并叛逆家属子孙，及例该永远充军者，止在本房勾补，尽绝即与分豁。其余杂犯死罪并徒流等罪，照例充军及口外为民者，俱止充本身"。王肯堂在《律例笺释》中详细解释了二者的区别："盖终身者，罪止乎本身，苟或故绝，不复于原籍再为清勾，即有顶替，止以及其随行之子，及充发后所生之子若孙。故名例内止有发某处充军字样，而不冠以永远二字。凡律内无永远字样者，皆止于终身者也。若罪至永远，则子孙世世承之矣，倘充发之后，其人逃亡故绝，军伍空矣，则仍向原籍清勾其嫡长子孙以实之，如原籍中嫡长无人，更从亲枝子孙内，照伦序查其以次子孙，清察而勾补之，所以各州、府设立清军同知以专其事也。"① 也就是说，终身充军和永远充军的区别在于：前者刑罚仅适用于罪犯本人终身，正犯逃跑或死亡，该刑罚也就适用完毕，不再累及子孙后代；而后者不但适用于罪犯终身，而且累及正犯的世代子孙，正犯若逃跑或死亡，则以正犯的嫡长子孙充抵，若没有嫡长子孙，按伦常顺序以次子孙充抵，依此类推，直到找到充抵的人选为止。

其二，以距离的远近分为附近、沿海、边卫、边远、极边、烟瘴充军。在终身充军和永远充军中，按照充发地点的远近还可以分为附近充军、沿海充军、边卫边远极边充军、烟瘴充军四等。王肯堂在《律例笺释》中指出："然终身、永远二项中，又以充发地方分罪之轻重，其最重者，莫如烟瘴永远。烟瘴者，蛮烟瘴疠之地，川、粤、滇、黔是也，苗獞杂处，人同魑魅，性既悍犷，而猛兽蛇虺、山岚湿毒，非习水土者，率多夭札。故其罚为最，次之则极边边远边卫，以及沿海边外矣，再次则附近充军矣。"② 烟瘴充军最重，一般是用于严重危害国家统治和皇权利益的犯罪，如《真犯死罪充军为民例》中规定："兴贩私盐，潜住边境，与番夷交易，及在腹里贩卖与进贡

---

① （明）王肯堂：《律例笺释》。
② 同上。

回还夷人者，不拘斤数，连知情、歇家、牙保，俱烟瘴。"① 极边、边远、边卫同为一等，次于烟瘴，如"诱买各边军丁者，极边"②，"襄阳卫千户孙齐等人，剋落军人粮盐钱钞等，贬去边卫充军"③，再如"凡王府人役，假借威势，侵占民田，攘夺财物，致伤人命，除真犯死罪外，徒罪以上俱发边卫充军"。沿海充军，指充发地在"沿海边外"，处罚轻于极边边远边卫充军，如"各处备倭贴守，其把总等官纵容舍余人等代替正军者，正军问调沿海卫分"④。附近充军，处罚最轻，一般适用于轻微犯罪，如"其官旗军人、夫匠等，若冒顶正军入科场看守，属有司者发附近，俱充军"⑤。

4. 充军的适用对象

明代充军不仅适用于军籍犯罪，而且适用于非军籍犯罪。惩治的犯罪包括笞、杖、徒、流、杂犯死罪等各种犯罪。在具体处罚上，实行军民异罚，军籍犯重于非军籍犯，例如，《大明律》"在京犯罪军民"条规定："凡在京军民，若犯杖八十以上，军发外卫充军，民发别郡为民。"

《大明律》"军官军人犯罪免徒流"条规定："凡军官军人犯罪，律该徒流者，各决杖一百，徒五等，皆发二千里内卫分充军，流三等，照依地里远近发各卫充军，该发边远充军者，依律发遣并免刺字。若军丁、军吏及校尉犯罪，俱准军人拟断，亦免徒流刺字。"⑥注律家们认为该条的适用对象包括所有具有军籍的人，"军官指挥千百户也，军人谓正军，军丁谓军官、军人之余丁，军吏谓正军能识字选管文案者，校尉惟锦衣卫有此等之人"⑦。应槚解释了对具有军籍

---

① 《大明律》，怀效锋点校，辽沈书社1990年版，第307页。
② 同上书，第306页。
③ 杨一凡：《明大诰研究》，江苏人民出版社1988年版，第442页。
④ 弘治《问刑条例》第129条《皇明制书》。
⑤ 杨一凡、刘海年主编：《中国珍稀法律典籍集成》，科学出版社1994年版。
⑥ 杨一凡编：《中国律学文献》第二辑第一册，黑龙江人民出版社2005年版。
⑦ 同上。

之人适用充军的原因："若复加以流配徒役，则与凡人何异哉？"① 具有军籍之人，"已劳役离乡"，隶属戎籍，若对他们适用徒、流刑，无异于普通人犯罪，惩罚力度明显不足，不能达到有效惩治犯罪的目的，因此，具有军籍之人犯徒、流罪，适用充军刑。王肯堂进一步指出了军籍之人犯徒流罪充军的具体执行方式，"故犯罪律该徒流者，五徒三流各决杖一百，徒五等，皆发二千里内卫分充军，以当徒；流三等，各照依原流地里远近，发各卫充军，以当流"②，即犯徒罪者，杖一百，发二千里内；犯流罪者，杖一百，根据原来流罪的里数充军。

由于充军的灵活性，明代立法者不但在重修的《大明律》中大大增加了充军的条款，而且在《问刑条例》中规定了专门的充军条例。弘治《问刑条例》的颁布，使得充军惩治对象普遍化，包括军民诸色人等，但主要适用于军籍之人犯罪。"弘治《问刑条例》包括的充军条例中，军民同为充军对象的实际上共计有87条，占总条目的约75%，其次为仅以军官、军人为惩治对象的条目25条，约占22%，仅以文职官吏为惩治对象的条目3条，约占3%。"③ 同时，弘治《问刑条例》中的充军条款遍布《名例》《吏》《户》《礼》《兵》《刑》《工》各律，"《名例律》附充军条例16条，《吏律》附5条，《户律》附21条，《礼律》附2条，《兵律》附31条，《刑律》附50条，《工律》附3条。"④ 惩治的犯罪扩大为笞、杖、徒、流、杂犯死罪等各种犯罪。这些变化说明，充军逐渐成为一种普通的重刑而得到广泛的适用。在实际运用中，明代充军对军民实行同罪异罚，对军籍罪犯的处罚重于非军籍罪犯的处罚，例如，"诬告充军及迁徙"条规定："凡诬告充军者，民告，抵充军役；军告，发边远充军。"《律条疏议》解释曰："凡诬告人罪该充军者，若原告系是民人，抵充被告合

---

①　杨一凡编：《中国律学文献》第二辑第一册，黑龙江人民出版社 2005 年版。

②　（明）王肯堂撰，（清）顾鼎重编：《王仪部先生笺释》。

③　吴艳红：《明代充军研究》，社会科学文献出版社 2003 年版，第 62—68 页。

④　同上书，第 70—73 页。

得之罪，断发充军；如系军人，发边卫所充军。"① 也就是说，如果民人犯诬告罪，则按其诬告所涉及的罪名处以充军，一般指附近充军，距离比较短，处罚比较轻；如果是军人犯诬告罪，则发边卫所充军，距离远、处罚重。

（三）对刺字的注释②

刺字不属于明代五刑的范围，不能单独作为一种刑罚，只能作为一种附加刑附加适用于五刑。明律涉及"刺字"的共十条③，主要适用于惩治盗窃犯罪。《大明律》"窃盗"条规定："凡窃盗已行而不得财，笞五十，免刺。但得财者，亦一主为重，并赃论罪。为从者，各减一等。初犯并于右小臂膊上，刺窃盗二字，再犯刺左小臂膊，三犯者，绞。以曾经刺字为坐。掏摸者，罪同。若军人为盗，虽免刺字，三犯一体处绞。"④ 刑部尚书舒化奏曰："刺字之法，所以惩盗，凡盗贼犯徒罪以下者，不问赃数多寡，并从刺字。监守常人盗二条，据律各载刺字之文，而满贯罪至斩、绞者，从无刺字之例。今后除各盗犯该徒罪以下刺字外，其杂犯斩绞准徒者俱照旧免刺，得旨军官军人犯该徒流律并免刺，以后文职照军官一体行，其余俱以盗论。及杂犯斩绞准徒者俱尽本法刺字，著为令。"刺字是为了惩罚盗窃犯罪，其只适用于犯徒罪以下的盗窃行为，只要实施盗窃，不问所得赃物的多少，均要刺字。

此外，凡律文规定"以盗论"的犯罪，也附加适用"刺字"。盗窃犯罪有免于刺字的情形：盗窃不"得财"者免刺；"准窃盗"犯罪免刺；凡称与同罪者，止坐其罪，不在刺字之限。雷梦麟在《读律琐

---

①　（明）张楷：《律条疏议》。

②　尽管明代"刺字"不属于五刑，也不能称为五刑之外的闰刑，但由于刺字是作为附加于主刑而适用的附加刑，某种程度上也可以当作五刑之外的刑罚。

③　这十条分别为：《名例律》之"二罪俱发以重论"条；《刑律》之"监守自盗仓库钱粮"条、"常人盗仓库钱粮"条、"白昼抢夺"条、"窃盗"条、"起除刺字"条、"盗大祀神御物"条、"盗制书"条、"盗印信"条和"盗城门钥"条。

④　《大明律》，怀效锋点校，辽沈书社1990年版，第104页。

言》中详细解释了"免刺"的适用对象:"免刺之人,不惟军人为然,其军官、总小旗、军丁、识字军吏、军斗、军匠、军厨、舍人、舍余、局匠、男士、力士、校尉、将军、老幼妇女有犯,俱不刺字,余人并刺之。"① 《明律集解附例》则详细列举了"免刺"的各种情况:"若军人为盗免刺;凡盗田野谷麦菜果及无人看守器物者,免刺;凡各居亲属相盗财物者,并免刺;其同居奴婢雇工人,盗家长财物及自相盗者,免刺;凡恐吓取人财物者,免刺;凡用计诈欺官私以取财物者,免刺;若冒认及诓骗拐带人财物者,免刺;凡发掘坟冢,盗取器物砖石者,免刺;其知人强窃后而分赃者,免刺。"② 即免刺的适用范围包括:军人盗窃、盗窃田野谷麦菜果及无人看守器物者、同居奴婢雇工人盗窃家长财物及自相盗者、各居亲属相盗财物者、恐吓盗取他人财物者、用计诈欺官私以取财物者、冒认及诓骗拐带他人财物者、发掘坟冢盗取器物砖石者、知人强窃后而分赃者。

三　对赎刑的阐释

赎刑,是我国古代的一种刑罚制度,指罪囚以财物、劳役或者官爵赎免所科之罪。赎刑并不是一个独立的刑种,一般不直接适用于某一罪名,只是在判定某种罪行应科的刑罚之后,可以依法律以财物、劳役、官爵等折抵刑罚,求得赎免。赎刑制度产生于夏朝,以后诸代不断发展。到了明代,立法者除了在《大明律》中规定赎刑外,还颁布了一系列专门规范赎刑的条例、则例,例如明成祖定《京仓纳米赎罪例》、宣宗定《宣德赎罪例》、代宗定《运砖赎罪例》《原刑赎罪则例》《徒限内老疾收赎则例》等。明代赎刑制度较之前代更加完善,不仅可以依律收赎,而且可以依例收赎,"律赎"和"例赎"相

---

① (明)雷梦麟:《读律琐言》,怀效锋、李俊点校,法律出版社2000年版,第324页。
② (明)高举:《明律集解附例》。

辅而行。① 同时，赎刑的适用范围扩大，可适用于真犯死罪以外的各种犯罪。赎罪方式进一步多元化，根据罪犯的经济实力可以选择不同的赎法。针对这些发展、变化，明代注律家们采用多种注释方法，或以歌诀的形式、或以图表的形式，② 从赎刑的历史沿革、目的、适用范围、"律赎"与"例赎"的区分以及赎罪方式等方面对赎刑制度作出了详尽而又完备的解释。

（一）钩沉赎刑的历史沿革

律学家们钩沉了"赎刑"的历史沿革及其发展变化。他们认为，关于"赎刑"的最早记载为《虞书》，一般适用于过失犯罪，以铜赎罪，"《书》云：'金作赎刑'。注曰：'误而入罪，出金以赎之'"③。夏朝就有了赎刑，一般适用于疑罪犯者，以铜作为赎物，认"锾"为单位。"甫侯训夏赎刑云：'墨辟疑赦，其罚百锾；劓辟疑赦，其罚惟倍；剕辟疑赦，其罚倍差；宫辟疑赦，其罚六百；大辟疑赦，其罚千锾'。注云：'六两曰锾，黄铁也。'"④ 即没有充足的证据能证明判处墨刑的犯罪，罚一百锾来赎免；处以劓刑有疑问的，罚二百锾来赎免；处以剕刑有疑问的，罚四百锾来赎免；处以宫刑有疑问的，罚六百锾来赎免；处以大辟有疑问的，罚一千锾来赎免。

秦代沿用夏朝的赎刑。汉代扩大了赎刑的适用范围，死罪以下，均可以纳"缣"赎罪："汉明帝中元二年，诏亡命殊死以下，听得赎论。死罪入缣二十匹；右趾至髡钳城旦舂，十匹；完城旦舂至司寇，作三匹；其未发觉，诏书到先自告者，半入赎。"⑤ 到魏晋时期，赎

---

① 《明史·刑法志》载："凡赎法有二，有律得收赎者，有例得纳赎者。"
② 唐尧臣的《法家衷集》中记载的《收赎歌》《妇人纳钞歌》《纳米歌》；应槚的《大明律释义》中记载的《附纳赎例图》《收赎钞图》；高举发刻的《明律集解附例》记载的《附在外纳赎诸例图》；王肯堂撰的《律例笺释》中记载的《诬轻为重收赎图》；彭应弼撰的《刑书据会》中记载的《附律例钱钞图》。
③ （明）何广：《律解辩疑》卷一，《名例律》之"五刑收赎"。
④ （明）张楷：《律条疏议》卷一，《名例律》之"五刑赎例"。
⑤ 同上。

刑适用于"八议"犯者："应八议以上，皆留官收赎，勿髡、钳、笞。"① 梁武时期，因袭汉代的规定，以"纳布""纳绢""纳金"的形式赎罪，"梁武依周汉故事，有罪者，赎布、赎绢至八十四、四十八匹、三十六匹、二十四匹；罚金一两二斤、一斤、一斤八两之制，未免失之大宽"。隋唐时期，五刑皆可赎，应赎者，以铜代绢，"隋开皇制律，品第九以上犯者，听赎。应赎者，皆以铜代绢。唐因之，笞自一斤至五斤；杖自六斤至一十斤；徒自二十斤至六十斤；流自八十斤至一百斤；死刑至一百二十斤"。宋代损益旧制，赎刑具有严格的适用范围，只适用于"官荫得减"者和轻罪犯者，"凡有官荫得减，赎"，"仁宗深悯民之无知也，欲立赎法以待薄刑，议者以为富人得赎，贫者不能免其事，遂寝。终宋之世，赎法惟及轻罪而已"②。明代赎刑分为"律赎"和"例赎"，"律赎无敢损益，例赎则因时权益，先后互异"③，二者等级分明、轻重适当。"国初因唐制而赎以钱。五刑一十九等，自六百文以至二十四贯，等级分明，轻重适当。即唐虞金作赎刑之遗意，而历代赎法莫备于此矣。"④ 适用范围包括除真犯死罪外的一切犯罪，并以经济实力的不同分为"罚役"和"纳赎"两种方式，"罚役"主要指在"无财力"的情况下，以服劳役的形式赎免所犯罪行；"纳赎"则指在"有财力"的情况下，以纳钱、纳物等形式赎免所犯之罪。

（二）解释明代赎刑的目的

明代赎刑制度的完善，体现了国家在实施刑罚过程中的矜恤原则。《明史·刑法志》记载："明律颇严，凡朝廷有所矜恤，限于律而不得伸者，一寓之于赎例，所以济法之太重也。"律学家们将赎刑的目的概括为"恤民之命、矜民之愚"。例如，唐枢在《法缀》中指

---

① （明）何广：《律解辩疑》卷一，《名例律》之"五刑收赎"。
② （明）张楷：《律条疏议》卷一，《名例律》之"五刑赎例"。
③ 《明史·刑法志》。
④ （明）张楷：《律条疏议》卷一，《名例律》之"五刑赎例"。

出："误而入罪立赎例，矜民之愚也。……夫悯生于疑，先王不得已之心，若悯生于罪，则虽小而圣人不为也。"① 老幼废疾犯罪收赎和妇女犯罪收赎，也充分体现了"矜恤"的思想。"老幼废疾工役乐户及一应收赎者，……所以老老幼幼，矜不成人，而并贷夫贱役妇人也。"② "军职正妻、难以的决，并妇人有力赎罪条内所云之余罪收赎者，……盖妇女不可以充徒役，一例收赎，初不因其有力也而故宽之，所以矜女弱也。"③ 同时，赎刑的收入也是国家财政收入的一个重要来源，国家经常借助赎刑的收入，来佐助一些急需的开支。另外，充实边防、补足储备、救济灾荒、官府颁给等各项较大的开支，往往也从没收赃物、赃款和犯人赎罪的钱物中取得，"又国家得时籍其入，以佐缓急。而实边、足储、振荒、官府颁给诸大费，往往取给于赃、赎二者。故赎法比历代特详"④。因此，明代有关赎刑的法律规定比以前各代都更为详细。

（三）注释赎刑的适用范围

明代赎刑的适用范围很广，包括除真犯死罪以外的各种犯罪，适用对象也包括军民官吏诸色人等。《律例笺释》解释了明代赎刑的范围："所载折赎各图，皆除真犯死罪外，自杂犯斩绞以至于笞，无不各著以折赎、收赎之例，惟以无力、有力、稍有力为赎与决配之差。"⑤ 沈家本在《历代刑法考》中也指出："（明代）凡军民诸色人役及舍余审有力者，与文武官吏、监生、生员、冠带官、知印、承差……，不分笞、杖、徒、流、杂犯死罪，俱令运灰、运炭、运砖、纳米、纳料等项赎罪。"⑥ 顾鼎在重编《王仪部先生笺释》时认为，

---

① （明）唐枢：《法缀》。
② （明）王肯堂撰，（清）顾鼎重编：《王仪部先生笺释》。
③ 同上。
④ 《明史·刑法志》。
⑤ （明）王肯堂：《律例笺释》。
⑥ （清）沈家本：《历代刑法考·刑法分考十六》，中华书局1985年版，第465页。

由于赎刑的适用范围较广，可以通过排除不适用赎刑的情况来界定赎刑的范围："似乎凡曰五刑，无不皆在所赎之中，而不知实有不概准折赎者，特未明著于律耳，如杂犯各条中，其重者固不准赎，其轻而至于笞杖者，似亦不得因其刑之轻而准赎之也；又如文武官有犯杖徒、杖流者，杖准赎而徒、流不准赎。妇人有犯杖徒、杖流者，徒、流准赎而杖不准赎。明乎各项为不准赎，则凡余者皆在听赎之列，可知矣。"①

（四）区分"律赎"和"例赎"

明代的赎刑分为"律赎"和"例赎"，前者指根据《大明律》的规定收赎，后者指根据赎罪条例的规定纳赎。"律赎"和"例赎"的区别主要在于三个方面。第一，赎罪的内容不同。收赎是赎余罪，例如，《大明律》规定，某些犯徒流罪者，除杖一百外，徒流刑部分按规定标准折成杖数，然后照杖数赎罪。纳赎是赎全罪，根据笞、杖、徒、流、杂犯死罪适用不同的赎罪标准与赎罪方式。第二，适用的对象不同。嘉靖七年（公元1528年），巡抚湖广都御史朱廷生言："收赎与赎罪有异，在京与在外不同，……故事审有力及命妇、军职正妻，及例难的决者，有赎罪例钞；老幼废疾及妇人余罪，由收赎律钞。"②"律得收赎"适用于天文生、老幼、废疾及妇女犯徒流者。明律规定，"若天文生习业已成、能专其事，犯徒及流者，决杖一百，余罪收赎"；再如，"妇人有犯，罪应徒流者，决杖一百，余罪收赎"。另外，明律"老小废疾收赎"条规定："凡年七十以上、十五以下及废疾，犯流罪以下收赎；八十以上、十岁以下及笃疾，犯反逆杀人应死者，议拟奏闻，取自上裁，盗及伤人者，以收赎；又凡犯罪时未老疾，而事发时老疾者，依老疾论，若在徒年限内老疾，亦如

---

① （明）王肯堂撰，（清）顾鼎重编：《王仪部先生笺释》。

② 《明史·刑法志》。

之。"① 王肯堂在《律例笺释》中对此作了详细解释："老幼废疾工役乐户及一应轻赎者，盖其法自笞杖以至杂犯五年，皆以每十笞杖，纳银七厘五毫为例，每十杖加一等，至徒一年，则包杖一百在内，加至一钱五分，推而至于斩、绞，共递加至五钱二分五厘而止。所以老老幼幼，矜不成人，而并贷夫贱役妇人也。"② 另外，依律收赎的范围还包括过失犯罪和诬告犯罪的余罪。"过失杀伤人，准斗殴杀伤罪，依律收赎，给付其家。"③ 即"过失杀伤人"，定"斗殴杀伤罪"，根据律文的规定收取赎金，给付给受害人。《大明律》规定："告二事以上，轻实重虚，或告一事，诬轻为重者，已论决全抵剩罪，未论决：笞、杖收赎，徒、流杖一百，余罪亦听收赎。"即在诬告犯罪中，如已执行了部分惩罚，则剩余的罪可以依律收赎，如尚未执行，则笞、杖罪直接收赎，徒、流罪杖一百后，剩余的罪收赎。纳赎的适用面则较广，包括军民官吏诸色人等，如嘉靖二十九年（公元1550年）《赎罪条例》规定："凡军民诸色人役及舍余审有力者，与文武官吏、监生、生员、冠带官、知印、承差、阴阳生、医生、老人、舍人，不分笞、杖、徒、流、杂犯死罪，俱令运灰、运炭、运砖、纳米、纳料等项赎罪。"第三，稳定性不同。律得收赎是朱元璋所定，属于祖宗成法，万世不得更改；而例得纳赎则因时权宜，经常变化，各朝都根据实际情况在《赎罪条例》中对赎罪的方式、纳赎的标准等作出修改与调整。

（五）注释赎刑的方式

明代根据罪犯的经济实力的不同分为两种方式，若"有力"，即有经济实力，采用"纳赎"的方式；若"无力"，即无经济实力，则采用"罚役"的方式。唐枢在《法缀》中解释曰："自洪武来，例除

---

① （明）雷梦麟：《读律琐言》，怀效锋、李俊点校，法律出版社2000年版，第35页。
② （明）王肯堂撰，（清）顾鼎重编：《王仪部先生笺释》。
③ 《大明律》"过失杀伤人"条。

真犯死罪外，自杂犯死罪、笞、杖、徒、流，审有力。无力纳米、做工；后复又稍有力，纳工价；稍次有力，纳工食，又纳各等纸即供所用。""纳赎"，即以财物赎罪，又可分为纳钱和纳物两类，纳钱包括纳银、纳钞、纳钱、纳铜等，而纳物则包括纳米、纳豆、纳马等。"罚役"，即以劳役赎罪，包括做工（前期称为输作）、种田、瞭哨、摆站、运砖、运炭、运灰、运石、运水等。例如，《明史·刑法志》记载："宣德二年定，笞、杖罪囚，每十赎钞二十贯。徒、流罪名，每徒一等折杖二十，三流并折杖百四十。其所罚钞，悉如笞、杖所定。无力者发天寿山种树：死罪终身；徒流各按年限；杖，五百株；笞，一百株。"① 即判处笞杖刑的罪人，每一等交赎钞二十贯。判处徒罪、流罪者，徒罪每一等折杖二十，三等流刑都折杖一百四十；罚钞的多少，完全按照笞杖刑规定的数目折算。没钱赎罪的发遣到天寿山种树：死罪终身种树，徒罪流罪各按规定的年限种树，杖罪罚种五百株，笞罪最重为种一百株。另外，京城与地方适用不同的赎罪方式。"在京"适用做工、运囚粮、运灰、运砖、运水、运炭等，"在京则做工，每笞一十，做工一月，折银三钱，至徒五年，折银十八两。运囚粮，每笞一十，米五斗，折银二钱五分，至徒五年，五十石，折银二十五两。运灰，每笞一十，一千二百斤，折银一两二钱六分，至徒五年，六万斤，折银六十三两。运砖，每笞一十，七十个，折银九钱一分，至徒五年，三千个，折银三十九两。运水和炭五等，每笞一十，二百斤，折银四钱，至徒五年，八千五百斤，折银十七两。运灰最重，运炭最轻"②。在外则分为"有力""稍有力"，"有力"根据在京运囚粮的标准纳谷，"稍有力"根据在京做工的年月折赎，"在外则有力、稍有力二等。其有力，视在京运囚粮，每米五斗，纳谷一石。稍有力，视在京做工年月为折赎"。③ 王肯堂认为，在京

---

① 《明史·刑法志》。
② 同上。
③ 同上。

城和地方适用不同的赎罪方式，体现了刑罚的适中，"在京则做工、纳米、运灰、运砖、运炭、运石六等；在外则有力、稍有力二等，轻重适中"①，在京包括做工、纳米、运灰、运砖、运炭、运石六等，在外包括有力、稍有力两等，充分考虑了不同地方的不同情况。

四　对《狱具图》的注释

刑罚的实施借助于刑具的使用，明代立法者为了更好地适用《大明律》，将《狱具图》置于律首。《狱具图》详细规定了五刑各罪处罚时所使用的刑具的标准与尺寸，有助于量刑的标准化与具体化。明代注律家们对《狱具图》做出了详细的解释。

（一）介绍明代以前历朝的刑具

上古三代时期，刑具有鞭、朴，"《虞书》鞭作官刑，朴作教刑"②。周朝有梏拳、桎梏："周官掌囚，上罪梏拳而桎，中罪桎梏。注谓拳者，两手共木，桎梏者，两手各一木，是刑之有具尚矣。"③汉代用"箠"作为笞刑的刑具："景帝时，御史大夫卫绾请笞者，箠长五尺，末薄半寸，皆去其节，当时刑具未备。"④梁武时期，刑具有械杻、斗械、钳、鞭、荆："梁武制刑，囚有械杻、斗械及钳，并立轻重大小之差而为定制。其鞭有制鞭、法鞭、常鞭三等，杖皆用荆。"⑤北齐时期有锁、枷杻："北齐讼系者，锁；流罪以上，枷杻，杖长三尺五寸。"⑥后周有枷拳、枷梏、枷鞭、锁："后周死罪枷而拳，流罪枷而梏，徒罪枷鞭罪桎，断有爵者，死罪以下锁之。"⑦隋

①　（明）王肯堂撰，（清）顾鼎重编：《王仪部先生笺释》。
②　（明）张楷：《律条疏议》。
③　同上。
④　同上。
⑤　同上。
⑥　同上。
⑦　同上。

代确立五刑制度后，将前代的各种刑具废除："至隋文帝始定五刑。自前代有司讯拷之具，若大棒、束杖、车辐、鞵底之类，尽除之。"①唐代颁布的"格"中，初步确定了实施刑罚时所使用的刑具，具体包括枷、杻、钳、锁、杖。"唐武德二年，始颁新格：枷长五尺以上，六尺以下；杻长六寸以上，二尺以下；钳重八两以上，一斤以下；锁长八尺以上，一丈二尺以下；诸杖皆削去节目，长三尺五寸；讯杖大头三分九厘，小头三分三厘；常杖大头二分七厘，小头一分七厘；笞杖大头二分，小头一分半。自后狱具始定。"② 五代沿袭唐代的刑具："如周显德五年制长三尺五寸，大头阔不过二寸，厚及小头径不得过九分，流徒笞杖通用常行杖。开宝二年五月，以暑气方盛，诏洗涤枷杻，则唐之刑具未尝改也。"宋代的主要刑具为杖："宋太祖定折杖法，流徒脊杖、笞杖并臀杖。"③

（二）注释明代狱具的种类

明代狱具共有七种，笞、杖、讯、枷、杻、铁索、铁镣。《大明律》之《狱具图》列举了这七种刑具的尺寸、重量和适用的犯罪，注律家们进一步分析了刑具在实际中的具体运用情况。

"笞"，用小荆条做成，削去小荆条的枝节，用筋、胶连接，长三尺，两头粗细不等，细的一头直径为一分七厘，粗的一头直径为二分七厘，适用于笞刑罪犯，具体实施时，用细的一头笞打犯人的臀部："大头径二分七厘，小头径一分七厘，长三尺。以小荆条为之，须削去节目，用官降较板，如法较勘，毋令筋、胶诸物装钉。应决者，用小头臀受。"④ "杖"，材料为大荆条，削去大荆条的枝节，也用筋、胶连接而成，长三尺五寸，两头粗细也不等，细的一头直径为二分二

---

① （明）张楷：《律条疏议》。
② 同上。
③ 同上。
④ 《大明律讲解》之《狱具图》，见杨一凡编《中国律学文献》第一辑第四册，黑龙江人民出版社 2004 年版。

厘，粗的一头直径为三分二厘，适用于杖刑罪犯，具体实施时也是用细的一头杖打罪犯的臀部："大头径三分二厘，小头径二分二厘，长三尺五寸。以大荆条为之，亦去节目，用官降较板，如法较勘，勿令筋、胶诸物装钉。应决者，用小头臀受。"①"讯"，用荆杖做成，长五寸，细的一头直径为三分五厘，粗的一头直径为四分五厘，适用于赃证明白但不承认、不招供的重罪犯者，施刑时分别杖打罪犯的臀部和腿部："大头径四分五厘，小头径三分五厘，长三尺五寸，以荆杖为之，其犯重罪，赃证明白，不服招承，明立文案，依法考讯，臀、腿分受。"②"讯"适用的罪行重于"笞""杖"，在执刑时，"讯"杖打罪犯的臀部和腿部，"笞""杖"仅杖打罪犯的臀部。王肯堂在《律例笺释》中解释了"讯"与"笞""杖"的区别："（讯）大头止径四分五厘，其用惟于重罪不服，其法止于臀腿分受，至于笞杖止加于臀而已，不及腿也。"③"枷"，用干木做成，长五尺五寸，直径为一尺五寸，根据不同的刑罚，枷的重量不同，对死罪犯使用的枷重二十五斤，对徒、流罪犯使用的重二十斤，对杖罪犯使用的重十五斤。王肯堂在《律例笺释》中对枷作了解释："枷有三等，死罪重不过二十五斤，徒流二十斤，杖十五斤。夫枷非令负重，止书罪名于上，号令示众而已，故曰枷号。至于一百斤、一百二十斤大枷，于例虽有，用亦不常。"④"杻"，用干木做成，长一尺六寸，厚一寸，只适用于男子犯死罪者，男子犯流以下罪以及妇人犯死罪不用此刑具，"长一尺六寸，厚一寸。以干木为之，男子犯死罪者用杻，犯流罪以下及妇人犯死罪者不用"⑤。唐枢在《法缀》中注释曰："杻长一尺六寸，厚

---

① 《大明律讲解》之《狱具图》，见杨一凡编《中国律学文献》第一辑第四册，黑龙江人民出版社 2004 年版。

② 同上。

③ （明）王肯堂撰，（清）顾鼎重编：《王仪部先生笺释》。

④ 同上。

⑤ 《大明律讲解》之《狱具图》，见杨一凡编《中国律学文献》第一辑第四册，黑龙江人民出版社 2004 年版。

一寸，以干木为之，男子用死罪，流以下及妇人死罪不用。"① "铁索"，"长一丈。以铁为之，轻犯罪人用"②。"铁镣"，一般锁于徒罪犯的脚踝上，"连环，共重三斤。以铁为之，犯徒罪者带镣工作"③，主要是为了防止徒罪犯者的逃跑。

（三）强调谨慎使用刑具的重要性

由于刑罚的实施依赖于具体的执法者，因此，司刑者谨慎、正当地使用刑具就显得尤为重要。但在实际中，一些不法官吏曲意枉为、滥用刑具，使刑具失去了其所承担的正常的司法功能而成为重刑、苛刑的工具。如《狱具图》规定"枷"有三等，死刑犯适用二十五斤，徒、流犯适用二十斤，杖罪适用十五斤，但由于司法官吏的滥用，其"行之久，大不守其初制"④。针对这种情况，注律家们提出，执法者在执行刑罚时，应当慎用刑具，保证刑罚的轻重适中。如王肯堂认为，在用"竹篦"制作刑具时，应去其"棱节"，使其光滑；而在使用刑具时，应区分不同的犯罪情节和犯罪行为，给予不同部位、不同次数、不同轻重的杖打，不可不分轻重、不分部位、不分次数随意使用该刑具。"近日各衙门用重大竹篦，不去棱节，听从恶卒，任责腿弯，多者三五十，或内溃割肉，或筋伤残废，此惟法司惩创极恶大奸，百一用之。郡邑职在牧民，常刑常如是也，但竹篦通行已久，不能遽革以纵奸顽，亦当分为轻重三等，每板臀、腿分受，十板以上两腿分受，何处非肌肤，何肌肤不痛楚，而必欲残民以逞能哉？如不系极恶大奸、万民所恨，而仍前概用重大，及数多加力，又丛于一处，擅及于腿弯者，无问曾否伤人，此等酷刑当慎。"⑤ 另外，律学家们

---

① （明）唐枢：《法缀》。
② 《大明律讲解》之《狱具图》，见杨一凡编《中国律学文献》第一辑第四册，黑龙江人民出版社 2004 年版。
③ 同上。
④ （明）唐枢：《法缀》。
⑤ （明）王肯堂：《律例笺释》。

还认为，应当严格限定"杻"的适用范围，"杻"只适用于犯死刑的男子，妇人犯死罪以及犯流以下罪行的犯罪分子（不分男女），均不得使用"杻"，"至于木杻，惟死罪男子始用，充军以下，例不械其两手，念人情之便也。妇人虽死罪不杻，谓饮食、便溺不可托之他人，重男女之别也。以后各衙门非犯死罪男子，不得一概用杻，以伤朝廷体恤人情之意"①。

---

① （明）王肯堂撰，（清）顾鼎重编：《王仪部先生笺释》。

第六章　明代注释律学的历史地位

　　明代注释律学在中国古代律学的发展进程中起着承上启下的重要作用。在充分吸收和借鉴先秦至宋元各代注释律学发展的成果的基础上，明代私家注律文献的数量大大超过前代，注律家不但用新的制律理论对明律新增条款和修订条款进行诠释，而且遵循律例关系理论对刑例进行了新的阐发，注律文献所采用的编纂体例和注释方法较之前代也有了新的进步。明代注释律学的繁荣，促进了明代律学的发展和繁荣，推动了清代律学的集大成和法制的进步，对东南亚国家的法制发展也产生了深远的影响。

一　明代注释律学对前代注律成果的继承

　　任何一种学术的发展都有其内在的传承关系。检阅存世的历朝律学文献不难看出，自先秦至明清，随着时间的推移，注释律学的水平也逐渐提高。明代注释律学正是在继承前代注律成果的基础上才达到了繁荣的程度。

　　其一，对前代注释内容的继承。晋代注律家张斐在《律注表》中对"故""失""谩""戏"等20个法律概念作出了较为明确的解释，这些解释多为后代注律作品采纳。明代注律家在注释"故杀""戏杀""过失杀"等"七杀"罪名时参考了张斐的解释。对于唐代的注律成果——《唐律疏议》，明代注律家则是全方位地继承。例如，《唐律疏议》钩沉了唐代以前律典的发展过程，明代注律家在叙述律典的沿革时，几乎都引用了唐律"疏议"的观点。明初的注律作品，如何广撰《律解辩疑》，几乎在所有注释中都引用《唐律疏议》的内容。明代私家注律的重要代表作品《读律琐言》《读律管见》和《律例笺释》，也大量引用《唐律疏议》的观点和注释。明代注律家在注释五刑、六赃、赎刑等重要的刑名、罪名时，均是在借鉴唐、宋、元各代注释观点的基础上进一步完善，从而使诠释的内容更加全面、合理。

其二，对前代注释体例的继承。唐代以前的注律作品，或者比较分散，或不可考，故无法得知它们的编纂体例。《唐律疏议》采用律、注、疏一体的注释体例，先列律文，接着是律注，然后是"疏议"。《宋刑统》在沿袭《唐律疏议》结构的基础上，将相关的令、格、式、敕、起请等附于"疏议"之后，改变了唐代律书只限于律文注释编纂的模式，为明清律例注释的综合编纂提供了先例。宋元时代的私家律注作品，注释体例一般采用歌诀"韵体"的格式。例如，众多注律者注释的《刑统赋》，以八韵分目，傅霖、郑氏、王亮等在每一韵中对律文进行注释。明代注释律学继承了前代律书的注释体例。《律条疏议》的体例基本仿照《唐律疏议》，"于律篇则述其沿革之由，于各条则析其致辟之旨"。明代中后期，律注作品大多采用律例注释合编的体例，把例文及相关的令、则例等附于律文之后，这种结构则源自《宋刑统》的编撰体例。何广在《律解辩疑》中，以七言形式注释了大明律的条目、"六赃总类"，以六言歌诀注释了"例分八字之义"，以五言的形式注释了外亲和妻亲的服制等。① 由此可见，明代律学家很重视吸收前代律书编纂的经验，这是明代注释体例多样化、注律水平得以超越前人的重要原因。

其三，对前代注释方法的继承。先秦时期注释律学的代表作品

---

① （明）何广：《律解辩疑》之《律条总目歌》《六赃总类歌》《例分八字西江月》《外亲服之歌》《妻亲服之歌》，见杨一凡、田涛主编《中国珍稀法律典籍续编》第4册，黑龙江人民出版社2002年版。

《法律答问》开创了"问答"式注释方法。魏晋时期，张斐在注释《泰始律》时采取比较、辨析的解释方法。《唐律疏议》在此基础上，还注重对律典的发展演变过程采用历史钩沉的方式加以解释。另外，注律家们对一些字词运用训诂的方法作出解释，如"笞者，击也，又训为耻"①。宋元的注律家们更多地运用音韵训诂的方式注释律文，并开创了图表的注释方法。宋人孙奭在《律附音义》中，以音韵训诂方法注释律文中的名词和术语，元人王元亮在《唐律纂例五刑图》中，采用图表的形式对"五刑"等一些重要刑名进行解释。明代注律家继承了上述各种注律方法，许多注律作品或多或少地都采用"问答""训诂"的注释方式；在钩沉律典沿革过程中，又普遍采用了历史解释方法。《读律歌》把律文编成诗歌，以达到通俗易懂、易记的目的。《律解附例》《读律琐言》《读律管见》《律例笺释》等作品都采用了比较、辨析的注释方法。在继承前代注释方法的基础上，明代的解释技术进一步成熟和完善。

二　明代注释律学的发展与创新

　　律例关系理论的确立、"明刑弼教"理论的改造和深化、律学各分支学科的形成和发展、律学理论与应用律学的融合，以及注释律学对罪名、刑名的新的诠释，是明代律学发展的主要标志。在体现明代律学重大发展的这些标志中，前两个具有理论创新性质，各分支律学学科的形成扩大了律学的研究领域，均能够十分鲜明地反映明代律学创新的特色。由于注释律学在唐代时已相当成熟，明代注释律学较之前代的发展不是表现在全局性的思想理论变革方面，而是体现在对一些具体罪名、刑名的阐发方面，也就是说，注释律学的发展属于局部的、微观的发展。明代注释律学与前代比较，在以下四个方面有比较突出的发展。

---

① 　（唐）长孙无忌等：《唐律疏议》，刘俊文点校，中华书局 1983 年版，第 3 页。

其一，私家注律成果数量的增多。由于司法实践的需要、统治者
注重讲读律令和普及法律教育，以及律例关系理论的形成，明代私家
注律进一步兴盛，注律作品层出不穷，多达百余种，在注释律学发展
的每个阶段都有重要的、代表性的注律作品。明代前期的代表作品有
何广撰《律解辩疑》；明代中叶有张楷撰《律条疏议》、胡琼撰《大
明律解附例》；明代后期，注律作品极大丰富，嘉靖年间有王樵撰
《读律私笺》、陆東之撰《读律管见》、应檟撰《大明律释义》、雷梦
麟撰《读律琐言》、陈永辑《法家裒集》；万历年间有高举发刻《明
律集解附例》、王肯堂撰《律例笺释》、姚思仁撰《大明律附例注解》
及萧近高、曹于汴注释《刑台法律》；崇祯年间有彭应弼撰《刑书据
会》、苏茂相撰《临民宝镜》等。私家注律作品的增多，充分反映了
明代私家注律的兴盛。

其二，用新的制律理论对新增加或修订的律条作出了新的阐发。
大明律较之《唐律疏议》和《宋刑统》，律条有所减少，但内容有所
创新，根据时局和治国实际的需要，设置了一些新的律条，并对许多
律条的内容因时损益，刑罚的轻重有所改变。明律较之前代法律的一
个重大变化，就是在"明礼以导民，制律以绳顽"和"刑罚世轻世
重"的指导思想下，按照"重其重罪，轻其轻罪"的制律原则，对
"贼盗及有关帑项钱粮等事"的刑罚有所加重，而对于典礼及风俗教
化之事，刑罚较唐代有所减轻。明代注律者根据上述制律理论和"符
合律意"的基本精神，对《大明律》的新增条款、内容有所损益的
条款以及刑罚有所改变的条款，逐一进行注释，并进行了具体的阐
发。例如，明律规定对"谋反大逆""谋杀祖父母、父母""妻杀夫"
等犯罪适用凌迟刑，注律家从儒家的伦理学说和"家国一体"观点
作出解释，认为这些犯罪破坏了"五伦"之道，危及国家的统治基
础，造成了严重的社会后果，故应加重。关于"帑项钱粮"诸事，
唐代注重田土，明代注重税赋，注律家按照"当适时宜"的制律理
论，从赋税制度变化的角度，对有关罪名刑罚加重的原因作出了解
释。从明代风俗礼仪变化的角度，对"和奸""重婚""亲属相盗"

等罪为何减轻处罚也进行了诠释。注律家对诸多律条所进行的大量注释，是以明代统治者的制律理论为指导，并结合法律的具体规定和社会背景所作出的具体阐发，这种阐发把原有的制律理论进一步具体和深化，反过来又丰富和发展了制律思想。

其三，遵循律例关系理论对刑例进行了新的阐发。明代注释律学较之前代的一个重大发展，就是既释律，又注例。《问刑条例》是明代中后期最重要的刑事立法，其中弘治《问刑条例》279条、嘉靖《问刑条例》376条、万历《问刑条例》382条。这些条例除了对明律内容作出修订和补充外，大多属于新的刑事立法。从内容上看，《问刑条例》对明律的增补主要表现在：一是对宗藩权力的限制；二是增加了禁止贩卖官私盐引和盗掘矿产、加强对边地沿海贸易管理方面的立法；三是以重典治理流民；四是扩大了赎刑和充军刑的适用范围。① 注律家按照理论和实践相结合的原则和"情法适中"的思想，着重从符合律意的角度，对刑例的内容进行了诠释。例如，王肯堂在《律例笺释》中对充军条例以及各种赎罪条例作出了详尽的阐释。②

其四，编纂体例有了重大进步。明初注律作品的体例和结构基本沿用《唐律疏议》，多采用"疏议""问答"的格式进行注释。弘治《问刑条例》颁行以后，"以例辅律""律例并行"律例体系的确立，促进了注释体例的创新。胡琼率先以律文注释中附例的形式解释律条，③ 首创了律例合编的注释体例，为万历十三年（公元1585年）律典采用律例合编的体例提供了范例。这种律例合编的注释体例为后世众多律学家所采用，成为正德以后注律作品的主流与基本格式，是我国传统律书编纂技术上的一个重大进步。例如，律学名著《读律琐言》和《律例笺释》，均对律文和例文做出详细的解释。在沿袭明代

① 赵姗黎：《〈问刑条例〉考》，载杨一凡主编《中国法制史考证》甲编第六卷《明代法制考》，中国社会科学出版社2003年版，第161—187页。
② （明）王樵、王肯堂：《律例笺释》。
③ 正德年间胡琼撰《大明律解附例》，该书在律条之后，以"解"释明律义，然后附与此律文相关的"例""令""则例"等内容，以补充律文之不足。

注释体例的基础上，清代的律典和律学家的注律文献大多采用"律例合编"的结构。

其五，注释方法有了新的进步。明代在继承前代注释方法的基础上，开创了律意阐释和以案释律等新的注释方法。张楷在《律条疏议》中首次采用律意解释的方法，以"谨详律意"的形式，申明律条制定之动因及目的，彰显律文以外的深意，帮助司法官吏通晓律意、把握律典的精神实质、融会贯通地理解律典，从而更合理地适用律条处理案件。《刑台法律》《刑书据会》和《临民宝镜》等文献以"参语""审语""判语""断语"的形式大量运用案例解释律文，有助于司法官吏在司法审判时能够更具针对性地参照应用，增强了注律文献的司法实用性。同时，明代注律家将比较解释方法运用得更加娴熟，从正德年间胡琼撰《律解附例》开始，到嘉靖、万历年间雷梦麟和王樵、王肯堂父子，几乎所有的注律作品中都采用了比较解释的方法，他们不仅对相似罪名进行比较，而且对各种律注观点作出辨析，为清代比较律学的产生奠定了基础。

三　明代注释律学的影响

（一）对清代律学的影响

清朝是少数民族建立的政权，也是中国古代的最后一个王朝。清代的国家体制和法律制度基本上沿袭明代。随着社会的发展变化，就整个法律制度而言，清代较之明代有了重要发展，如民族立法、地方立法都取得了辉煌的成就，但就律典和刑事法律而言，清代较之明代并无特别重大的创新。《大清律》基本沿袭《大明律》，清人谈迁评价曰："大清律即大明律改名也。"[①] 清代在刑事法律制度方面也有一些发展，如刑例的内容和范围进一步扩大，判例制度有新的进展，秋审制度逐步完善，但这些都是在沿袭明代律例体例及会审制度的基础

---

① （清）谈迁：《北游录·记闻下》。

上逐步发展和完善的，其立法和司法原则也基本遵循的是明代的律学理论。也就是说，包括注释律学在内的清代律学受明代律学的影响颇大，没有全局性的、重大的律学理论创新。

在继承明代律学成果的基础上，清代律学继续发展。清代律学超过明代律学之处主要体现在律学文献的增多和形成新的分支学科两个方面。第一，清代律学文献的编纂活动更加频繁，律学文献进一步丰富。代表性文献主要有沈之奇撰《大清律辑注》，万维翰撰《大清律集注》《律例图说》，王明德撰《读律佩觿》，吴坛著《大清律例通考》，薛允升撰《读例存疑》《唐明律合编》，夏敬一撰《读律示掌》，胡风丹校《读律要略》，杨荣绪《读律提纲》，刘衡纂辑《读律心得》，万枫江撰《大清例集注续编》，张泮中辑《大清律例根源》，吕芝田撰《律法须知》，蔡嵩年、蔡逢年撰《大清律例便览》，沈辛田辑《名法指掌》，程梦元主编《大清律例歌诀》，梁他山撰《读律琯朗》，宗继增撰《读律一得歌》，等等。第二，在律学分支学科方面，清代形成了比较律学、古律的辑佚和考证等新的分支学科。比较律学的代表作品是薛允升所撰《唐明律合编》，作者仿效《永徽法经》的体例，将唐律和明律的全部条文，逐条进行比较，找出彼此的异同而加以评论，形成了专门的比较律学的作品。通过对唐明律的比较，实际上比较了唐、宋、明、清四代的法律。"众所周知，至清代，中国古代现存的大的法典，实际上就是四部：唐律、宋刑统、明律和清律。而在这四部法典中，宋刑统仿自唐律，清律承袭明律，所以，薛允升对唐明律的比较，实际上是对唐、宋、明、清四朝法律制度的比较。"① 该部作品的诞生，对研究中国古代的法律有着重要的价值。古律的辑佚与考证的代表作品有吴坛所著《大清律例通考》和薛允升所著《读例存疑》。《大清律例通考》对乾隆四十三年（公元1778年）以前清代的律例进行了考释，不但考证了篇名、门名和律目的渊源及变化，而且以"按语"的形式详细分析了律文和例文的修改情

---

① 何勤华：《中国法学史》卷二，法律出版社2000年版，第317页。

况及其原因，另外，还将已删的例文，也附于本条之末，并说明删去
的缘故。《读例存疑》不但引用《周礼》《汉书》等历史文献，而且
引用唐《开元律》《唐律疏议》等历代法律，并参考雷梦麟所撰《读
律琐言》、沈之奇所撰《大清律辑注》等各家律注成果，对例的历史
沿革和具体内涵作出深入的分析和考证。

　　清代律学在律学理论、注释律学和应用律学等方面并没有重大的
突破性发展，多是在吸收明代成果的基础上，做出一些局部的、微观
的调整。明代所确立的律例关系理论，不但成为清代制定律例的指导
思想，而且成为清代律家阐释律例关系的基本依据。清代律家把律例
关系解释为"律为永久不变之根本法，例为随时变通之细目法"①，
"律者，法也；例者，比也。非正文而分明也"②；"故律一定而不易，
例则世轻世重，随时酌中之道焉"③；"律未该则绳之以例，例或弛则
准之于律，措置咸宜"④ 等。这些论述基本无法超过明代律例关系理
论的范围。在注释律学和应用律学方面，清代除相关的文献有所增多
外，内容和观点基本沿袭明代。尤其是注释律学，清初注律者注律，
基本上照搬明代律家的成说。明代的几部权威性律学著作，如王肯堂
的《律例笺释》、雷梦麟的《读律琐言》、陆柬之的《读律管见》等，
成了清初注律者离不开的拐杖。因此，吴建璠认为，清代律学是明代
律学的附庸。"清代早期律学表现出对明代律学的极大的依赖和缺乏
自己的特色。如果说它是明代律学的附庸，我想是绝不过分的。"⑤

　　清初的一些释律作品，无论是官方作品还是私家作品，大多直接
引用明代的释律观点注释清律。如顺治年间李楠所撰《大清律集解附
例笺释》、康熙年间凌应铭的《新编文武金镜律例指南》等都直接援

---

　　① （清）薛允升：《读例存疑·序》，胡星桥、邓又天点校，中国人民公安大学出版社
1994 年版。

　　② （清）夏敬一：《大清律附例示掌·序》。

　　③ （清）张泮中：《大清律例根源》之《部颁凡例》。

　　④ （明）王肯堂撰，（清）顾鼎重编：《王仪部先生笺释》。

　　⑤ 吴建璠：《清代律学及其终结》，载何勤华编《律学考》，商务印书馆 2004 年版，
第 403 页。

用明代注律作品的观点解说清律律文。顺治年间修订《大清律集解附例》时，将《读律琐言》关于"故杀"的解释纂入"律注"，自此以后，"临时有意欲杀，非人所知"，即奉为"故杀"之确不可移的定义。同时，《大清律集解附例》还大量引用《律例笺释》和《明律纂注》的观点，并赋予这些观点以普遍适用的法律效力。康熙年间吴达海辑、对哈纳校的《大清律例朱注广汇全书》，为康熙年间通行的解律释本之一，所引各家集解多为明本《刑书据会》《读律琐言》《读律私笺》《律例笺释》《读律管见》等观点。康熙五十四年（公元1715年）沈之奇编撰的《大清律例辑注》是在明人所著"笺释""律解""直引""傍训"和顺治、康熙初年各家注释清律的释本基础上编纂而成。乾隆年间万维翰所著《大清律例集注》也汇集了《律例笺释》《刑书据会》《读律管见》等明代名家释本的观点。在众多的明人著作中，王肯堂所著《大明律附例笺释》最具有影响力，其以家学为渊源，并撮及明人注律的精华，被奉为明代解律之圭臬，该书经康熙年间顾鼎重刻以后，成为清代重要的注释律学作品。薛允升在编撰《唐明律合编》时，引用《律例笺释》之处多达120次，引用《读律琐言》之处达63次，引用《读律管见》之处达13次。清代注律者如此之多地引用明代注律观点，以至于康熙十三年（公元1674年）王明德编撰《读律佩觽》时，在自叙中强调了自己注释的独立性，"兹刻所笺，只缘在公同志偶为指难，共证互参，退而笔之……是以凡王君（指王肯堂）所已注，概不抄袭"①，可见清代注律者援用明代注律观点之广泛和普遍。

（二）对东亚国家法制发展的影响

以注释律学为主的明代律学对日本和朝鲜的法制发展产生了重要的影响。

明代律例的注释书，被日本当时统治阶级以及士大夫作为立法、

---

① （清）王明德：《读律佩觽·自叙》，何勤华等点校，法律出版社2001年版。

司法和法律注释时的范本。① 丘濬的《大学衍义补》一书对当时日本的律学研究影响很大。该书被一再刊印，学术界还仿照《大学衍义补》第九部分的《慎刑宪》撰写了《无刑录》一书。幕府将军德川吉宗曾开具一张让手下去中国购书的订单。从该订单中可以看出，该年从中国购进了孙存的《大明律读法书》、雷梦麟的《读律琐言》、王樵的《读律私笺》、杨简的《律解辨疑》、陆柬的《大明律管见》等八种律例注释书。而《大明律谚解》的作者木神原篁洲列举了自己曾读过的明代中国律学著作的书单，具体包括：《诸司职掌》《吏计职掌》《大明集礼》《吾学编》《律条疏议》《读律琐言》《大明律附例》《律解弃疑》《大明律读法》《大明律管见》《大明律集解》《大明律会览》《大明律会解》《祥刑冰鉴》《大明律正宗》《刑书据会》《大明律注解》《吏学指南》《直引释义》《吏文辑览》《类书纂要》《无冤录》《六言杂字》《萧曹遗笔》《通雅正字通》《品字笺》等。② 这说明当时传入日本的明代注律作品非常多。同时，日本学者还自己翻译或编纂明朝律例注释书。这种注释书成为当时日本立法、司法时的重要参考资料。主要有：榊原篁洲著《大明律例谚解》、高瀬忠敦著《大明律例释义》和《大明律例详解》，荻生徂徕作《明律国字解》，③ 等等。《明律国字解》将明律的律文和例文用通俗易懂的日语表达出来，该书成为江户时代影响最大的权威律例注释本。④

　　明代的律学，对朝鲜也产生了巨大的影响。李朝编纂的法典，吸收了明代律注释作品的注释体例和注释方法，如《续大典》就用双行小字逐句逐字对法典的条文作了解释，包括概念的界定和文意的阐述等。明代一些重要的注释作品，如《读律琐言》等，被改头换面

---

　　① 何勤华：《试论明代中国法学对周边国家的影响》，《比较法研究》2001 年第 1 期。

　　② ［日］大庭修：《江户时代吸收中国文化的研究》，同朋舍 1984 年版，第 211—217 页。

　　③ ［日］吉川幸次郎等校订：《日本思想大系 · 荻生徂徕》，岩波书店 1973 年版，第 281 页。

　　④ 陈煜：《明清律例在日本明治维新前后的遭际及其启示》，《华东政法大学学报》2018 年第 2 期。

后，正式在朝鲜出版，作为官吏执法和民众学习的依据。这方面的作品有朝鲜人金祗等撰《大明律直解》和在此书基础上编写的《大明律讲解》。受明代律学的影响，朝鲜于18世纪80年代前后推出了本国编纂的律学著作《百宪撮要》。《百宪撮要》注解的虽然都是朝鲜的法律，但由于当时朝鲜法律的内容基本上以大明律例为范本，故该书也应视为朝鲜接受明代律学之影响的一个突出事例。①

　　综上可见，明代注释律学的繁荣，在中国古代律学发展过程中发挥着重要的作用，不但继承了前代的注律成果，促进了明代律学的发展和创新，而且推动了清代律学的继续发展和东亚国家法制的发展。因此，正确地研究明代注释律学，有助于科学地判断明代律学的发展与创新，从而证明中国古代律学发展与法制文明进步的一致性。

---

　　① 何勤华：《试论明代中国法学对周边国家的影响》，《比较法研究》2001年第1期。

结　语

　　自 20 世纪 90 年代初，吴建璠先生发表《清代律学及其终结》一文后，学者们对清代律学进行了较多的研究。而对明代律学的研究仍处于零星与分散状态，没有形成专门研究明代注释律学的作品。因此，本书通过研究明代注释律学，试图揭示明代律学的发展与兴盛，从而证明中国古代律学发展与法制文明进步的一致性，与持"唐以后律学衰败"观点的学者商榷。

　　本书以"明代注释律学的繁荣"为出发点，分析了明代注释律学繁荣的原因，考察了现见的有代表性的明代注律文献，研究了明代注释律学对重要的罪名、刑名所作出的新的理论阐释，并探讨了明代注释律学的历史地位。明代注释律学繁荣的原因主要体现在司法实践的迫切需要、律例关系理论的形成，以及统治者对讲读律令和普及法律教育的重视等三个方面。正是在这些因素的影响下，明代注律活动非常活跃，导致明代注律作品层出不穷。笔者试图通过考察现存的一些具有代表性的注律文献，来揭示明代注律文献的极大丰富，从而证明明代注释律学的发展。由于条例在明代的重要地位以及律例关系理论的形成，注释律学的研究领域大为拓宽，注释内容也进一步完善。明代的注律家不仅对传统的五刑、六赃、七杀、赎刑等刑罚制度作出了新的理论阐释，而且对奸党、迁徙、充军等新增罪名、刑名也进行了充分的论述，还对大明律体例的变化以及"例分八字之义"等重要内容进行注释，使明代注释律学的内容进一步全面、合理。明代注释律学在充分吸收和借鉴前代注律成果的基础上，私家注律文献的数量大大超过前代，注律家用新的制律理论对明律新增条款和修订条款作出了诠释，并遵循律例关系理论对刑例进行了新的阐发。注律文献所采用的编纂体例和注释方法较之前代也有了新的进步。正是这些发展与进步，不但推动了明代律学的发展，而且对清代律学产生了全方位的影响。清代律学虽然在成果数量、律学分支学科完善方面较明代有所发展，但就注释律学而言，基本上是沿袭了明代。

明代律学作品多达百余种，且不说已经佚失的，就是现见的也达几十种，在较短的时间内全面把握这些史料是不可能的。因此，本书只能在一些代表性文献的基础上进行初步的、基础性研究，行文中难免出现以偏概全的问题。另外，"律学"向来是学界颇有争议的问题，笔者在论述时，试图做到自圆其说，但有时难免出现顾此失彼的现象。另外，这本书只完成了"明代注释律学研究"的一小部分，许多观点只是点到而已，尚未进行深入的论证和分析。因此，若条件允许的话，笔者将继续对这一课题展开研究。研究的重点将是：采用更多的论据来证明明代注释律学发展的每一个方面，同时，将研究范围扩大，争取在史论结合的基础上，能够更加全面地把握明代律学的整体面貌，为研究明代律学的兴盛奠定一个良好的基础，从而更好地揭示明代律学在中国古代律学发展和法制进步过程中所发挥的作用。

明代主要律学文献一览表[*]

文献名	责任者	文献版本	所藏图书馆
《大明律释义》三十卷	（明）应槚撰	《中国律学文献》第二辑第1、2册，黑龙江人民出版社2002年版	
		明嘉靖三十一年广东布政使司刻本	上海图书馆
《律解辩疑》三十卷	（明）何广撰	《中国珍稀法律典籍续编》第4册，黑龙江人民出版社2002年版	
		明抄本	上海社会科学院图书馆
《律条疏议》三十卷	（明）张楷撰	明天顺五年刻本	上海图书馆
		《中国律学文献》第一辑第2、3册，黑龙江人民出版社2004年版	
《大明律解附例》三十卷	（明）胡琼撰	明正德十六年刻本	国家图书馆
《大学衍义补》一百零二、一百零三卷	（明）丘濬撰（明）陈仁锡评	明崇祯五年刊本	国家图书馆
		《中国律学文献》第二辑第2册，黑龙江人民出版社2005年版	

---

* 本表系根据《明史·艺文志》、国内各大图书馆所藏明代律学文献、孙祖基著《中国历代法家著述考》、张伟仁编《中国法制史书目》《中国古籍善本书目录》、杨一凡编《中国律学文献》、怀效锋主编《中国律学丛刊》、何勤华著《中国法学史》、杨一凡著《22种明代稀见法律文献版本述略》、徐世虹著《日本内阁文库及其所藏明律书籍》等辑录而成。

续表

文献名	责任者	文献版本	所藏图书馆
《法家衷集》一卷	（明）陈永辑	《中国律学文献》第一辑第4册，黑龙江人民出版社2004年版	
《读律琐言》三十卷	（明）雷梦麟撰	怀效锋、李俊点校本，载怀效锋点校《中国律学丛刊》，法律出版社2000年版	
		《中国律学文献》第四辑第2、3册，社会科学文献出版社2007年版	
		明嘉靖三十六年汪克用刻本，存二十六卷（二至十七，二十二至三十）	国家图书馆
		明刻本，存九卷（二至十）	
《大明律释义》三十卷	（明）应槚撰	《中国律学文献》第二辑第1、2册，黑龙江人民出版社2005年版	
		明嘉靖三十一年广东布政使司刻本	上海图书馆
《大明律直引》八卷	（明）佚名撰	《中国律学文献》第三辑第1册，黑龙江人民出版社2006年版	
《读律私笺》二十九卷附录一卷	（明）王樵撰	明万历刻本	国家图书馆
《大明律集解》三十卷	（明）王楠集解	嘉靖年间河南布政使司衙门重刊本	日本内阁文库美国国会图书馆
《大明律例附解》十二卷	（明）佚名撰	明嘉靖池阳秋浦杜氏象山书舍重刊本，十二卷附一卷	日本内阁文库
《法缀》一卷	（明）唐枢撰	《中国律学文献》第一辑第4册，黑龙江人民出版社2004年版	
《大明律疏附例》三十卷	（明）佚名撰	明隆庆二年河南府重刊本	国家图书馆

续表

文献名	责任者	文献版本	所藏图书馆
《大明律》①三十卷附录一卷	（明）佚名撰	明隆庆二年官府重刊	台湾"国立中央"图书馆
《大明律附例》	（明）舒化等修	明万历刊本	国家图书馆
《大明律解附例》三十卷	（明）郑汝璧纂注	明万历二十二年刊本	日本内阁文库
《大明律例附疏》三十卷	（明）孙旬撰	明万历十三年刊本	日本东京大学图书馆
《大明律附解》三十卷，附录一卷	（明）陈遇文撰	明万历二十年刻本，存二十二卷，（一至十七，二十二至二十六）	吉林大学图书馆
《大明律解》八卷	（明）陈遇文撰	明万历二十一年刊本	日本尊经阁文库
《大明律集说附例》	（明）冯孜撰	明万历刊本	日本东京大学图书馆
《大明律附例笺释》三十卷	（明）王肯堂撰	明刊本	国家图书馆
		清抄本	
		清抄本，10 册	南京图书馆
《王仪部先生笺释》三十卷，首一卷，末一卷	（明）王肯堂著（清）顾鼎重辑	《中国律学文献》第二辑第3、4、5 册，黑龙江人民出版社 2005 年版	
《大明律例注释祥刑冰鉴》三十卷首一卷	（明）明允注释	明万历二十七年南都嘉宾堂刊本	日本内阁文库
《大明律集解附例》三十卷	（明）高举发刻	明万历三十八年刊本	国家图书馆
		成文出版社据清光绪三十四年修订法律馆重刊本影印，1969 年版	
《大明律例添释旁注》三十卷	（明）徐昌祚撰（明）翁愈祥校	明万历宝善堂刊本（附一卷）	广东中山图书馆

---

① 书内另题作《律疏附例》，载张伟仁主编《中国法制史书目》，第一卷，台湾"中研院"历史语言研究所 1976 年版

续表

文献名	责任者	文献版本	所藏图书馆
《鼎锓六科奏准御制新颁分类注释刑台法律》十八卷，首卷、附卷、副卷各一卷	（明）明萧近高、曹于汴注释	明刊本，十六卷	上海图书馆
		明刊本，十八卷，附卷一卷，副卷一卷，首一卷	浙江图书馆
		中国书店影印本 1990 年版	
		日本东京高桥写真株式会社影印本 1974 年版	
《刻御制新颁大明律例注释招拟折狱指南》十八卷		明金陵书坊周近泉大有堂刻本，存一至二，四至十八	中国社会科学院法学研究所 国家图书馆
		明万历叶氏作德堂编刊本	日本蓬左文库
《鼎锓刑宪校纂律例正宗法家心诀》三卷	（明）沈鼎新撰	明万历四十五年丽春馆刻本	吉林大学图书馆
《新刻御颁新例三台明律招判正宗》十三卷	（明）余员注招、叶彶示判	明万历三十四年福建书林双峰堂文台余象斗重刊本，十册	日本内阁文库
《全补新例明律统宗》二十卷	（明）陈孙贤编	日本东京高桥写真株式会社影印本 1974 年版	
《鼎锓大明律例法司增补刑书据会》十二卷	（明）彭应弼撰	明刊本	日本内阁文库
		明刻本（存一至五、八至九、十一至十二、首全）	国家图书馆
《新刻大明律例临民宝镜》十卷首尾各三卷	（明）苏茂相辑（明）郭万春注	《历代判例判牍》第 4 册，中国社会科学出版社 2005 年版	
《皇明条法事类纂》		《中国珍稀法律典籍集成》乙编第 4、5、6 册，科学出版社 1994 年版	
《大明律直解》三十卷		日本昭和十一年朝鲜总督府印本	中国社会科学院法学研究所
		日本昭和十一年朝鲜总督府印本及一九六四年韩国法制处印本	台湾大学图书馆

续表

文献名	责任者	文献版本	所藏图书馆
《鼎镌钦颁辩疑律例昭代王章》五卷，首一卷	（明）熊鸣歧分辑	明福建师俭堂萧少衢依京板刻	图家图书馆
		台湾"国立中央"图书馆影印本 1981 年版	
《镌大明龙头便读傍训律法全书》十一卷，首一卷	（明）贡举撰	明福建刘朝琯安正堂刊本	日本内阁文库
《新刻京本大明律法增补招拟直引大全》		明刻本（存四卷，五至八）	山东省图书馆
《大明刑书金鉴》六卷		明抄本，1 册	国家图书馆
《大明律图》		清光绪二十六年石印，《格致丛书》之一	南京图书馆
《读律歌》	（明）胡焕等辑	清光绪二十六年石印，《格致丛书》之一	南京图书馆
《律学集议渊海》七卷		明刻本	日本东京大学图书馆
《重增释义大明律》		明鳌峰堂刻本	天一阁文物保护所
《律条告示活套》六卷		明刻本	国家图书馆
《一王令典》二十卷		日本东京高桥写真株式会社影印本 1974 年版	
《皇明诏令》	（明）傅凤翔辑	《中国珍稀法律典籍集成》乙编，科学出版社 1994 年版	
《皇明诏敕》	（明）孔贞运辑	明崇祯刻本	中国社会科学院法学研究所 南京图书馆

续表

文献名	责任者	文献版本	所藏图书馆
《大明律例》三十卷	（明）陈省辑	明隆庆元年刻本	国家图书馆
	（明）顾应祥辑	明嘉靖刻本	
	（明）王藻辑	明万历刻本	
	（明）汪宗元辑	明嘉靖三十三年刻本	台湾"中研院"
《条例备考》二十四卷		明刊本	日本内阁文库
《增修条例备考》二十四卷	（明）史继辰等纂	明刊本	南京图书馆
《大明律续集》		明刊本	日本东京大学图书馆
《新刻海若汤先生汇集古今律条公案》		明萧少衢刊本	日本内阁文库
《折狱新语》十卷	（明）李清撰	明刊本	国家图书馆
		《历代判例判牍》第3、4、5册，中国社会科学出版社2005年版	
《皇明制书》	（明）张卤撰	明万历刻本	国家图书馆
《皇明诏旨》		明抄本	国家图书馆
《比部招议》		明刊本	武汉大学图书馆
《刑部纂集事例》		明抄本	国家图书馆
《恤刑疏草》	（明）葛木撰	明刊本	国家图书馆
《三方臆断》	（明）梁溪、陈幼学撰	明万历刻本	国家图书馆
《淑问汇编》	（明）李天麟撰	明万历二十一年刻本	国家图书馆
《明罚录》		明刻本	国家图书馆

参考文献

一　古籍文献

《明史》，中华书局 1974 年版。

《明实录》，"中研院"历史语言研究所影印本 1962 年版。

《明会典》，中华书局 1989 年影印本。

《大明律》，收于《四库全书存目丛书》史二七六"政书类"。

《大明律》，明万历二十九年刻本。

《大明律》，怀效锋点校，辽沈书社 1990 年版。

（明）陈省：《大明律例》，明隆庆元年刻本。

（明）顾应祥：《大明律例》，明嘉靖刻本。

（明）王藻：《大明律例》，明万历刻本。

（明）舒化等：《大明律附例》，明万历十三年刻本。

《皇明条法事类纂》，载杨一凡主编《中国珍稀法律典籍集成》乙编
　　第四、五、六册，科学出版社 1994 年版。

（明）傅凤翔：《皇明诏令》，载杨一凡主编《中国珍稀法律典籍集
　　成》乙编第三册，科学出版社 1994 年版。

（明）何广：《律解辩疑》，载杨一凡、田涛主编《中国珍稀法律典籍
　　续编》第四册，黑龙江人民出版社 2002 年版。

（明）张楷：《律条疏议》，载杨一凡编《中国律学文献》第一辑第
　　二、三册，黑龙江人民出版社 2004 年版。

（明）吴讷：《祥刑要览》，明成化二十二年林符刻本。

（明）胡琼：《大明律解附例》，明正德十六年刻本。

（明）丘濬：《大学衍义补·定律令之制》，载杨一凡编《中国律学文献》第二辑第二册，黑龙江人民出版社 2005 年版。

《大明律讲解》，载杨一凡编《中国律学文献》第一辑第四册，黑龙江人民出版社 2004 年版。

（明）陈永：《法家裒集》，载杨一凡编《中国律学文献》第一辑第四册，黑龙江人民出版社 2004 年版。

（明）唐枢：《法缀》，载杨一凡编《中国律学文献》第一辑第四册，黑龙江人民出版社 2004 年版。

（明）应槚：《大明律释义》，载杨一凡编《中国律学文献》第二辑第一、二册，黑龙江人民出版社 2005 年版。

（明）高举：《大明律集解附例》，台湾学生书局影印本 1970 年版。

《大明律例附解》，明刻本。

《大明律集解附例》，台北成文出版社影印本 1969 年版。

（明）雷梦麟：《读律琐言》，怀效锋、李俊点校，法律出版社 2000 年版。

（明）王肯堂：《大明律附例笺释》，清康熙三十年顾鼎重刻本。

（明）王肯堂撰，（清）顾鼎重编：《王仪部先生笺释》，载杨一凡编《中国律学文献》第二辑第三、四、五册，黑龙江人民出版社 2005 年版。

（明）彭应弼：《鼎镌大明律例法司增补刑书据会》，明刻本（12册）。

（明）苏茂相：《新刻大明律例临民宝镜》，明崇祯年间书林金间振业堂刊本。

《新纂四六合律判语》，载杨一凡编《中国律学文献》第一辑第四册，黑龙江人民出版社 2004 年版。

《刻御制新颁大明律例注释招拟折狱指南》，明金陵书坊周近泉大有堂刻本（12册）。

《刻大明律齐世金科》，明刻本（2册）。

（唐）长孙无忌等：《唐律疏议》，刘俊文点校，中华书局 1983 年版。

（唐）王敬从等删订，（清）王仁俊撰案证：《唐写本开元律疏》（名例一卷附案证一卷），载杨一凡编《中国律学文献》第二辑第一册，黑龙江人民出版社 2005 年版。

（宋）孙奭：《律附音义》，上海古籍出版社影印本 1979 年版。

（宋）孙奭：《律音义》一卷，载杨一凡编《中国律学文献》第二辑第一册，黑龙江人民出版社 2005 年版。

（宋）王键：《刑书释名》，载杨一凡编《中国律学文献》第二辑第一册，黑龙江人民出版社 2005 年版。

（宋）刘筠：《刑法叙略》，载杨一凡编《中国律学文献》第二辑第一册，黑龙江人民出版社 2005 年版。

（宋）傅霖：《刑统赋解》，载杨一凡编《中国律学文献》第一辑第一册，黑龙江人民出版社 2004 年版。

（宋）傅霖撰，（元）孟奎解：《粗解刑统赋》，载杨一凡编《中国律学文献》第一辑第一册，黑龙江人民出版社 2004 年版。

（元）佚名：《别本刑统赋解》，载杨一凡编《中国律学文献》第一辑第一册，黑龙江人民出版社 2004 年版。

［日］此山贳冶子：《唐律释文》，载杨一凡编《中国律学文献》第二辑第一册，黑龙江人民出版社 2005 年版。

（宋）沈仲纬：《刑统赋疏》，载杨一凡编《中国律学文献》第一辑第一册，黑龙江人民出版社 2004 年版。

段玉裁：《说文解字段注》，成都古籍书店影印本 1981 年版。

（清）薛允升：《唐明律合编》，怀效锋、李鸣点校，法律出版社 1999 年版。

（清）薛允升：《读例存疑点注》，胡星桥、邓又天主编，中国人民公安大学出版社 1994 年版。

（清）沈之奇：《大清律辑注》，怀效锋、刘俊文点校，法律出版社 2000 年版。

（清）王明德：《读律佩觿》，何勤华等点校，法律出版社 2001 年版。

二 著作

陈顾远：《中国法制史》，商务印书馆 1935 年版。

程树德：《九朝律考》，中华书局 1988 年版。

蔡枢衡：《中国刑法史》，中国法制出版社 2005 年版。

陈寅恪：《隋唐制度渊源略论稿》，商务印书馆 1944 年版。

戴炎辉：《中国法制史》，台北：三民书局 1979 年版。

戴炎辉：《唐律通论》，台北："国立"编译馆 1964 年版。

高潮、刘斌：《中国法制古籍目录学》，北京古籍出版社 1993 年版。

古棣、周英：《法和法学发生学——法和法学的历史探源》，中国人民
　　大学出版社 1990 年版。

高恒：《秦汉法制论考》，厦门大学出版社 1994 年版。

高绍先：《中国历代法学名篇注译》，中国公安大学出版社 1993
　　年版。

高绍先：《中国刑法史精要》，法律出版社 2001 年版。

管伟：《中国古代法律解释的学理诠释》，山东大学出版社 2009
　　年版。

黄秉心：《中国刑法史》，改进出版社 1940 年版。

韩大成：《明代社会经济初探》，人民出版社 1986 年版。

洪汉鼎：《诠释学——它的历史和当代发展》，人民出版社 2001 年版。

何勤华：《中国法学史》，法律出版社 2000 年版。

贺卫方：《中国法律教育之路》，中国政法大学出版社 1997 年版。

怀效锋主编：《中国律学丛刊》，法律出版社 2000 年版。

怀效锋：《明清法制初探》，法律出版社 1998 年版。

华友根：《薛允升的古律研究与改革》，上海社会科学院出版社 1999
　　年版。

黄彰健：《明清史研究丛稿》，台湾商务印书馆 1977 年版。

黄彰健：《明代律例汇编》，台湾"中研院"历史语言研究所 1979

年版。

江山：《中国法理念》，中国地质大学出版社 1989 年版。

李光璧：《明朝史略》，湖北人民出版社 1957 年版。

李贵连：《近代中国法制与法学》，北京大学出版社 2002 年版。

栗劲：《秦律通论》，山东人民出版社 1985 年版。

刘俊文：《〈唐律疏议〉笺释》，中华书局 1996 年版。

（清）梁启超：《饮冰室合集》，中华书局 1989 年版。

（清）梁启超：《梁启超法学文集》，中国政法大学出版社 2000 年版。

林端：《儒家伦理与法律文化》，中国政法大学出版社 2002 年版。

鲁嵩岳：《〈慎刑宪〉点评》，法律出版社 1998 年版。

陆宗达、王宁：《训诂与训诂学》，山西教育出版社 1994 年版。

梁治平：《法律解释问题》，法律出版社 1998 年版。

梁治平：《法辩——中国法的过去、现在与未来》，贵州人民出版社
    1992 年版。

梁治平：《寻求自然秩序中的和谐——中国传统法律文化研究》，上海
    人民出版社 1991 年版。

丘汉平编著：《历代刑法志》，商务印书馆 1938 年版。

瞿同祖：《瞿同祖法学论著集》，中国政法大学出版社 1998 年版。

（清）沈家本：《历代刑法考》，中华书局 1985 年版。

（清）沈家本：《沈寄簃先生遗书》（上、下），中国书店 1990 年版。

苏亦工：《明清律典与条例》，中国政法大学出版社 2000 年版。

武树臣：《中国传统法律文化》，北京大学出版社 1994 年版。

吴艳红：《明代充军研究》，社会科学文献出版社 2003 年版。

徐道邻：《唐律通论》，中华书局 1945 年版。

徐道邻：《中国法制史论略》，正中书局 1953 年版。

徐道邻：《中国法制史论集》，台北：志文出版社 1975 年版。

谢晖：《中国古典法律解释的哲学向度》，中国政法大学出版社 2005
    年版。

薛梅卿：《〈宋刑统〉研究》，法律出版社 1998 年版。

杨鹤皋：《魏晋隋唐法律思想研究》，北京大学出版社 1995 年版。

杨鸿烈：《中国法律发达史》，上海书店 1990 年版。

俞荣根：《儒家法思想通论》，广西人民出版社 1992 年版。

俞荣根、龙大轩、吕志兴：《中国传统法学述论——基于国学视角》，北京大学出版社 2005 年版。

尤韶华：《明代司法初考》，厦门大学出版社 1998 年版。

杨一凡主编：《中国法制史考证》，中国社会科学出版社 2003 年版。

杨一凡、徐立志主编：《历代判例判牍》（12 册），中国社会科学出版社 2005 年版。

杨一凡、王旭编：《古代榜文告示汇存》（10 册），社会科学文献出版社 2006 年版。

杨一凡、刘笃才编：《中国地方法律文献》（甲编，10 册），世界图书出版公司北京公司 2006 年版。

杨一凡：《明大诰研究》，江苏人民出版社 1988 年版。

杨一凡：《明初重典考》，湖南人民出版社 1984 年版。

张伯元：《出土法律文献研究》，商务印书馆 2005 年版。

张国华：《传统中国法理探源》，北京大学出版社 2004 年版。

张建国：《两汉魏晋法制简说》，大象出版社 1997 年版。

张晋藩：《中国法律的传统与近代转型》，法律出版社 1997 年版。

张伟仁编：《中国法制史书目》，台湾"中研院"历史语言研究所 1976 年版。

曾宪义主编：《法律文化研究》（第三辑），中国人民大学出版社 2007 年版。

汤能松、张蕴华等编：《探索的轨迹——中国法学教育发展史略》，法律出版社 1995 年版。

张志铭：《法律解释操作分析》，中国政法大学出版社 1998 年版。

张中秋：《中西法律文化比较研究》，南京大学出版社 1999 年版。

三 论文

陈顾远:《汉之决事比及其源流》,《复旦学报》1947 年第 3 期。

陈金全、陈松:《沈家本与中国法学的传承及新生——纪念沈家本先生逝世九十周年》,《现代法学》2003 年第 5 期。

曹洁:《〈唐律音义〉与宋初语音》,《贵州大学学报》(社会科学版) 2004 年第 4 期。

陈灵海:《记忆与遗忘的竞赛:清代律学史中的"箭垛"和"失踪者"》,《学术月刊》2016 年第 11 期。

陈金钊:《法律解释(学)的基本问题》,载洪汉鼎主编《中国诠释学》第二辑,山东人民出版社 2004 年版。

崔敏:《论沈家本的慎刑思想》,《中国法学》1991 年第 1 期。

陈锐:《中国传统律学新论》,《政法论坛》2018 年第 6 期。

陈松:《从〈寄簃文存〉看沈家本的法学观》,《法制与经济》2009 年第 12 期。

陈淑珍:《张斐的律学思想》,《河北法学》1985 年第 6 期。

陈玺:《唐代律学教育与明法考试》,《西南大学学报》(社会科学版) 2008 年第 1 期。

邓长春:《论南朝律学之新发展》,《西部法学评论》2008 年第 2 期。

周少元、戴家巨:《从〈论故杀〉看沈家本法学研究方法》,《法制与社会发展》2001 年第 1 期。

高恒:《论引经决狱》,《法律史论丛》第三辑,法律出版社 1983 年版。

关丹丹:《21 世纪魏晋南北朝法律史研究新发展》,《中国史研究动态》2016 年第 3 期。

霍存福:《沈家本"情理法"观所代表的近代转捩——与薛允升、樊增祥的比较》,《华东政法大学学报》2018 年第 6 期。

霍存福、丁相顺:《〈唐律疏议〉"以"、"准"字例析》,《吉林大学社会科学学报》1994 年第 5 期。

胡继明：《〈汉书〉应劭注训诂研究》，《四川师范学院学报》（哲学社会科学版）2003 年第 3 期。

何敏：《从清代私家著律看传统注释律学的实用价值》，《法学》1997 年第 5 期。

何敏：《传统注释律学发展成因探析》，《比较法研究》1994 年第 Z1 期。

何勤华：《明代律学的开山之作——何广撰〈律解辩疑〉简介》，《法学评论》2000 年第 5 期。

何勤华：《明代律学的珍稀作品——佚名著〈律学集议渊海〉简介》，《法学》2000 年第 2 期。

何勤华：《论宋代中国古代法学的成熟及其贡献》，《法律科学》2000 年第 1 期。

何勤华：《清代律学的权威之作——沈之奇撰〈大清律辑注〉评析》，《中外法学》1999 年第 6 期。

何勤华：《中国古代法学的死亡与再生——关于中国法学近代化的一点思考》，《法学研究》1998 年第 2 期。

何勤华：《法学·律学·刑名之学》，《文汇报》1996 年 5 月 29 日第 4 版。

何勤华：《以古代中国与日本为中心的中华法系之律家考》，《中国法学》2017 年第 5 期。

何勤华、王静：《中华法学盛衰考》，《江海学刊》2018 年第 5 期。

何勤华、袁也：《中华法系之法律教育考——以古代中国的律学教育与日本的明法科为中心》，《法律科学》2018 年第 1 期。

华友根：《薛允升的律学研究及其影响》，《政治与法律》1999 年第 3 期。

怀效锋：《中国传统律学述要》，《华东政法学院学报》1998 年第 1 期。

胡旭晟、罗昶：《试论中国律学传统》，《浙江社会科学》2000 年第

4 期。

蒋集耀：《中国古代魏晋律学研究》，《上海社会科学院学术季刊》
1990 年第 3 期。

蒋楠楠：《论唐宋法律考试与法官职业化趋向》，《中山大学学报》
（社会科学版）2019 年第 1 期。

金滢坤：《唐五代明法科与律学教育》，《河北学刊》2016 年第 3 期。

柯卫、马作武：《〈竹刑〉：中国律学的开山之作》，《法学评论》2007
年第 4 期。

李贵连：《沈家本中西法律观略论》，《中国法学》1990 年第 3 期。

李俊：《论沈家本对传统律学的继承与发展》，《政法论坛》1998 年第
6 期。

李交发：《死刑存废之法律文化透视》，《法学评论》2004 年第 6 期。

李交发：《简论沈家本的废除死刑观》，《现代法学》2005 年第 1 期。

李守良：《律典之失与律学吸纳：明清私家律学与清代的法典编纂》，
《江汉论坛》2018 年第 5 期。

李守良：《明代私家律学著述探析》，《档案》2016 年第 6 期。

李苑静：《〈汉书〉服虔注音义初探》，《西华师范大学学报》（哲学
社会科学版）2003 年第 6 期。

梁治平：《法自然与"自然法"》，《中国社会科学》1989 年第 2 期。

梁治平：《法学盛衰说》，《比较法研究》1993 年第 1 期。

刘畅：《试论宋代法律教育及其当代启示》，《开封大学学报》2017 年
第 1 期。

刘笃才：《论张斐的法律思想——兼及魏晋律学与玄学的关系》，《法
学研究》1996 年第 6 期。

刘笃才：《破解〈皇明条法事类纂〉之谜》，《北方法学》2017 年第
5 期。

刘笃才：《〈法缀〉——一份可贵的明代法律文献目录》，载何勤华编
《律学考》，商务印书馆 2004 年版。

刘笃才：《论魏晋时期的立法改革》，《辽宁大学学报》（哲学社会科

学版）2001 年第 6 期。

刘富起：《论中国古代律学家》，《吉林大学社科学学报》1984 年第
　6 期。

刘晓林：《立法语言抑或学理解释？——注释律学中的"六杀"与
　"七杀"》，《清华法学》2018 年第 6 期。

刘晓林：《唐律中的"罪名"：立法的语言、核心与宗旨》，《法学家》
　2017 年第 5 期。

吕志兴：《南朝律学的发展及其特点——兼论"中原律学，衰于南而
　盛于北"说不能成立》，《政法论坛》2012 年第 1 期。

马韶青：《明代律学的成就》，《安庆师范学院学报》（社会科学版）
　2012 年第 3 期。

马韶青：《论明代注释律学的新发展及其原因》，《柳州师专学报》，
　2010 年第 4 期。

马韶青：《明代律学文献及研究综述》，载赵九燕、渠涛主编《中外
　法律文献研究》第二卷，北京大学出版社 2008 年版。

穆宇：《张斐法律思想述评》，《中外法学》1995 年第 5 期。

彭炳金：《论唐代明法考试制度的几个问题》，《政法论坛》2002 年第
　2 期。

瞿同祖：《清律的继承和变化》，《历史研究》1980 年第 4 期。

任远：《汉代章句之学与语法研究》，《语言研究》1995 年第 1 期。

史广全：《从律学到法学的飞跃——沈家本法学方法论初探》，《齐齐
　哈尔大学学报》（哲学社会科学版）2004 年第 5 期。

沈厚铎：《"法子匡时为国重，高名重后以书传"——一代法子沈家
　本的人生轨迹与法学建树》，《比较法研究》2001 年第 2 期。

宋玲：《也谈唐代法文化发达之隐因》，《政法论坛》2006 年第 5 期。

师棠：《律学衰因及其传统评价》，《法学》1990 年第 5 期。

苏亦工：《法学盛衰之辨》，《沈家本与中国法律文化国际学术研讨会
　论文集》下册，中国法制出版社 2005 年版。

孙英伟：《浅析晋代张斐律学成就》，《湖南省政法管理干部学院学

报》2001 年第 4 期。

吴建璠：《清代律学及其终结》，载杨一凡主编《中国法律史国际学
　术讨论会论文集》，陕西人民出版社 1990 年版。

吴建璠、马小红：《解读律学——弘扬传统法的精华》，《中国社会科
　学院院报》2003 年 1 月 18 日第 5 版。

王立民：《略论〈唐律疏议〉中"疏议"的作用》，《法律科学》
　1987 年第 3 期。

王立民：《〈寄簃文存〉的唐律研究》，《浙江社会科学》2003 年第
　6 期。

王志林：《中国传统法律解释的技术与意蕴——以清代典型的注释律
　学文本为视域》，《法学家》2014 年第 3 期。

武树臣：《中国古代的法学、律学、吏学和谳学》，《中央政法管理干
　部学院学报》1996 年第 5 期。

魏淑君：《中国古代律学教育探析》，《理论学刊》2004 年第 11 期。

魏文超：《张斐〈注律表〉评析》，《皖西学院学报》2003 年第 4 期。

吴欢：《明清律典"例分八字"源流述略——兼及传统律学的知识化
　转型》，《法律科学》2017 年第 3 期。

吴艳红：《国家政策与明代的律注实践》，《史学月刊》2013 年第
　1 期。

徐世虹：《日本内阁文库及其所藏明律书籍》，载韩延龙主编《法律
　史论集》第 3 卷，法律出版社 2001 年版。

徐忠明：《困境与出路：回望清代律学研究——以张晋藩先生的律学
　论著为中心》，《学术研究》2010 年第 9 期。

袁博：《从〈唐律疏议〉中的"举重明轻"谈起》，《人民法院报》，
　2016 年 11 月 25 日第 5 版。

杨权：《论章句与章句之学》，《中山大学学报》（社会科学版）2002
　年第 4 期。

杨一凡：《论明初的重典政策与让步政策》，《中州学刊》1982 年第
　2 期。

杨一凡：《22 种明代稀见法律文献版本述略》，载韩延龙主编《法律史论集》第 1 卷，法律出版社 1998 年版。

杨一凡：《明代三部代表性法律文献与统治集团的立法思想》，载韩延龙主编《法律史论集》第 2 卷，法律出版社 1999 年版。

曲英杰、杨一凡：《明弘治〈问刑条例〉考析》，《现代法学》1989年第 5 期。

曲英杰、杨一凡：《明代〈问刑条例〉的修订》，《中外法学》1990年第 4 期。

叶炜：《论魏晋至宋律学的兴衰及其社会政治原因》，《史学月刊》2006 年第 5 期。

杨振山：《中国法学教育沿革之研究》，《政法论坛》2000 年第 4 期。

尤陈俊：《明清日用类书中的律学知识及其变迁》，《法律文化研究》2007 年 00 期。

俞荣根、龙大轩：《东汉"律三家"考析》，《法学研究》2007 年第 2 期。

张伯元：《问答式律注考析》，《法制与社会发展》1999 年第 5 期。

张伯元：《陆柬〈读律管见〉辑考》，《华东政法学院学术文集》，浙江人民出版社 2002 年版。

张伯元：《〈大明律集解附例〉"集解"考》，《华东政法学院学报》2000 年第 6 期。

张国全、张伯元：《"法律文献考订例释"——沈家本考订法律文献的方法及其成果》，《政法论坛》1992 年第 6 期。

张晋藩：《清代律学及其转型》，《中国法学》1995 年第 3、4 期。

赵晶：《宋代明法科登科人员综考》，《华东政法大学学报》2011 年第 3 期。

郑秦：《顺治三年律考》，《法学研究》1996 年第 1 期。

郑显文：《唐代明法考试制度初探》，《政法论坛》2000 年第 2 期。

张伟仁：《清代的法学教育》，载贺卫方编《中国法律教育之路》，中国政法大学出版社 1997 年版。

张伟仁：《清代的法学教育》，载台湾大学《法学论丛》1988 年第 18
卷第 1、2 号。

祝总斌：《"律"字新释》，《北京大学学报》（哲学社会科学版）
1990 年第 2 期。

四　硕博士论文

陈新宇：《清代的法律解释》，硕士学位论文，中国政法大学，2002 年。

何敏：《清代注释律学研究》，博士学位论文，中国政法大学，1994 年。

龙大轩：《汉代律章句学考论》，博士学位论文，西南政法大学，2006 年。

李守良：《唐代律学研究》，硕士学位论文，中山大学，2004 年。

罗昶：《明代律学研究》，博士学位论文，北京大学，1997 年。

温霞：《从惩贪肃贿的角度看中国古代关于"六赃"罪的法律规定与
实践》，硕士学位论文，中国政法大学，2003 年。

谢晖：《中国古典法律解释的哲学向度》，博士学位论文，山东大学，
2004 年。

于利：《魏晋律学研究》，硕士学位论文，中国政法大学，2005 年。

张光辉：《明代赎刑研究》，博士学位论文，北京大学，2004 年。

赵珊黎：《明代〈问刑条例〉的比较研究》，硕士学位论文，中国社
会科学院研究生院，1997 年。

周少元：《〈钦定大清刑律〉研究》，博士学位论文，中国政法大学，
2003 年。

五　外文文献

［美］D. 布迪、C. 莫里斯：《中华帝国的法律》，朱勇译，江苏人民
出版社 1998 年版。

［日］大庭修：《江户时代中国典籍流播日本之研究》，戚印平等译，
杭州大学出版社 1998 年版。

［日］大庭修：《江户时代日中秘话》，徐世虹译，中华书局 1997
　　年版。

［日］大庭修：《江户时代吸收中国文化的研究》，同朋舍 1984 年版。

［日］吉川幸次郎等校订：《日本思想大系·荻生徂徕》，岩波书店
　　1973 年版。

［英］梅因：《古代法》，沈景一译，商务印书馆 1959 年版。

［法］孟德斯鸠：《论法的精神》，张雁深译，商务印书馆 1961 年版。

［日］八重津洋平：《〈故唐律疏议〉研究》，郑显文译，载何勤华编
　　《律学考》，商务印书馆 2004 年版。

［日］冈野诚：《北京图书馆藏宋刻律十二卷音义一卷的研究》，崔
　　瞳、冷霞译，载何勤华编《律学考》，商务印书馆 2004 年版。

［日］高盐博：《东京大学法学部所藏的明律注释书》，孟祥沛译，载
　　何勤华编《律学考》，商务印书馆 2004 年版。

［日］高盐博：《江户时代享保时期的明律研究与其影响》，载池田
　　温、刘俊文编《日中文化交流丛书二·法律制度》，大修馆书店
　　1997 年版。

［日］井上光贞：《日本律令的注释书》，尹琳译，载何勤华编《律学
　　考》，商务印书馆 2004 年版。

［日］利光三津夫：《奈良时代的大学寮明法科》，曲阳译，载何勤华
　　编《律学考》，商务印书馆 2004 年版。

［日］邢义田：《秦汉的律令学》，载黄清连主编《制度与国家》，中
　　国大百科全书出版社 2005 年版。

［日］滋贺秀三：《中国法文化的考察》，《知识分子》文丛之一，辽
　　宁人民出版社 1989 年版。

［日］中田薰：《论支那律令法系的发达》，载何勤华编《律学考》，
　　商务印书馆 2004 年版。